L'atelier, outillage et entretien
Des outils nouveaux, inédits et leur mode d'emploi
Des idées, des astuces, des techniques nouvelles
à la portée des modélistes

par
Michel Métivier

J2P Editions
BP 20 - 38540 Heyrieux
Tel/fax : 04 78 96 31 08
Site : www.bateaumodele.com

Introduction

Je dédie cet ouvrage à tous les modélistes qui ont à cœur d'essayer de construire de belles maquettes.

J'espère que, partant d'une idée que j'ai eu, ou d'un problème qu'il m'a fallu résoudre, le lecteur de cet ouvrage trouvera lui aussi la solution au sien, et peut-être aussi trouver autre chose. Ici, je n'affirme rien, je tente simplement d'aider les modélistes par les expériences, et il faut bien le dire les erreurs que j'ai commises.

Mais commençons par le début. En effet, en général, lorsque qu'un enfant atteint sa douzième année, il est déjà suffisamment mûr pour entreprendre et construire quelque chose. Ca peut aller de l'avion à élastique qui vole, au navire qui flotte, en passant inévitablement par le train électrique et la voiture radiocommandée. C'est souvent à ce moment que se décide non seulement le choix de la fabrication de telle ou telle maquette, mais également, souvent, celui d'un futur métier. C'est aussi à ce moment là que l'on découvre les difficultés du travail, et qu'on apprend à se servir de ses mains.

J'avais cet âge en 1945, nous sortions d'une période de guerre, et si quelques catalogues de modélisme commençaient à voir le jour, le prix des articles était bien souvent hors de ma portée. J'avais tout de même fait venir de "la Source des Inventions" le plan du chalutier le *Marsouin*. Mais comment le construire ?

Alors je profitais de la foire qui tombait un jeudi (jour où il n'y avait pas d'école), pour ramasser les cageots en bois. Je courais les restaurants après le déjeuner, afin de récupérer les boîtes de fromage vides. Car après toutes les privations de six longues années de guerre, le commerce de nourriture explosait sous les halles. Une fois démontées, ces boîtes et cageots me fournissaient de fines lames de peuplier, et un peu de contreplaqué. J'avais donc ainsi des matériaux pour construire ma maquette.

Je passe sur les soucis de fabrication qui durèrent tout l'hiver 1945 - 1946, mais en mars, le *Marsouin* était prêt pour les essais. Le ruisseau qui coule à quelques centaines de mètres de la maison s'appelle "la Péruze", et il ne coule que lorsque les eaux sont hautes, généralement en mars. Le reste de l'année, son lit n'est qu'une prairie où paissent les vaches. Or, cette année là, les eaux étaient hautes et le courant très fort. J'avais bien attaché mon *Marsouin* avec une ficelle, mais je n'avais pas prévu que celle-ci allait casser. Malgré une branche ramassée en toute hâte afin d'essayer de le rattraper, il se mit à dériver. Bien sûr, il avait fière allure, et se tenait droit sur les vagues, mais il filait de plus en plus vite vers les piles en pierre d'un pont qu'on appelle chez nous "un pont gaulois", sur lequel passait un très ancien chemin.

J'eus beau courir pour tenter de l'attraper avant qu'il ne se brise, j'arrivai trop tard, je vis l'impact, je courus de l'autre côté du chemin, et je ne vis passer qu'un tas de petits morceaux de bois. C'était fini, le *Marsouin* avait vécu.

J'étais fort déçu, mais tout n'était pas négatif, car j'avais déjà trouvé quelques "trucs", et quelques temps plus tard, je reconstruisais d'autres maquettes. C'était fait, j'avais attrapé le virus, je ne devais jamais en guérir vraiment. Puis, la vie m'a appris des tas de "combines" de toutes sortes, j'en ai oublié pas mal, j'en ai gardé aussi pas mal en mémoire.

Et c'est en effet un ensemble pas toujours facile à classer de ces "combines", que j'ai testées, et que je vous propose dans cet ouvrage.

Tout d'abord, une petite mise au point pour tout modéliste débutant.
Cela démarre le plus souvent par un coup de foudre qui vous tombe dessus lors d'une visite de musée ou d'une exposition de modèles réduits pour un navire de prestige. Le plus commun est de tomber amoureux du *Soleil Royal*.
C'est effectivement un des plus magnifiques vaisseaux du Roi Soleil. Mais (car il y a un mais), c'est aussi l'un des plus difficiles et des plus coûteux à réaliser.
Remettez donc votre rêve à plus tard. Vous pouvez déjà vous entraîner en construisant un sloop ou une felouque en boîte, que vous n'aurez plus qu'à assembler. Cela vous donnera un aperçu des difficultés.
Il faut ajouter à cette entrée en matière, deux autres paramètres.
Le premier, c'est de savoir si l'on peut disposer d'un petit coin atelier. En effet, il n'est pas évident, si vous êtes jeune ou si vous êtes marié, que parents ou épouse soient d'accord à ce que vous monopolisiez la table de la cuisine ou de la salle à manger pour construire vos maquettes. Sans compter que si vous avez des enfants, ceux-ci ne viennent en plus casser le fragile assemblage de baguettes que vous avez mis des heures à confectionner.
Il vous faut donc le minimum, ne serait-ce qu'une planche sur deux tréteaux, et un coffre ou un petit placard pour ranger outils, matériaux et colles. Mais rien ne vaut une petite pièce, un endroit à soi.
D'ailleurs, la grandeur de cet endroit va déterminer obligatoirement les dimensions de vos maquettes. Il n'est en effet pas raisonnable de vouloir construire le paquebot *France* à l'échelle du 1/50e dans un coin de votre salle à manger. D'ailleurs serait-elle assez grande ?
Il est bien évident que je n'ai pas le monopole des "combines", et que certaines pourront paraître puériles. Mon but est plus simplement de donner des idées pour que vous, modélistes, soyez sur la voie pour en découvrir d'autres.
Et puisqu'il faut un début, commençons donc par l'atelier et l'outillage.

Chapitre 1

L'ATELIER

Comme dans tous les métiers, car la construction de maquettes est aussi un métier, il faut un endroit pour le pratiquer.
Le modélisme naval n'échappe pas à cette règle. D'ailleurs, comme je l'ai dit dans l'introduction, la grandeur de votre maquette sera exactement proportionnelle à la surface de votre atelier.
Un secrétaire suffit si vous décidez de faire des bateaux en bouteilles, mais un local de quelques mètres carrés sera nécessaire pour la construction d'une maquette ne dépassant pas le mètre cinquante de long. Votre échelle de construction sera donc dépendante de la longueur de votre local. Il vous faudra aussi penser à pouvoir intégrer un petit buffet bas dans lequel vous pourrez ranger vos matériaux, ainsi que des tas de petits outils qui ne servent que rarement, mais dont on a toujours besoin. Sur ce buffet, vous pourrez fixer vos petites machines électriques.
Mon premier atelier était une ancienne remise à bois que j'avais surélevée, plafonnée, et dont j'avais tapissé les murs avec du contreplaqué et des panneaux de bois aggloméré. Il mesurait 3,50 m x 1,50 m.

Entrée de mon premier atelier. A droite une perceuse fixée à son support, munie d'une vis de réglage qui permet de la transformer en un genre de fraiseuse. Au fond, sur le buffet bas que j'ai construit, les outils fixés sur leur support coulissant.On y voit une scie circulaire à côté d'une scie sauteuse, puis une petite perceuse de modéliste et, à peine visible, le premier modèle de ma petite raboteuse.

Le meuble bas que j'ai construit, sur le dessus duquel on voit nettement les outils fixés sur leur support coulissant. De gauche à droite, un tour Unimat 1. Le premier modèle de ma petite raboteuse. Une scie circulaire Proxxon, et une scie sauteuse de la même marque.

L'autre côté de l'atelier : à gauche, une planche montée sur une crémaillère permet d'ajuster la hauteur de travail sur la "Flore" en construction. Au-dessous et au fond, le "bureau- table à dessin". L'endroit est un peu exigu, il mesure 1,5m x 3m. On voit aussi que je me sers déjà du plafond pour stocker mes bois.

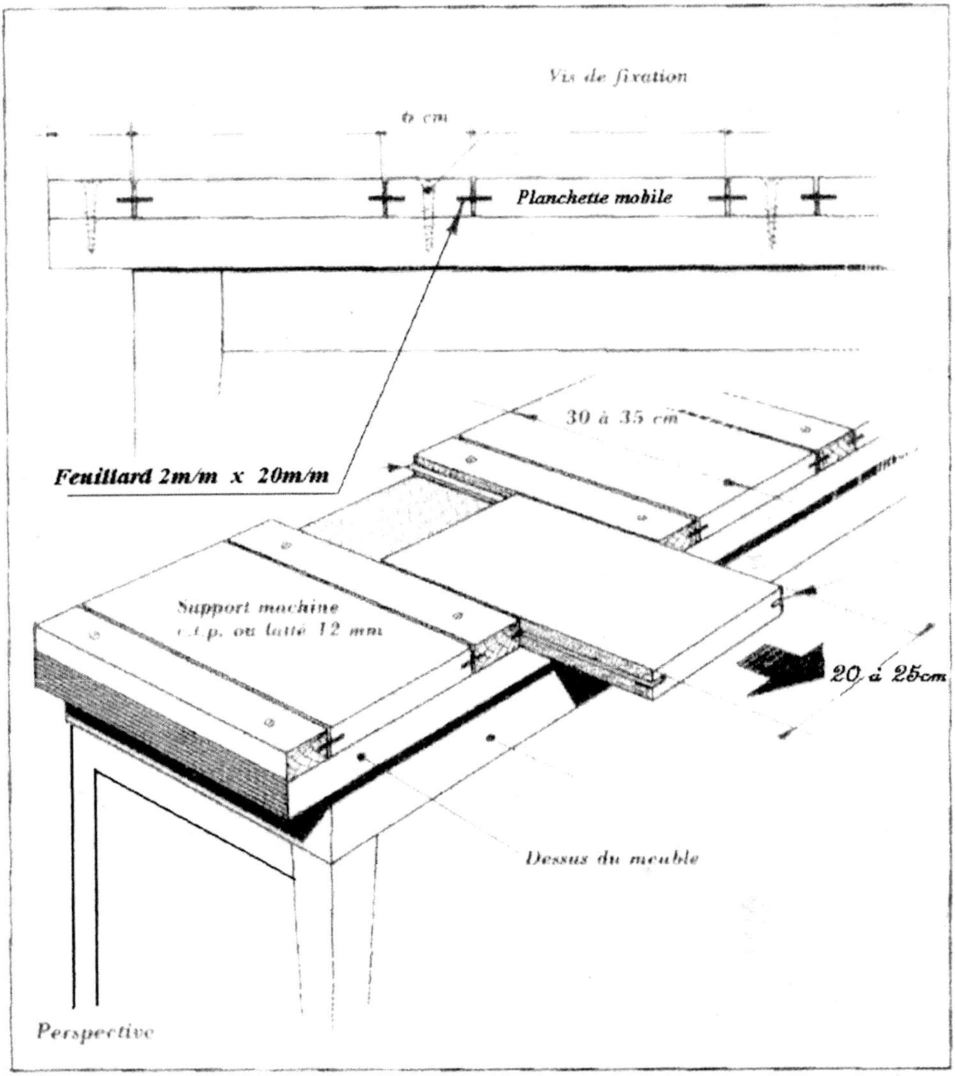

Support de machines à tables coulissantes
Dessin 1

J'ai fabriqué moi-même les deux petits meubles de rangement sur lesquels sont installés mes petites machines outils.
Ces outils coulissent comme le montre le dessin 1, ce qui permet de les utiliser tous individuellement, simplement en tirant celui dont on a besoin. De plus, si nous avons pris la précaution de faire les supports machines de la même largeur, on peut les intervertir.
On voit très bien sur le dessin le principe de fonctionnement. Dans des plaques de contreplaqué de dimension suffisante pour recouvrir la profondeur du meuble, et d'une largeur suffisante pour contenir l'outil à fixer, sur 12 à 15 mm d'épaisseur, on fraise deux coulisses

Mon nouvel atelier : à gauche la porte d'entrée, puis sur le meuble rapporté de mon ancien atelier, un touret à meuler, une scie à ruban Proxxon, deux ponceuses à bande. En haut, les étagères suspendues, des rouleaux de papier à dessin et de calque sont accrochés au plafond. Au dessus, à part le néon, un trou dans le plafond bouché par une plaque de plexi de 1 m x 1 m donne la lumière du jour. En bas, au centre, l'établi.

Le fond de mon atelier : de gauche à droite, une fraiseuse Proxxon, un ensemble perçage fraisage installé sur une perceuse à colonne, mon tour Hobby-Mat. En bas, après le meuble en bois, des étagères métalliques solides pour supporter le poids du tour.

de 3 mm de large, sur un peu plus d'un centimètre de profondeur. On fait la même chose sur un petit morceau d'environ 6 centimètres de largeur, qui lui sera fixé par deux grosses vis à bois sur le dessus du meuble. Ce petit morceau sera la partie fixe dans laquelle glissera le support machine.

Des morceaux de feuillard en acier de 2 mm d'épaisseur et 20 mm de large (que l'on trouve dans toutes les grandes surfaces de bricolage) seront coupés à la même longueur que les planchettes support.

Il suffit donc de tirer ou de pousser pour que l'outil dépasse les autres et devienne ainsi plus facile à utiliser.

Il est évident que, selon la longueur du bois que l'on aura à travailler, il faudra éloigner l'outil du mur, et intervertir celui-ci avec un autre.

Comme je l'ai dit, le dessin à lui seul fait comprendre le principe.

Une gouttière en plastique, fixée sur la façade du meuble, sert à recueillir les sciures, évitant de salir le plancher. De plus, il suffit d'enlever l'extrémité, pour qu'un simple coup de chiffon suffise à nettoyer.

Après avoir servi un certain temps, le dessus devient tout de même sale. Il suffit d'enlever les coulisses pour nettoyer à fond sans s'embêter à tourner autour des outils, même à être obligé de les démonter. Il suffit tout simplement de les enlever et les mettre la tête en bas pour les nettoyer avec un pinceau ou un chiffon. De l'autre côté de l'atelier, un morceau de contreplaqué de 15 mm posé sur deux tréteaux, et recouvert d'une toile cirée, sert en même temps de bureau et de table à dessin. Voici donc mon atelier des années 80 à 91.

La retraite venant, nous avons déménagé. J'en ai profité pour construire un atelier à mon

En bas à gauche, l'établi, au fond la table à dessin, au centre le bureau avec en dessous la réserve de papier à dessin. A droite, le tour Unimat 1, et un ensemble de petits outils que je fixe provisoirement avec une presse selon les besoins. Au centre, le "Pourquoi Pas ?" en attente de réfection.

Sous la table à dessin, on aperçoit la servante montée sur roulettes, dont la tablette supérieure a été montée à l'envers afin de pouvoir s'en servir pour entreposer les outils de dessin. Sur la table, j'ai soulevé un peu le papier afin que l'on distingue un grand carton protecteur épais. Enfin, le papier, et une lampe loupe qui rend de grands services.

La table à dessin vue dans sa longueur, et dessous la servante montée sur roulettes afin de pouvoir la pousser et la sortir de dessous à volonté. La tablette supérieure a été montée à l'envers, permettant ainsi le stockage des outils à dessiner. En dessous, sur les étagères, dans des bacs, des plans de navires et de la documentation.

idée de 3 mètres sur 4...
Dès le premier coup d'œil, on se rend compte de la surcharge de tous les murs et même du plafond. Mis à part l'outillage qui s'est lui aussi étoffé, il y a plusieurs améliorations dues à l'expérience.
Tout d'abord, un établi central autour duquel on peut tourner. Il est éclairé de deux néons et d'une fenêtre au plafond.
En effet,on le distingue, un trou d'un mètre au carré pratiqué dans le plafond, et bouché par une plaque de plastique rigide de 5 mm d'épaisseur, reposant simplement sur des tasseaux en bois qui font le tour de l'ouverture. Un joint en mousse adhésive collé sur le plastique, assure l'étanchéité. Une plaque de fibro-ciment de la toiture a été remplacée par une plaque transparente ondulée, ce qui assure l'éclairage du jour sans aucune ombre gênante. C'est donc la lumière naturelle qui vient du plafond.
Non seulement l'éclairage est meilleur, mais il dégage les murs de fenêtres qui n'ont plus lieu d'être, augmentant ainsi la surface de fixation possible d'étagères ou de n'importe quoi.
Seconde innovation, une rangée de deux ou trois étagères ont été suspendues au plafond, ce qui assure un grand volume de rangement dans des boîtes en carton, dégageant ainsi la totalité de la surface au sol.
Autre innovation, de larges planches en bois aggloméré ont été fixées sur le dessus des meubles et des étagères métalliques servant au rangement, à la même hauteur (90 cm), bonne hauteur pour un adulte. Les outils sont toujours bien fixés sur des plaques en bois, mais ils sont libres, il n'y a plus de coulisses. On peut ainsi les interchanger, ou simplement

L'ensemble table à dessin étant à 63 cm du sol, un morceau de contreplaqué de 15 mm d'épaisseur, surélevé de 8 cm, permet d'obtenir un bureau à 73 cm du sol (hauteur normale pour l'écriture), et entre les deux, un espace pouvant contenir des feuilles de papier bien à plat dans un carton à dessin, évitant ainsi leur déformation.

les déplacer à la demande. S'ils bougent trop, un simple serre-joint suffit à les immobiliser. L'avantage, comme je l'ai dit plus haut, c'est qu'il suffit d'enlever les machines outils pour nettoyer l'ensemble d'un simple coup de balai.
De l'autre côté (celui du bureau et des tables à dessiner), la hauteur n'est que de 63 cm, hauteur mieux étudiée pour le traçage des plans sans se casser les reins.
Afin que les Rotring n'accrochent pas le contreplaqué au travers du papier à dessin, j'ai adjoint un carton épais que l'on trouve en grande surface au rayon encadrement. La feuille, qui à l'origine mesure 90 x 90 cm, a été découpée à 60 x 90 cm, 60 cm étant la profondeur, ce qui est largement suffisant pour dessiner un plan (voir photo).
Si je n'ai pas incliné la table à dessin, c'est tout simplement parce que les poids à dessiner en plomb glisseraient vers le bas. Nous verrons cela lorsqu'il sera question du redessinage des plans.
Sous la table à dessin, une étagère métallique coupée en deux dans le sens de la hauteur, dont le plateau supérieur a été monté à l'envers, et qui sert de rangement aux Rotring, aux compas, aux feutres, aux gommes, etc. Cette table a été équipée de roulettes pour pouvoir la pousser au fond afin qu'elle ne gêne pas, et aussi la tirer pour pouvoir choisir ce dont on a besoin, c'est la servante.
A l'équerre, se trouve la partie bureau, un léger surélèvement de huit centimètres, permet d'avoir la bonne hauteur pour écrire (73 cm), et laisse entre les deux un grand espace de 8 cm de haut sur 120 cm de long, pour stocker dans un carton à dessin les plans terminés, ou maintenir bien à plat des feuilles neuves.
Je pense avoir fait le tour pour expliquer l'agencement d'un atelier. Bien sûr, cela ne s'est pas fait en quelques jours, et chacun aura tout le loisir pour trouver sa propre solution.
Maintenant que votre atelier est installé, avant de s'équiper en outillage, il faut savoir ce que l'on désire réaliser.
En tout premier lieu, il vous faut un plan. Du simple canot au *Soleil Royal*, il y en a pour tout les goûts, aussi bien à la revue Bateau modèle qu'au musée de la Marine, sans parler des nombreux catalogues mis à votre disposition. Et pourquoi ne pas créer vous-même votre propre modèle ?
Lorsque vous serez enfin en possession du plan du navire dont vous aviez rêvé, il reste maintenant pas mal de problèmes à régler.
1°) Est-ce que l'échelle du plan correspond à la dimension que vous comptez donner à votre maquette ?
2°) De quelle façon comptez-vous construire votre navire ? Modèle navigant ? Modèle d'exposition ordinaire ? Modèle écorché avec couples apparents ? Où modèle dit d'arsenal ?
Du choix d'un de ces critères va découler plusieurs paramètres.
1°) l'échelle,
2°) les matériaux nécessaires,
3°) l'outillage.
Une dernière chose à ajouter, lorsque j'étais jeune et que je réalisais mes toutes premières maquettes, j'avais pris la très mauvaise habitude de me servir du plan pour usiner les pièces, ce qui fait qu'en très peu de temps, le plan n'était plus qu'un tas de chiffon lacéré en tous sens de coups de rasoir. (J'avais en effet à cette époque un vieux "coupe choux" appartenant à mon père, et qui me servait à découper mes pièces).
Il est donc préférable de redessiner les parties du plan dont on se sert. En général, on le redessine sur du papier calque. On peut le faire à main levée, mais cela reste imprécis. De plus, on ne peut pas, ou très difficilement, changer d'échelle.
Nous allons donc voir en tout premier lieu comment redessiner un plan, et quels sont les outils nécessaires à ce travail.

Chapitre 2

1 - Fabrication d'un moule pour poids en plomb

Il y a quelques années, j'avais écrit des articles sur le redessinage des plans.
En effet, le redessinage d'un plan demandait, et demande toujours, un certain matériel, difficile à se procurer, et surtout très cher à l'achat. Le résultat se traduit la plupart du temps, par un dessin approximatif effectué à main levée.
L'un de ces outils est un ensemble d'une douzaine de poids suffisamment lourds pour maintenir en place une baguette épousant la forme de la courbe à dessiner.
A cette époque, j'avais fabriqué un moule en plâtre pour fabriquer les poids en plomb.
Que de demandes j'ai eu pour un prêt de ce moule, ou pour des renseignements.
Un modéliste (qui se reconnaîtra) a même culpabilisé de l'avoir cassé, à tel point qu'il m'en a fabriqué un autre et me l'a apporté.
Il faut dire en effet que ce moule était en plâtre ordinaire, et non réfractaire, ce qui

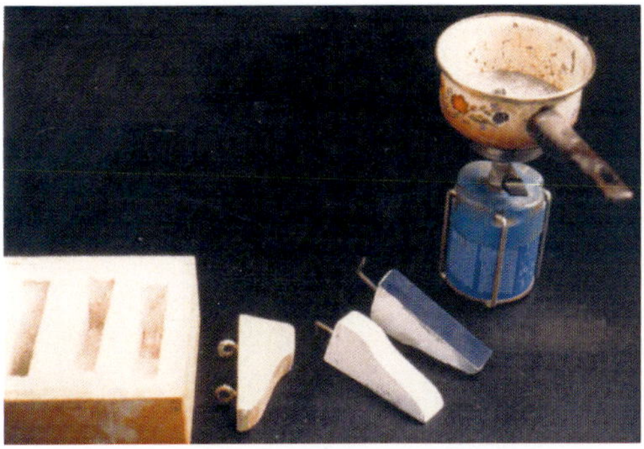

L'ensemble nécessaire pour couler les poids en plomb (première façon). A gauche, le moule en plâtre, juste à côté le modèle en bois ayant servi à fabriquer le moule. Au centre les poids terminés, et à droite le réchaud et la casserole ayant servi à fondre et à couler le plomb.

La coulée du plomb dans le moule.

nécessitait beaucoup de précautions pour la coulée. Il fallait en fait aller doucement pour chauffer le plâtre, car celui-ci avait tendance à casser lors du choc thermique qui en découlait.
Je lui consacre ce petit mot, car c'est grâce à lui si je viens vous proposer un système de moule plus simple et moins fragile pour couler ces fameux plombs.
Ce moule, à défaut d'obtenir de beaux poids, biens galbés, est beaucoup plus facile à réaliser, et ne risque pas de casser (voir dessin).
Un morceau de tôle d'alu de 3 mm d'épaisseur récupéré à la casse ou chez un artisan travaillant l'alu, une cornière de 25 mm achetée en grande surface, quelques rivets Pop ou des vis de 3 ou 4 mm pour la fixation, un peu de patience, il n'y a plus qu'à couler le plomb. Je vais vous expliquer tout ça en image.
On voit que le matériel nécessaire n'est pas important. Il faut y adjoindre un réchaud à

Forme approximative d'un poids

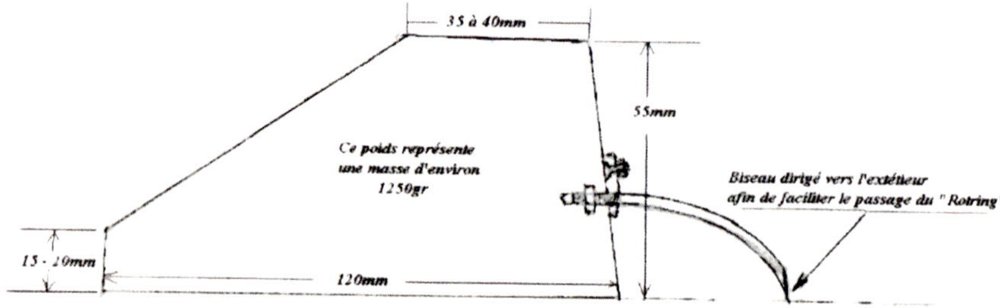

Préparation de deux crochets dans une tige d'acier

Dessin 3

Coupe en biseau d'une tige d'acier de 4mm de diamètre, et environ 160mm de long,
fileté à chaque extrémité sur une longueur d'environ un centimètre.
On peut aussi prendre directement de la tige fileté de 4mm, mais cela ne sera pas si beau.

gaz et une vieille casserole pour fondre le plomb. Je pense que perceuse et tarauds font déjà partie de votre outillage.

Quant à la cornière de 25 mm, vous sciez une aile de celle-ci, aux cotes indiquées sur le dessin, vous pliez en forme, la suite se devine facilement.

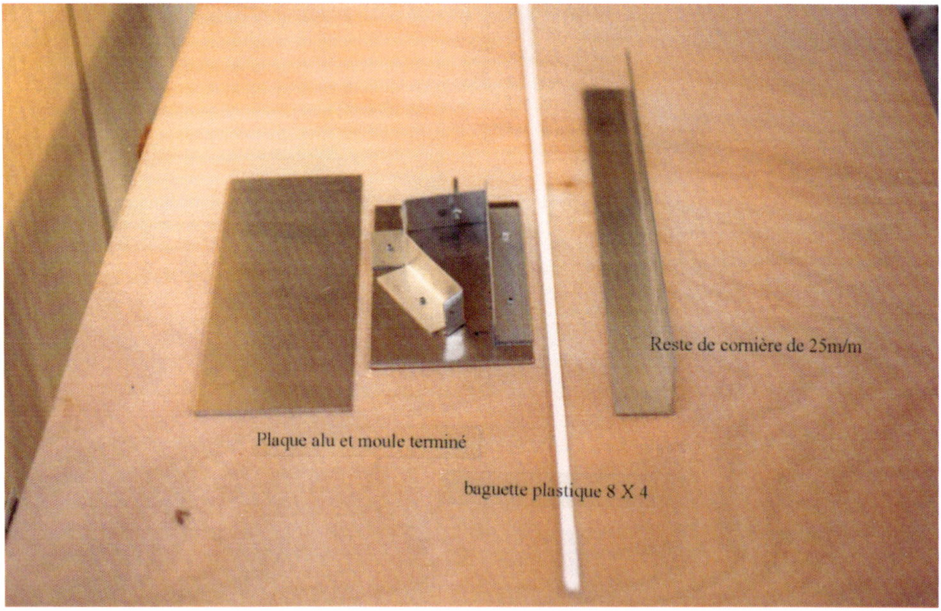

Matériel nécessaire à la fabrication des poids en plomb (2ème façon), ainsi qu'une baguette de plastique qui sera sciée en deux.

Préparation de la petite pièce en alu de 5 mm d'épaisseur qui sera vissée sur la cornière pour servir de guide au morceau de tige filetée muni d'un écrou, qui lui restera inclus dans la masse afin de solidifier le filetage de la fixation du bec.

Perçage et fixation de la petite pièce en alu sur la cornière avant filetage pour le passage de la tige.

Filetage de la petite pièce et de la cornière à 4 mm. Filetage qui servira à maintenir en place la tige filetée sur laquelle sera vissé un écrou qui restera noyé dans le plomb.

La cornière servant de moule est fixée à la tôle par quelques rivets Pop dans la forme que l'on désire donner au moule. On voit très bien le morceau de tige filetée sur lequel est vissé un écrou qui restera noyé dans le plomb après coulage. Seule la tige sera dévissée pour être remplacée par le bec.

Si j'ai conservé ce léger biais de la face avant du poids, c'est simplement pour avoir un dégagement suffisant pour laisser la place au Rotring de traçage.
Ce biais nous oblige à fraiser, percer et tarauder dans cette position un petit morceau d'alu plus épais (5 à 6 mm), qui sera fixé à l'avant du moule, dans lequel on vissera une tige ou un boulon, noyant un écrou de 4 mm afin d'obtenir un vissage solide du bec de maintien que le plomb seul n'a pas.
Cinq rivets Pop plus tard, on a la forme du poids. Le moule est maintenant prêt à l'utilisation. Un écrou de 4 mm a été vissé sur une petite tige. Une fois celle-ci dévissée après

le coulage du plomb, il restera noyé dans la masse et assurera la solidité des filets.
Si vous respectez les cotes, vous obtenez des poids de 1250 grammes, ce qui est nécessaire à un bon maintien des baguettes de traçage.
Serré dans un étau, avec une seconde plaque comme couvercle, un petit serre-joint en

Forme approximative d'un poids

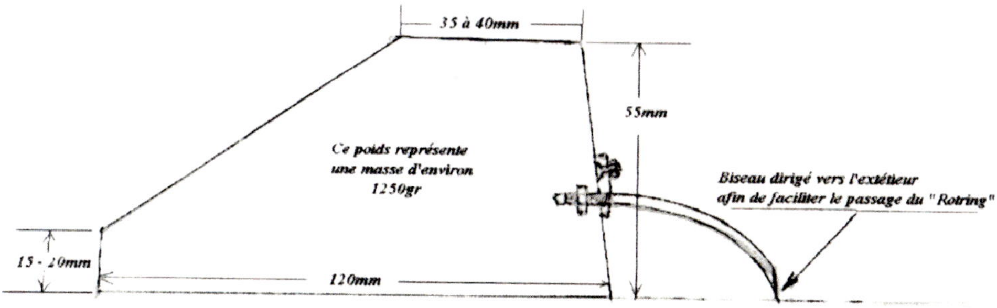

Préparation de deux crochets dans une tige d'acier

Coupe en biseau d'une tige d'acier de 4mm de diamètre, et environ 160mm de long,
fileté à chaque extrémité sur une longueur d'environ un centimètre.
On peut aussi prendre directement de la tige fileté de 4mm, mais cela ne sera pas si beau.

haut afin que l'ensemble soit parfaitement fermé, il n'y a plus qu'à couler le plomb.
On attend quelques instants que celui-ci se solidifie (une minute ou deux). On prend des gants isolants (ou une pince pour ne pas se brûler). On enlève le petit serre-joint, et l'ensemble de l'étau. Il ne faut pas oublier à ce moment là de dévisser la petite tige de 4 mm de l'avant du moule.
Attention à ne pas vous brûler. Renversez le moule en tapotant un peu par terre, afin de faire tomber le plomb. On peut

La seconde plaque fermant le moule a été posée, et l'ensemble pris dans un étau. Une petite presse a été ajoutée afin de maintenir le haut étanche. Il n'y a plus qu'à couler le plomb comme on le voit sur la photo. On distingue aussi le petit cratère laissé par le retrait du métal lors du refroidissement. Cet excès va être supprimé après démoulage.

Après démoulage du poids, sciez l'arrière qui a servi d'entonnoir de coulée. Cet excédant, en plus d'être laid, possède en son centre un cratère dû au retrait du métal lors du refroidissement.

Après le sciage de l'entonnoir de coulée, un bon coup de ponceuse sur toutes les faces, et surtout sur les angles afin d'enlever leurs défauts.

aussi refroidir l'ensemble en le trempant dans l'eau, ce qui évite de faire attention à la brûlure.

On obtient un bloc, avec un excèdent de plomb à l'arrière que l'on va scier. Cet excèdent est nécessaire au départ, il va servir d'entonnoir de coulée, et au refroidissement il se produit un retrait, donc un trou, que cet excédent comblera.

Un bon coup de ponçage est, sinon obligatoire, pour le moins recommandé, ne serait-ce que pour enlever les bavures et surtout atténuer les rides dues au coulage, et aussi arrondir les angles qui peuvent paraître coupants. De plus, l'esthétique (qui n'est déjà pas très sophistiquée) y gagnera en présentation.

J'ai passé un coup de bombe de peinture blanche. Il vaut mieux en passer deux couches, cela évite que le plomb ne noircisse les mains, et les plans. D'ailleurs, sur le dessous, on y

Après ponçage, deux couches de peinture afin d'éviter de noircir doigts et dessins.

Courbage du bec avec la panne d'un marteau entre les mors d'un étau.

Lorsque la peinture est sèche, collez sous le poids un petit morceau de feutrine adhésive, afin d'éviter que le plomb ne tache et ne raye le papier, et surtout permette un glissement sans heurt.

Le poids est terminé, prêt à l'emploi. Pensez qu'il vous en faut une douzaine pour couvrir les besoins d'un dessin.

collera un morceau de feutrine adhésive (voir photo), pour éviter la déformation du papier à dessin si par hasard un angle du poids pressait dessus, mais surtout pour éviter de le noircir.

Pour le dessin d'un plan de navire, il vous faut au minimum 8 à 10 poids.

La douzaine est le bon chiffre (voir photo), cela couvre en principe la totalité des besoins d'une courbe quelconque sur une longueur d'un mètre, longueur de nos baguettes que nous allons fabriquer.

Mais revenons à notre poids. Il reste à façonner le bec.

Plusieurs solutions sont possibles. La plus simple, mais la moins belle, est de le scier dans une tige filetée de 4 mm. L'autre solution consiste à fileter sur une longueur d'environ 1cm les extrémités d'une tige lisse de 4mm et de 12 à 14 cm de long. De toutes façons, il vous faudra couper la tige en biseau (voir dessin). Cela vous donnera automatiquement deux biseaux, donc deux becs. La longueur de ces becs non encore arrondis est d'environ 6 à 7 cm. Un étau entre-ouvert et un marteau vont vous permettre de les arrondir. Un petit coup de lime et de papier abrasif pour enlever les bavures de la coupe en biseau, et aussi la trace des coups de marteau, afin de rendre l'aspect du bec propre. On distingue très bien la forme arrondie du bec, et surtout le biseau vers l'extérieur qui évite de gêner le Rotring traceur. En effet, au cours des années d'expérience, je me suis rendu compte de cela : le biseau dans l'autre sens tel que sur la photo, gêne le passage du traceur.

N'arrondissez pas trop. La partie droite est filetée, elle doit pouvoir se visser dans le poids, et surtout dans l'écrou noyé dans le plomb. Le pointu du bec doit être environ 1 mm plus haut que le plan du poids posé à plat, et non dépasser le dessous. Simplement pour éviter que ce bec ne se plante dans le papier à chaque fois qu'on le pose. Le réglage exact se fait avec un petit coup de marteau donnant à monter ou à descendre le bec.
Comme nos baguettes font 2, 3 ou même 4 mm d'épaisseur, le poids appuiera automatiquement dessus.

2 - Confection de baguettes à tracer les lignes courbes

Préparation des baguettes de traçage

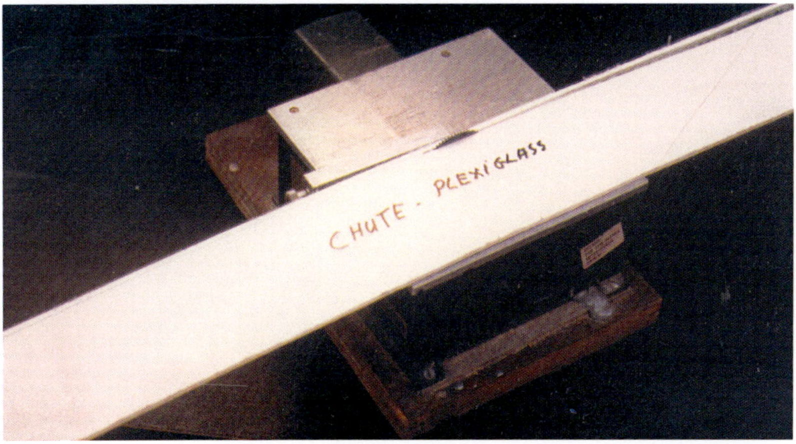

Sciage d'une baguette à dessiner dans une chute de plexiglas.

Sciage de deux baguettes à dessiner dans une baguette plastique de 8 x 4 mm achetée en grande surface.

Vous trouvez en grande surface de bricolage des baguettes plastique, généralement blanches. Il y en a qui font 4 X 8 mm. C'est suffisant pour en débiter deux (voir photo). Vous pouvez aussi vous servir de chutes de plexiglas, ainsi que de bois de diverses essences que vous débiterez avec votre scie (voir photo), tout cela selon les besoins.
Vous pouvez ainsi obtenir des baguettes de 4 x 3,5 mm qui sont de bonnes mesures, à

Préparation dans un morceau de bois d'un petit appareil à raboter les baguettes à dessin (le principe de fabrication est expliqué dans le texte).

Rabotage des baguettes à l'aide du petit outil que l'on a préparé. Mais son travail reste imprécis et dangereux, car il n'offre aucune protection, et il faut maintenir la baguette avec les doigts près de la fraise.

la fois suffisamment souples et malgré tout, restant quelque peu rigides entre les poids.

A l'usage, vous déciderez de dimensions plus petites ou plus grandes selon les courbes à dessiner, la flexibilité des matériaux employés n'étant pas la même.

Lorsque votre baguette est sciée, il vous faut maintenant raboter le côté qui porte les traces de la scie, et qui n'est pas très droit.

Un truc simple, quoique peu précis, consiste à percer trois trous de 12,5 mm dans un support en bois, le bord inférieur des trous débordant légèrement du bord.

Dans les deux trous de chaque côté de celui du centre, on enfoncera deux petits morceaux de tuyau de gaz en caoutchouc. Ces deux petits morceaux serviront à maintenir la baguette contre la surface opposée.

Pour déterminer l'épaisseur de la baguette, un petit morceau de contreplaqué de 3 mm d'épaisseur, ou une planchette de l'épaisseur désirée, ou bien encore un fraisage, serviront à obtenir un socle très légèrement inférieur à la dimension désirée. En effet, il faut que la baguette puisse coulisser en poussant dessus afin de la raboter.

Une fraise emmanchée dans le mandrin de la perceuse, fera office de raboteuse, mais cela ne donnera qu'un résultat moyen, simplement parce qu'il est plus difficile de maintenir en place une baguette à la vertical qu'à l'horizontal.

La solution qui donne un travail bien supérieur, est le passage de la baguette sous ma petite raboteuse.

Il nous faut maintenant usiner un bord anti-tâche.

Il suffit pour cela d'introduire après rectification la baguette en biais dans le petit V d'une de mes plaquette guide, ou de tout autre Vé.

On colle avec du double face un morceau de papier de verre très fin sur une cale en bois, et on abat les angles.

Comme notre baguette (si l'on a rectifié que la partie sciée) mesure 4 X 3,3 mm environ, on peut dans ce cas l'utiliser selon les besoins sur la partie 4 mm ou sur la partie 3,3mm selon la flexibilité demandée.

On peut aussi préparer des baguettes dans du bois, les diverses essences ayant des flexibilités différentes, ce sera à vous de choisir.

Je pense que ce petit article va aider de nombreux modélistes qui se trouvaient coincés entre le prix des accessoires de traçage et l'à-peu-près de la main levée.

La meilleure façon et la plus précise pour raboter les baguettes, est encore de se servir de ma petite raboteuse de précision. Une petite cale maintenue en place par deux petites presses, empêche la baguette de bouger, donnant ainsi une surface parfaitement lisse.

Après rabotage, dans un Vé de ma plaquette guide, on abat les angles à l'aide d'une cale munie de papier abrasif fin, afin d'obtenir un bord anti-tâche.

Chapitre 3

LE TRAÇAGE OU RETRAÇAGE DES PLANS

Le matériel nécessaire

Nous avons achevé le chapitre précédent sur l'installation d'une table à dessin.
Ne vous limitez pas trop en longueur. Je dispose d'un espace pour dessiner, d'un mètre quarante sur soixante cinq centimètres, c'est suffisant, mais il faut ça.
En tout premier lieu, pour dessiner, il faut du papier à dessin (c'est évidemment une Lapalissade). Vous trouverez du "Canson" en rouleau de vingt mètres, ainsi que du papier calque de 110 – 115 grammes (il sera plus facile à gratter), lui aussi en rouleau dans toutes les papeteries de quelque importance.
Prenez-le en rouleau de 90cm de large, car si vous désirez faire photocopier vos dessins, nombre de professionnels sont équipés de photocopieuses de 90cm de largeur, la longueur n'étant pas limitée. Cela vous permet tout de même de faire un plan de bonne dimension.
Il y a quelques années, ces rouleaux ne coûtaient pas très chers, et vous aviez du papier pour un temps indéterminé, mais en général suffisamment long.

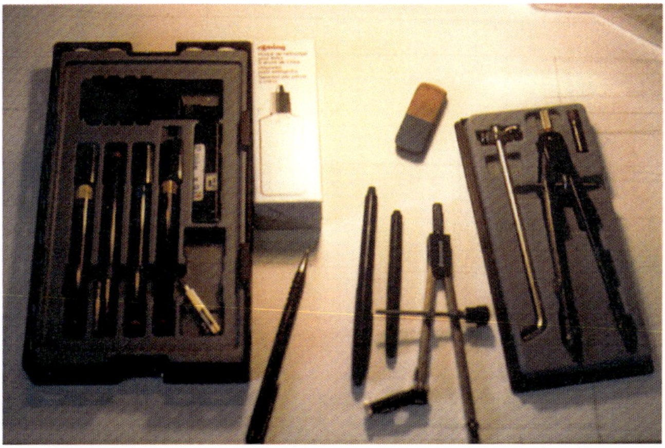

Les accessoires nécessaires pour réaliser un bon dessin : tout d'abord une boîte de Rotring (traceurs de diverses dimensions). Un bon compas à réglage par vis, gomme et stylomine. Une bouteille de nettoyant pour Rotring est elle aussi obligatoire.

J'avais autrefois trouvé un papier peu coûteux, qui se vendait en feuille d'un mètre sur soixante centimètres, et était quadrillé en petits carrés d'un centimètre, ce qui aidait bien, surtout pour l'équerrage. Ce papier s'appelle du "papier pour couturière". Cela reste toujours valable, et pour une maquette ne dépassant pas le mètre, il est parfait. Les seuls inconvénients : il n'est pas très épais et n'est pas transparent, de plus, il ne supporte pas le grattage lorsqu'on fait une erreur.
Après le papier, il vous faut de quoi dessiner. Une boîte de Rotring vous est indispensable, car elle contient quatre dimensions de 0,20 à 0,70, il y a en plus un stylomine et une gomme, Il y a même une bouteille d'encre de Chine. Il vous faudra tout de même acheter en plus un flacon de diluant, indispensable si l'on reste un certain temps sans utiliser son (ou ses) traceurs.
Petite combine pour nettoyer après service votre Rotring, après avoir enlevé le réservoir d'encre (que vous pourrez aussi nettoyer de la même façon), passez votre bloc traceur sous un petit filet d'eau du robinet. Après que le gros de l'encre se soit écoulé, donnez à secouer afin de faire fonctionner le petit piston qui se trouve à l'intérieur, et qui sert à la régulation du débit de l'encre. Une petite mise en garde toutefois, ne jamais démonter ce piston. Car à

son extrémité est serti un fil d'acier de la grosseur du canal d'écoulement. Si vous le retirez, vous ne pourrez jamais le remettre en place, et votre bloc traceur sera fichu.
Lorsqu'il est bien nettoyé à l'eau, trempez-le une nuit dans le diluant spécial, laissez sécher, agitez une fois sec afin de vous assurer que le piston fonctionne, votre Rotring attendra une future intervention plusieurs mois, voire plusieurs années plus tard.
Il vous faut aussi une bonne boîte de compas, à réglage par molette. Ces deux boîtes sont un peu chères, mais si l'on désire du travail bien fait, il n'y a guère d'autre solution.
Vous aurez besoin aussi d'un ou deux pistolets pour tracer les courbes, ainsi qu'une règle déformable.

La liste n'est pas terminée, il vous faut aussi des lattes de traçage...
Il est très difficile de trouver ces lattes dans le commerce, car à chaque courbe correspond pratiquement une baguette. Une latte de 3 x 3 mm en plexiglas n'aura pas en effet la même flexibilité qu'une baguette de même dimension en plastique blanc, et une baguette de peuplier, aura à son tour une flexibilité différente de celle en poirier.
Il y a quelques années, on arrivait à trouver des baguettes universelles à épaisseur croissante, mais ce matériel réservé aux professionnels a été remplacé par des logiciels, le dessin d'architecture s'effectuant maintenant sur ordinateur.
Nous nous contenterons donc de baguettes carrées de 3, 4 et 5 mm de section et de 50 à 100 cm de longueur. Elles couvriront ainsi la totalité de nos besoins. Les lattes en bois seront tout simplement achetées chez un vendeur de bois pour modéliste.
Celles en plexiglas seront découpées à la scie circulaire ou à ruban, à partir de chutes récupérées chez un commerçant spécialisé. Vous trouverez aussi en grande surface de bricolage des baguettes en plastique, généralement blanches, certaines font 4 x 8 mm. C'est suffisant pour en débiter deux. A défaut, nous débiterons des règles plates ou des tés d'architecte en plexi. Ca marche aussi bien mais c'est plus cher.
Une fois la baguette découpée, le plus difficile est de la mettre parfaitement à la cote.
Une exception toutefois, lorsqu'on coupe une baguette en deux, il n'est pas utile de la raboter, il suffit tout simplement de ne pas se servir du côté du passage de la scie.
Pour les autres baguettes sciées des deux côtés, il est bien sûr possible de n'utiliser que le dessus ou le dessous comme surface de traçage, mais la rugosité des deux faces sciées ne permettra pas d'obtenir une bonne fluidité, ni une bonne précision du trait. Aussi, est-il préférable de raboter ces deux surfaces.
Je dispose pour cela d'une petite raboteuse de précision. Il en sera d'ailleurs question quand nous parlerons de l'outillage que j'ai conçu personnellement (en vente chez Métivier Modélisme, ainsi que la plaquette guide dont il va être question un peu plus bas).
Cette raboteuse vous permettra de mettre vos baguettes à la dimension que vous désirez. Pour ma part, des baguettes de 3 à 3,5 mm au carré sont les bonnes dimensions pour obtenir à la fois des courbes suffisamment prononcées, et s'adapter à des courbes à peine visibles. De plus, leur souplesse permet d'enchaîner une ligne droite sans problème.
Une fois la baguette carrée bien droite et bien lisse, il convient d'usiner un rebord antitâche en abattant les angles (voir dessin 2).
On utilisera pour cela une plaquette guide formant un V, qui permettra de maintenir la baguette avec une cale en bois sur laquelle on aura collé à l'aide d'un morceau de double face, du papier de verre très fin. On frottera pour abattre les angles.
Malgré tout ceci, il manque quelque chose : des poids en plomb pour maintenir les baguettes en place.
Je vais donc vous expliquer comment réaliser ceux-ci.

Chapitre 4

Le Retraçage des plans

La mise en page

Maintenant que vous êtes installé avec vos traceurs Rotring, gomme, crayons, et surtout vos poids, vos lattes et règle déformable, il ne vous reste plus qu'à vous mettre au travail. Vous allez pouvoir exercer vos talents de dessinateur.
Pour vos débuts, faites venir un plan pas très compliqué, votre revue en possède de très simples. Même si vous le recopiez à la même échelle, peu importe, vous vous ferez ainsi la main. Vous devez vous poser la question : pourquoi redessiner un plan ?
Pour au moins deux raisons, la première étant que vous désirez construire une maquette à une échelle différente. La seconde étant que vous ne voulez pas déteriorer votre plan, ou simplement dessiner des parties à fabriquer qui nécessitent un modèle qui sera inutilisable après.
Donc, prenez une feuille de papier, de préférence quadrillée en carreaux de un centimètre de côté. Ce papier existe en feuilles de 1m x 0,65m, et est connu sous le nom de "papier de couturière". On en trouve pratiquement dans toutes les papeteries.
Ce qui est surtout intéressant, pour un modéliste, c'est ce quadrillage, car il supprime les défauts d'équerrage, et les lignes servant de guide, sans avoir l'inconvénient de surcharge de dessin d'un papier milli-

La baguette de traçage est en place sur le plan, maintenue par les poids. Il ne reste plus qu'à tracer la courbe à la demande.

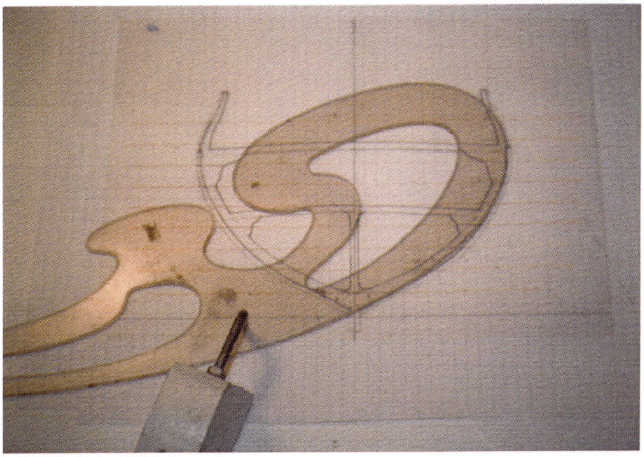

Un autre outil est indispensable pour le tracé des courbes, c'est le "pistolet". Il y en a de plusieurs sortes, mais un standard convient parfaitement. Un poids peut aider à son maintien en place.

mètré.
Il a aussi un défaut : il n'est pas transparent, et cela va compliquer un peu la suite du dessin.
Si vous êtes plus conformiste, prenez du classique, du papier calque en rouleau, vous le couperez à la dimension que vous désirez.
Pendant que nous y sommes, faisons le tour des outils dont nous allons avoir besoin.
Tout est prêt, la table, les poids et les baguettes dont nous avons déjà parlé, crayons gomme, Rotring, etc.

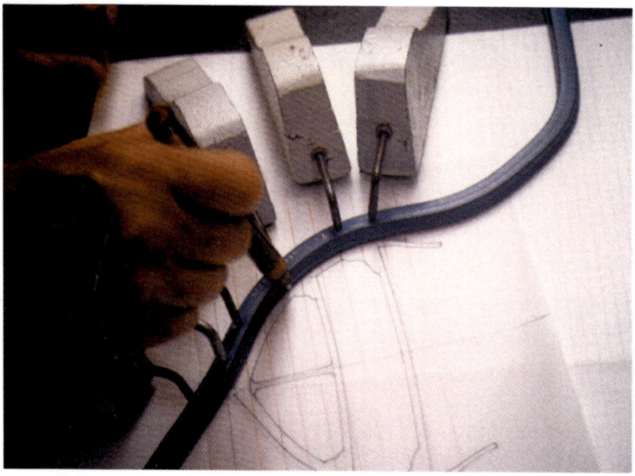

Un autre instrument qui peut rendre de grands services, est la règle déformable. On peut lui donner à peu près toutes les formes désirées, seule la ligne droite lui parait inconnue. Ca va mieux en le disant...

Plan de projection

La surface d'une coque est généralement une surface courbe. Pour la représenter graphiquement, il convient de la projeter par coupes successives sur les trois plans perpendiculaires entre eux. Nous aurons ainsi :

1°) Des plans parallèles au plan longitudinal du navire dont l'intersection avec la coque donnera des sections longitudinales – verticales, les lisses.

2°) Des plans parallèles au plan de flottaison dont l'intersection avec la surface de la coque donnera des sections longitudinales - horizontales : les lignes de flottaison.

3°) Des plans perpendiculaires au plan de flottaison et au plan longitudinal dont l'intersection avec la coque donnera des sections transversales - verticales : les couples de levés ou verticale des formes.

Il vous faut donc obligatoirement ces trois représentations sur votre plan.

Le dessin ci-contre donne d'ailleurs une bonne idée de celles-ci.

Le dessin ci-dessous projette en perspective ces trois plans de coupe dans l'espace. Comme on le voit, l'ensemble du navire retrouve sa forme à l'intérieur de ces trois plans.

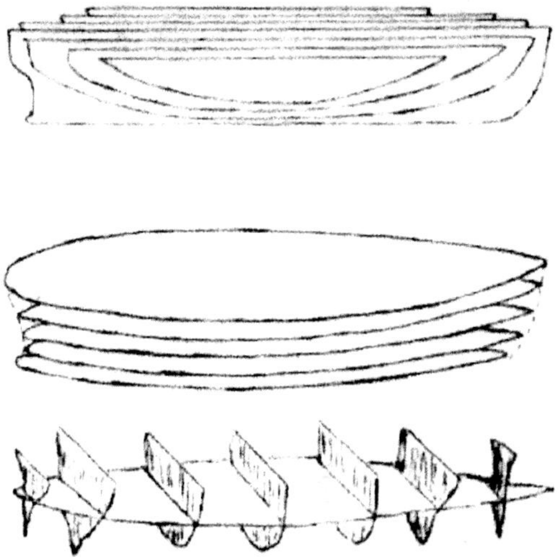

Les trois sortes de lignes qui doivent se recouper dans un plan. En haut, les lignes verticales, longitudinales, les lignes horizontales longitudinales et enfin les lignes de coupe transversales.

Autrefois, l'armateur d'un navire ne donnait au maître constructeur que les trois dessins extérieurs des formes, gribouillés à main levée, et trois mesures, longueur, largeur, hauteur.

Celui-ci transmettait ce dessin sommaire aux différentes corporations, notamment aux charpentiers de marine qui se chargeaient de la construction, passant par des systèmes de mesures complexes apprises par voix orale et se transmettant de patron à compagnon depuis la nuit des temps.

Richelieu fut le premier à imposer un plan précis et coté.

Nous n'aurons pas à subir cette redoutable épreuve.

Sur le plan que nous avons acheté, les trois dessins y sont déjà représentés. Nous n'avons qu'à le recopier à l'échelle désirée, et rectifier les petites erreurs, s'il y en a.

Mais une question se pose : par quel bout allons-nous commencer ?

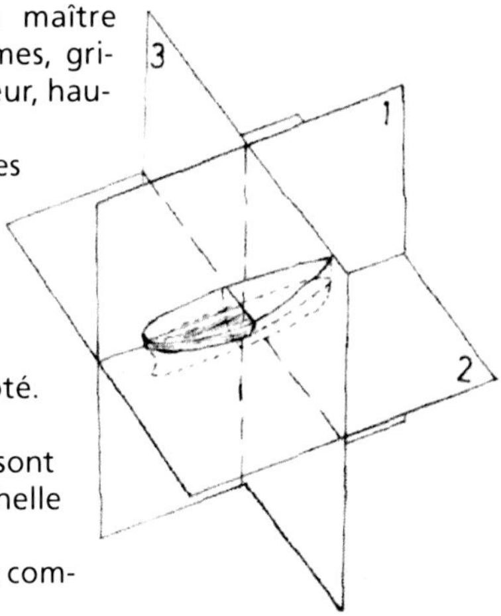

Rassemblées dans un tableau, l'application de la convergeance des lignes.

On va considérer que le dessin de la verticale des formes est juste. Partant de là, vous pourrez tracer votre plan sans trop de difficultés.

Voici 4 dessins qui vous donnerons en plus des nombreuses photos et explications, tout l'éclairage dont vous avez besoin.

Dessin 8

Dessin 8. Mise en page du plan

Figure 1

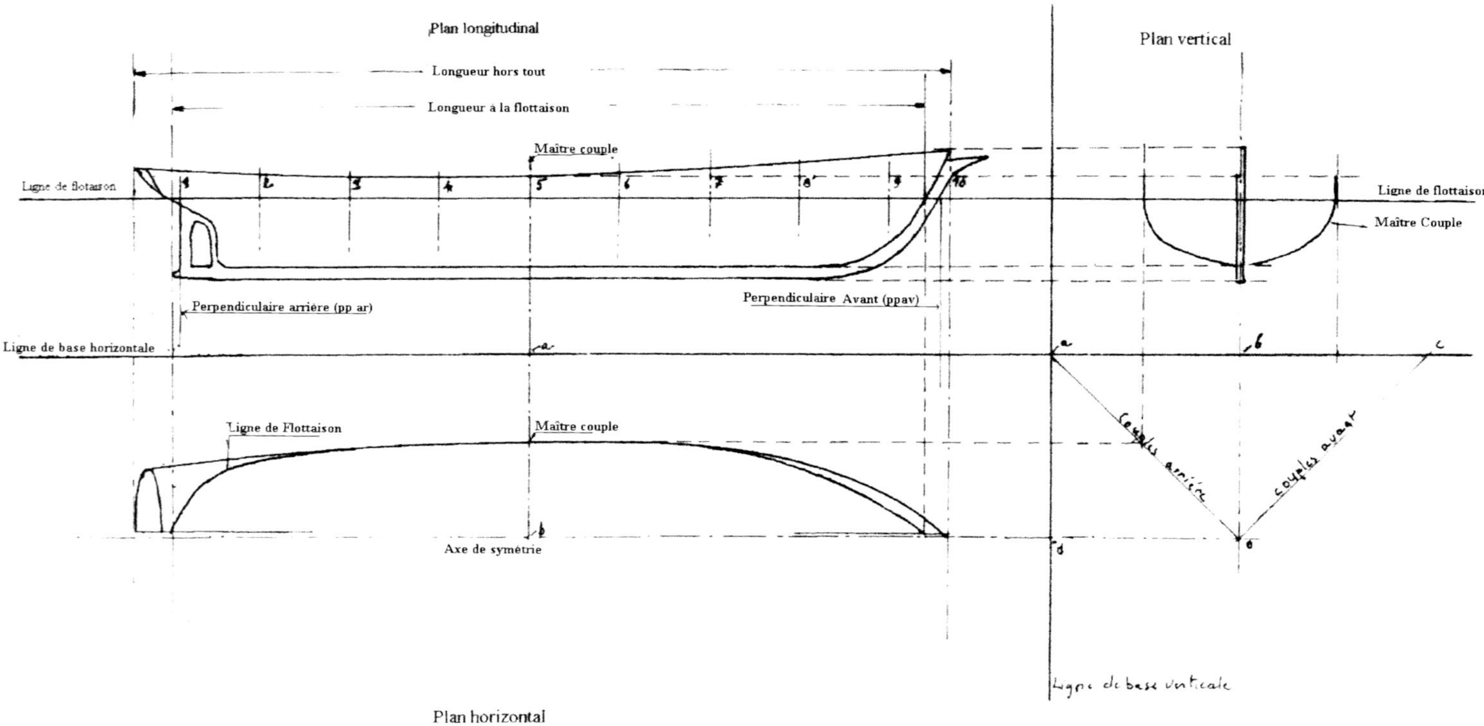

Dessin 9

Dessin 9. Traçage des lignes d'eau et de coupe

Figure 2

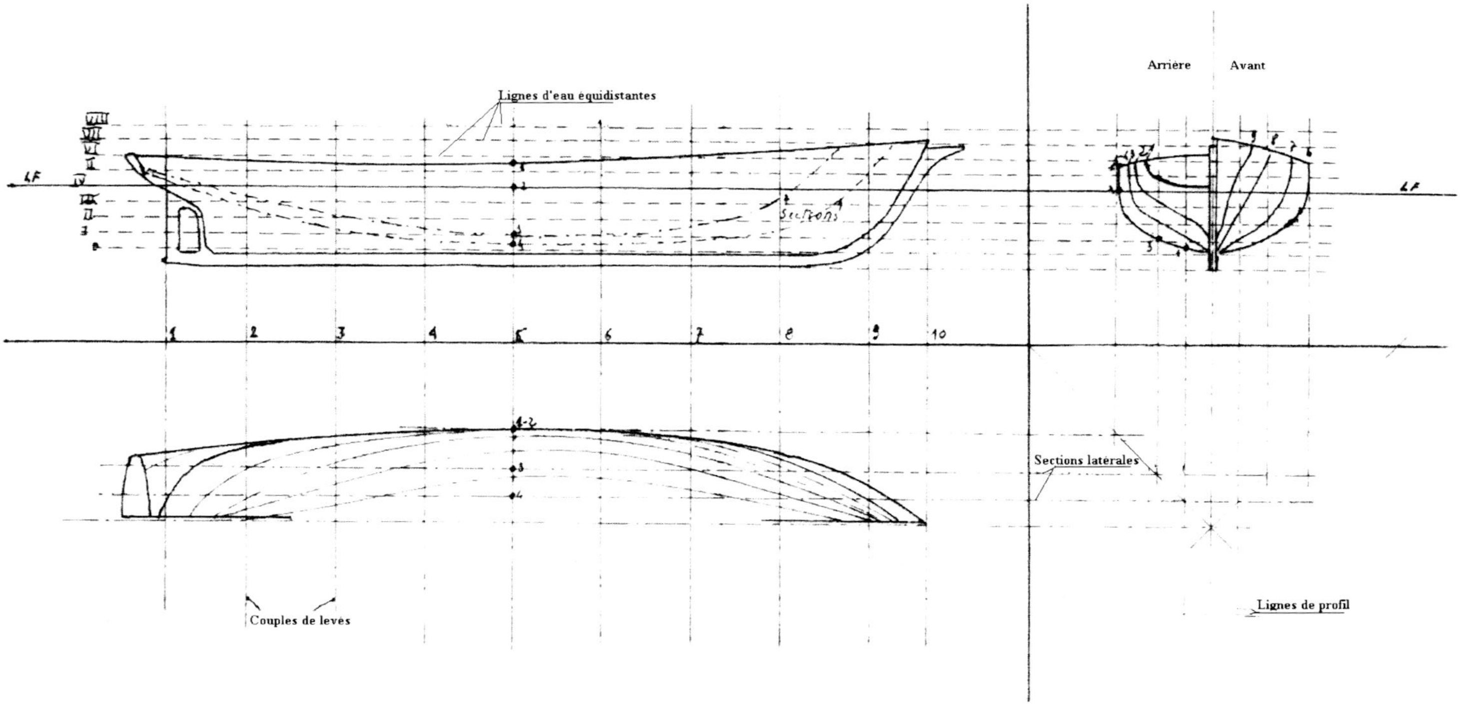

Dessin 10

Dessin 10. Finition du plan

Figure 3

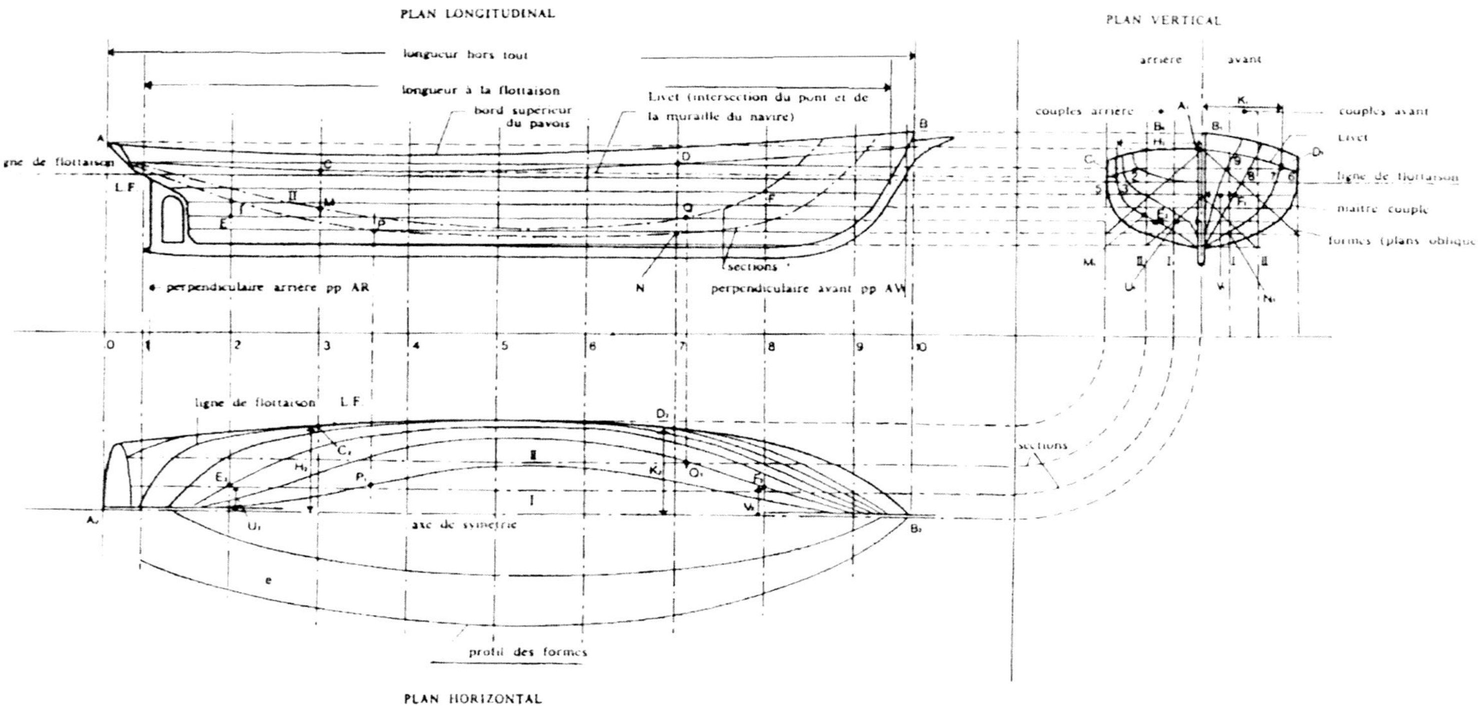

Dessin 11 Deux modèles de plans, une "Réale"
Un vaisseau.

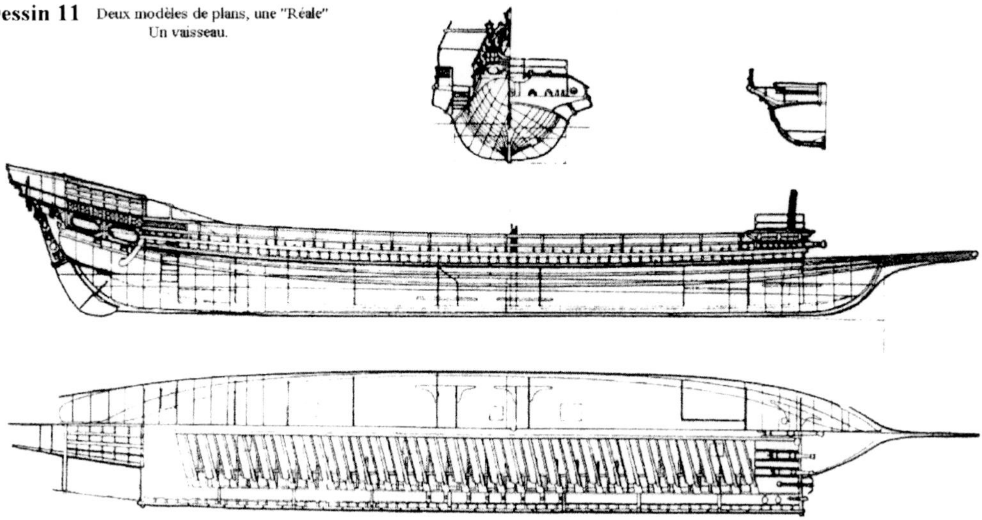

Plan d'une galère du XVIIIe siècle.

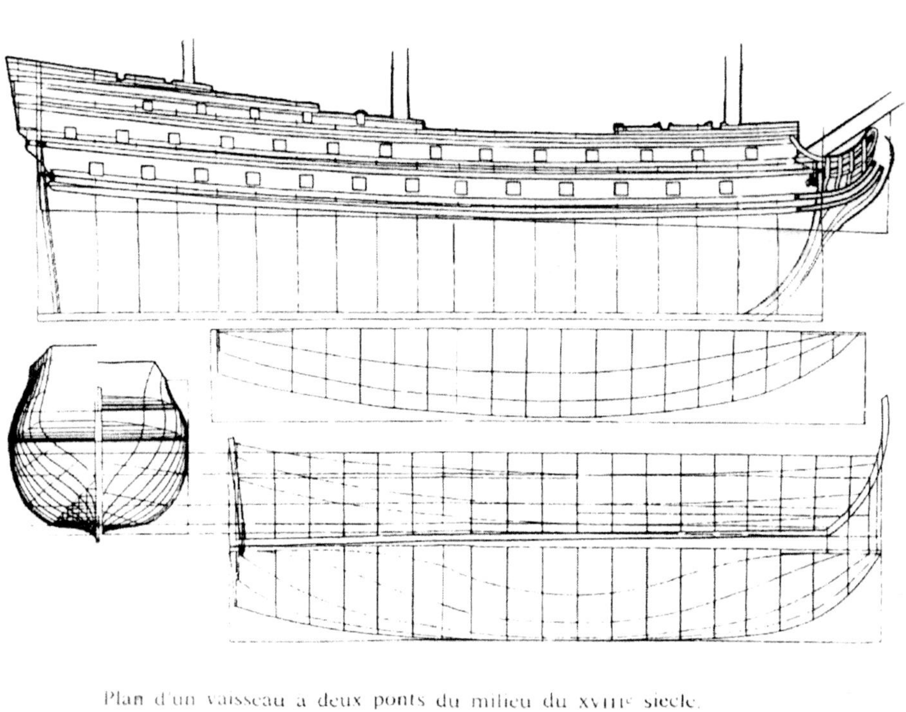

Plan d'un vaisseau à deux ponts du milieu du XVIIIe siècle.

Le traçage proprement dit

Sur pratiquement tous les plans que vous allez vous procurer, ne figure que la moitié du plan horizontal et la moitié de la verticale de formes.
La moitié droite est souvent réservée à la proue, et la moitié gauche à la poupe.
Le premier travail, afin de moins se perdre, est de décalquer et recopier chaque moitié afin d'obtenir une verticale des formes entière pour la proue, et une entière pour la poupe. Rien ne vous empêchera non plus de dessiner votre vue de dessus en entier.
Cela vous donnera une idée plus précise de votre future maquette.
Un petit truc pour commencer, comme d'habitude.

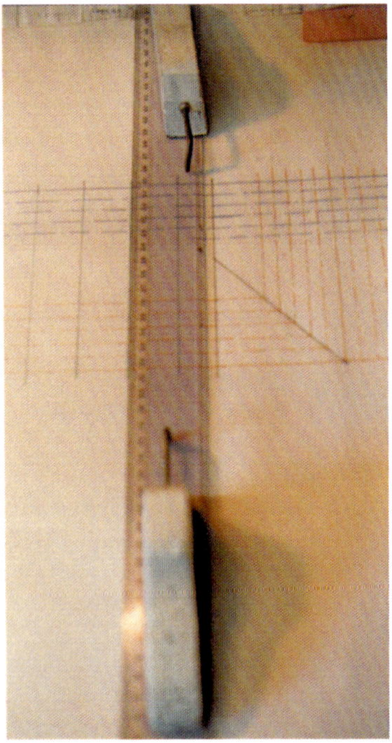

Le traçage des lignes de la grille. En bleu les lignes d'eau, en orange, celles des coupes longitudinales. L'ensemble se recoupe à angle droit à la place exacte de la verticale des formes. On voit aussi que les poids servent à maintenir la règle en place, facilitant ainsi la précision du tracé.

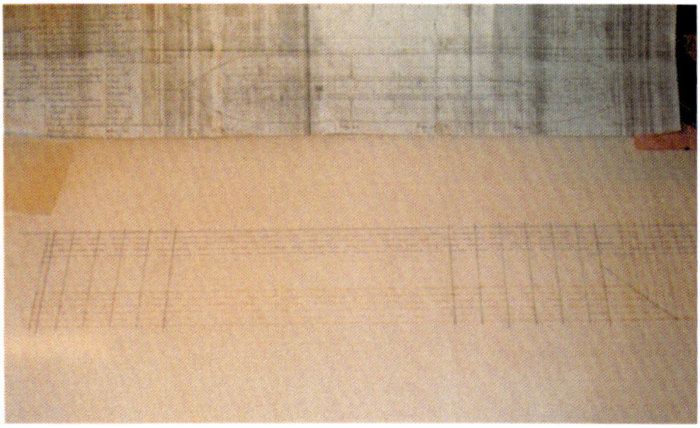

La grille est dessinée, les lignes d'eau en bleu en haut, et en bas, les lignes orange, des coupes longitudinales. Remontant à l'équerre à droite, elles se recoupent pour former la grille de la verticale des formes.

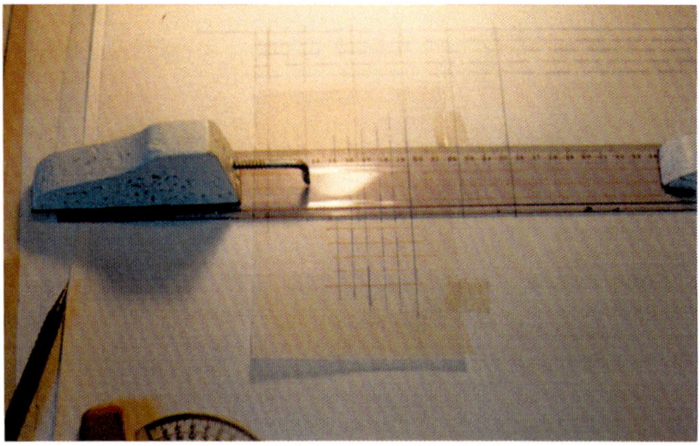

Traçage de la grille du furet, par décalque, et en couleur.

La complexité des lignes d'un plan nous fait souvent nous perdre. J'ai donc éliminé une grande partie des causes qui donnent cette impression, simplement en traçant un plan en couleur. Je m'explique. Nous allons représenter les quadrillages avec un feutre fin de couleur orange et bleu clair (ces lignes représentent l'écartement entre chaque ligne de section hori-

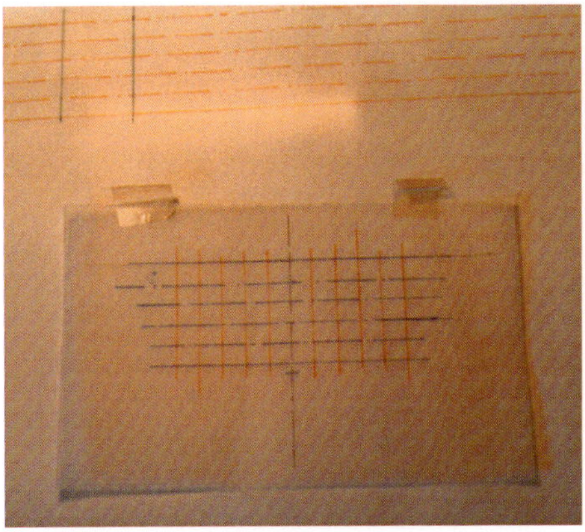

La grille en couleur du furet est terminée, et les deux petits morceaux de scotch qui vont servir à la maintenir en place sont collés. Il ne reste plus qu'à la placer sur le dessin à l'échelle de la verticale des formes, et dessiner celle-ci au crayon gras par transparence.

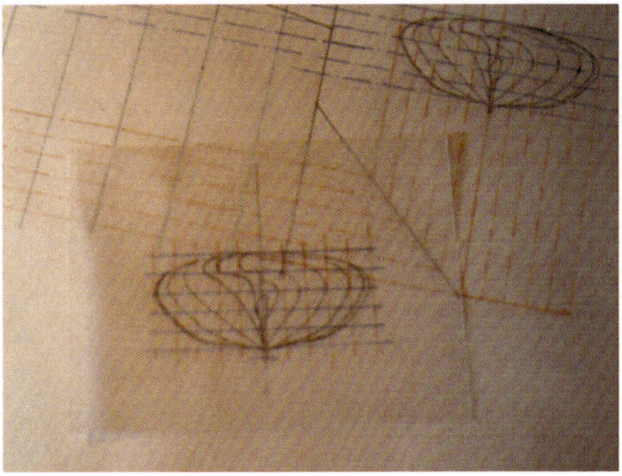

La verticale des formes (ou des couples), dessinée par décalque sur le furet, d'après un dessin au crayon, et à l'échelle exacte exécuté à sa place. Comme je l'ai dit, le dessin du furet devrait être lui aussi au crayon, mais pour les besoins de la photo, je l'ai dessiné à l'encre.

zontale et verticale), et se croisent à l'équerre pour obtenir la grille de la verticale des formes. Des poids sur la règle empêchent celle-ci de glisser lors du traçage.

Le papier de couturière dont le quadrillage est tout prêt et bleu très clair, peut vous aider, mais les écartements ne font pas toujours 1cm. Il faudra donc tracer entre les deux.

Ceci fait, nous tracerons les lignes de la verticale des formes (autrement dit les coupes transversales) au crayon gras (nous allons voir qu'il nous sera peut être nécessaire de rectifier certains tracés), sur un morceau de papier calque à part, et à l'échelle désirée.

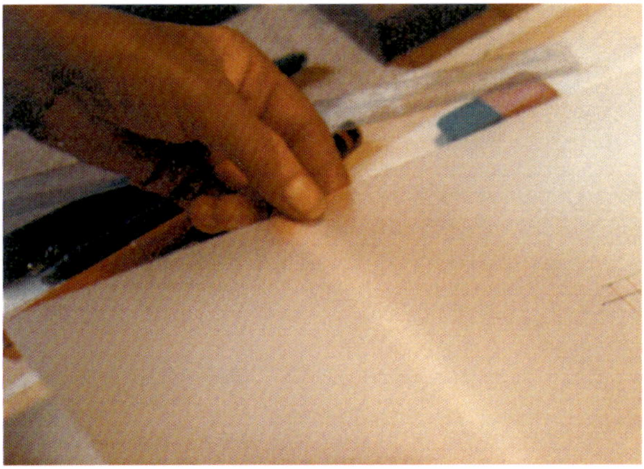

Mise en place du furet, sous la grille en papier calque. Sur du papier à dessin, ou de couturière, on la positionnera dessus, en marquant les points d'intersection avec une aiguille.

Ce tracé doit être précis, nous verrons pourquoi plus loin. Le mieux étant de photocopier à la nouvelle échelle cette verticale des formes sur le plan que vous possédez, et de la redessiner au crayon. Puis vous tracerez dessus votre quadrillage couleur.

Vous glisserez ensuite ce petit morceau de papier calque sur lequel est dessinée votre verticale des formes, sous le calque qui pour l'instant ne comporte que les lignes des diverses sections verticales et horizontales.

J'ai baptisé ce petit morceau de papier le furet. Il est vrai qu'il va fureter partout. Allons pour le furet.

Marquage d'un point à l'intersection du couple de levé (en vert) et la verticale des formes sur le furet.

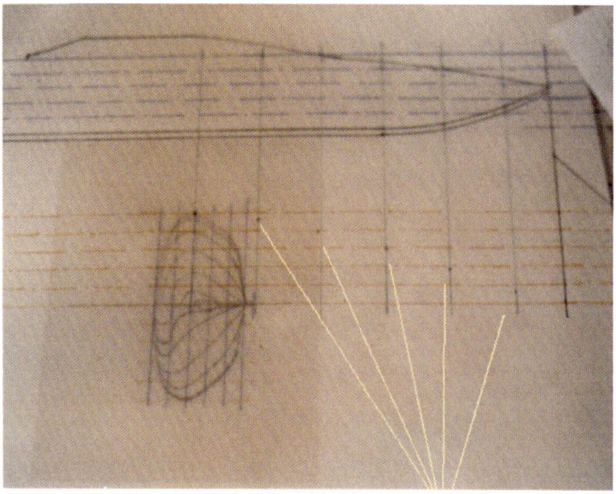

Ensemble des points de la courbe donnant la vue de dessus d'après la verticale des formes en déplaçant le furet d'un couple à l'autre.

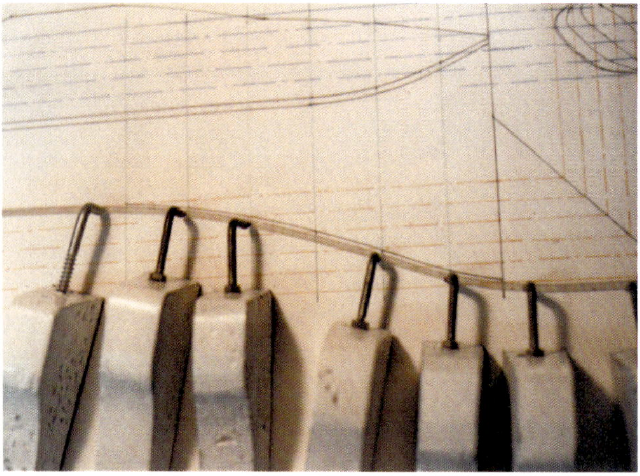

Mise en place de la baguette en plexi, maintenue en place par des poids, qui sont d'autant plus rapprochés que la courbe est prononcée. Il ne reste plus qu'à tracer. Au crayon d'abord.

Nous allons donc glisser notre furet sous le calque en faisant coïncider les lignes du calque et du furet (voir photo), et vous marquez d'un point de crayon là où passe la ligne des formes.
En déplaçant le furet de couple en couple, on obtient une ligne de points.
Lorsque tous vos points de repère sont en place, vous n'avez plus qu'à mettre votre baguette à dessin en place avec les poids.
Il arrive fréquemment que les points soient incompatibles avec une courbe.
Il vous faut alors la lisser (voir aussi dessin 7).
Le lissage consiste à passer au plus près d'un point sans l'atteindre, afin d'obtenir une courbe franche. Ce qui permettra, si nécessaire, de rectifier un peu le dessin de la verticale des formes, qui peut se révéler légèrement inexact, maintenant que votre baguette offre une courbe harmonieuse, et ne passe pas au point marqué.
Si vous avez choisi pour votre dessin du papier de couturière, il vous faudra poser votre furet sur le papier, et tracer le point en piquant celui-ci avec une aiguille.
J'en profite pour vous dire de ne jamais tracer à l'encre votre plan.
Vous le ferez lorsque tout aura été tracé et vérifié.

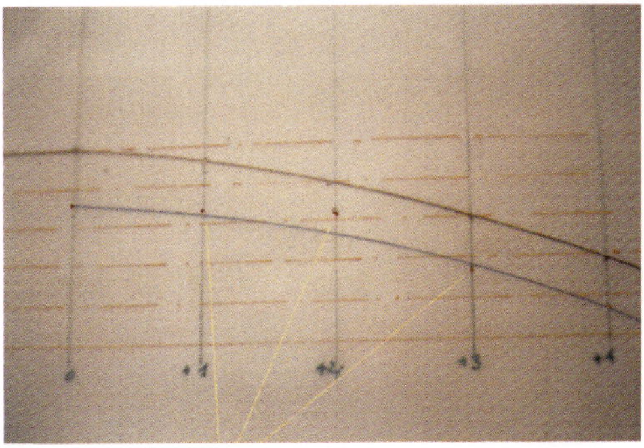

Au centre de la photo, deux ou trois points mal repérés, et le lissage de la courbe. On peut, à partir de ce relevé, modifier légèrement la courbe de la verticale des formes.

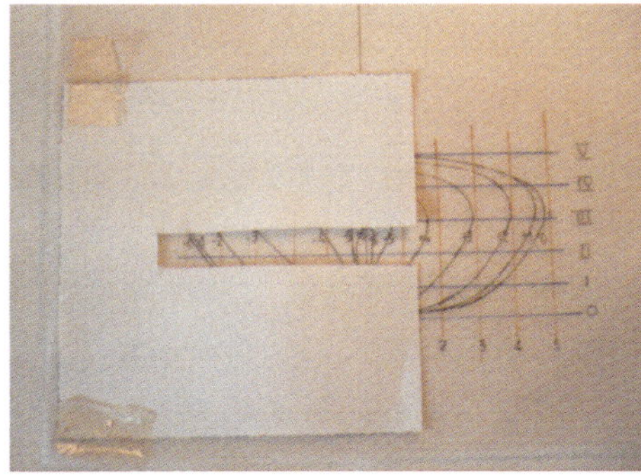

Afin de simplifier encore, la seconde innovation est le papier cache. Une simple encoche dans un morceau de papier blanc, maintenu par deux petits bouts de scotch, matérialise ainsi uniquement la ligne sur laquelle on doit repérer les points.

La mise en place du papier cache sur une ligne de coupe verticale, cachant ainsi les points des lignes d'eau qui ne sont pas concernées. Ceci facilite le repérage du point d'intersection à marquer sur le plan.

Tout ceci serait simple s'il n'y avait qu'une ligne d'eau ou qu'une ligne de coupe. Mais, même en couleur, le nombre de celles-ci est tel que l'on est très vite perdu sur l'emplacement du furet. Et surtout, quel point marquer !

Aussi, la seconde innovation consiste en un autre petit morceau de papier non transparent, dans lequel on découpe une petite fenêtre .

Je l'appellerai papier cache. Celui- ci sera scotché sur le furet, à cheval sur la ligne choisie, et sera déplacé après le traçage de chaque courbe .

Le repérage d'un point permettant d'établir une ligne d'eau ou de coupe intermédiaire, est grandement facilité par l'emploi du furet et de son papier-cache.

Vérification du point de concordance à l'aide du furet et de son papier cache.

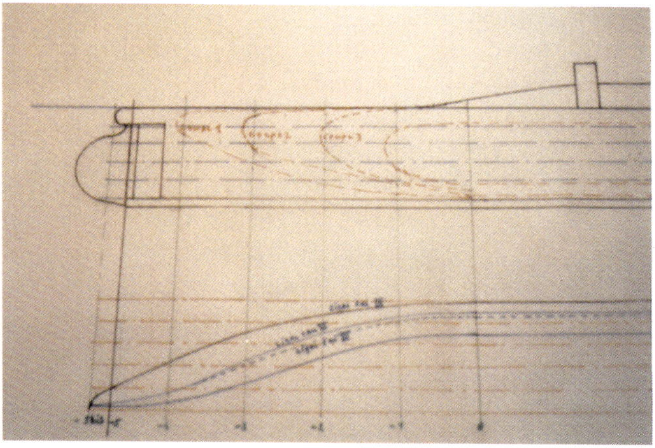

Finition du plan, en y ajoutant chiffres, cotes et annotations diverses. On distingue très bien les contours du navire par rapport aux diverses lignes d'eau et de coupe, grâce au plan en couleur.

Ainsi, n'apparaissent plus sur le furet que les quelques points concernant uniquement la courbe que vous programmez.
De même, lorsque tout est tracé, vous pouvez, avant de terminer à l'encre, vérifier et rectifier les erreurs s'il y en a.
Avec un peu d'entraînement, vous serez vite au fait et obtiendrez les résultats, même en partant d'une mauvaise photocopie.
Pour terminer, vous passerez vos lignes à l'encre.
Nous ferons les lignes horizontales longitudinales (les lignes d'eau) en bleu plus foncé.
Et les lignes verticales longitudinales, disons en vert ou en rouge, on s'y retrouvera déjà bien mieux.

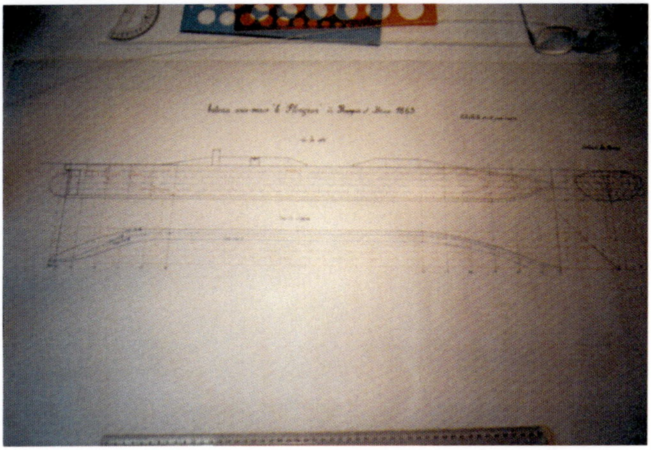

Vue générale obtenue grâce au plan en couleur, et avec l'aide ô combien efficace du furet et de son papier cache.

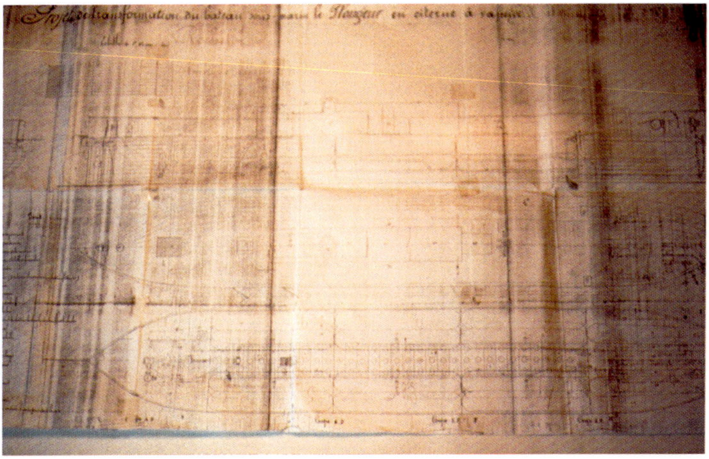

Photo de la photocopie fournie par les archives de la marine. Ce n'est vraiment pas joli joli. Je l'ai choisie exprès afin de démontrer ce que l'on peut réaliser avec mon système.

Afin de vous aider un peu à vous y retrouver, si vous possédez un jour un plan ancien, Je vais vous donner la correspondance de quelques mesures de longueurs françaises anciennes :

La Toise = 1,949 m
Le Pied 1/6ème de Toise = 0,324839 m
Le Pouce 1/12ème de Pied = 2,706995 cm
La Ligne 1/12ème de Pouce = 0,225583 cm
Le Point 1/12ème de ligne = 0,18798 mm
On peut aussi ajouter
La Brasse = 5 pieds = 1,624 m

Chapitre 5

L'OUTILLAGE

Tout d'abord, l'outillage de base comporte au moins une bonne table pour pouvoir dessiner et aussi pour travailler (il faut essayer d'exclure celle de la salle à manger).
L'idéal est donc un petit coin, avec si possible un établi suffisamment stable pour y fixer un étau. Cet étau va devenir indispensable, et servira même à la fixation d'un autre petit étau

Un étau sur un établi est une chose qui va se révéler très vite indispensable. Ce sera d'autant plus vrai, que bien souvent il servira lui même de support à un petit étau de modéliste.

En haut à gauche, une boîte d'X-Acto. A droite une scie archet (indispensable), à l'intérieur une cale à poncer en mousse de latex. En dessous, à gauche, des petites limes, au centre des brucelles. A droite, après deux X-Acto, un bistouri. A l'extrême droite, deux petits cutters faits maison : ce sont des morceaux de lame de rasoir qui sont emmanchés. Ces cutters maison sont réservés à des travaux extrêmement fins, comme par exemple de la sculpture sur bois.

Mon petit tour Unimat 1, sur sa gauche la petite ponceuse Bolher, et devant, à droite, ma petite raboteuse.

Mon tour Hobby-Mat de 250 mm EP et de 70 HP. C'est un petit bijou qui sert très souvent.

Un ensemble d'outils, du touret à meuler à la scie à ruban Proxxon, suivi d'une perceuse sur son support. A droite, une ponceuse à bande verticale, et à l'extrême droite une autre ponceuse à bande horizontale.

Une scie circulaire suffisamment puissante (environ 80 Watts) pour pouvoir débiter même du buis sur une épaisseur de 6 à 8 mm.

Un appareil que vous pourrez fabriquer vous-même. La table croisée, l'étau de modéliste et l'orienteur d'étau sont décrits un peu plus loin dans cet ouvrage.

Ma petite raboteuse montée à partir d'un rabot qui reste portatif, se transforme aussi en quelques secondes en dégauchisseuse. Cette raboteuse est l'outil essentiel pour un modéliste, qui par définition à besoin de baguettes de toutes dimensions, même de 0,5 mm d'épaisseur.

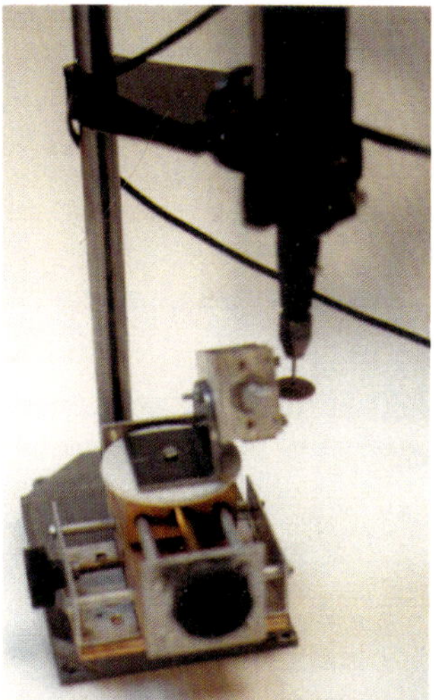

L'appareil s'oriente dans tous les angles sur les trois dimensions, et la précision du déplacement est fournie par la table croisée.

de modéliste (que l'on pourra fabriquer soi- même : voir plus loin "étau de modéliste").

Puis, ce sont les cutters (X-Acto, bistouri, morceaux de lames de rasoir emmanchés), scie archet, les petites limes, les pinces brucelles de toutes dimensions, un bloc à poncer souple, du papier abrasif, et j'en oublie certainement. Mais peu importe, on s'outillera au fur et à mesure des besoins.

Très vite aussi, vous aurez besoin de petits outils électriques, perceuse de modéliste, petite ponceuse à bande Bolher, scie circulaire, scie sauteuse, tout ceci vous l'avez déjà vu dans les chapitres précédents, mais aussi un outil qui, partant d'une simple perceuse fixée à son socle, per-

Le côté des fraiseuses. A gauche la fraiseuse de précision Proxxon, sur sa droite une perceuse à colonne transformée en fraiseuse. Elle est peut être un peu moins précise, mais elle rend tout de même de grands services.

met des usinages dans tous les sens. La fabrication de cet ensemble est expliquée plus loin.
Puis, selon votre goût, vous prendrez une voie plus précise.
De la belle maquette de vitrine au racer radiocommandé, en passant peut être par les bateaux en bouteilles, peut-être aussi réaliserez-vous un rêve de gosse !
J'ai bien rêvé pendant soixante ans de construire le Nautilus du capitaine Némo, c'est fait depuis quelques temps seulement.
Tout ceci aura donc un impact direct sur l'outillage dont vous aurez besoin.
Je ne puis ici traiter de tous les outils existants, d'autant qu'il peut y avoir presque autant d'outils qu'il y a de modélistes.
Sur les photos, vous avez un échantillon de ce qu'est mon atelier.
Peut être aussi n'aurez-vous pas besoin de tout cet outillage.
De toutes les façons, atelier petit ou grand, il vous faudra des outils pour affûter vos outils de coupe.
Et tout d'abord, de quoi avons-nous besoin comme outils de coupe ?
Nous allons voir cela en détail au chapitre suivant.

Chapitre 6

1 - Les outils de coupe et leur affûtage

Commençons d'abord par les classer selon leur nombre d'angle de coupe.

1°) Les outils à un angle de coupe sur une face (dessin 12).
Ce sont les lames de rabot, les ciseaux et gouges à bois ou à métaux.
2°) Les outils à un angle de coupe symétrique sur deux faces.
Ce sont les cutters, les bistouris, les X-Acto, etc. (dessin 13).

Dessin 12

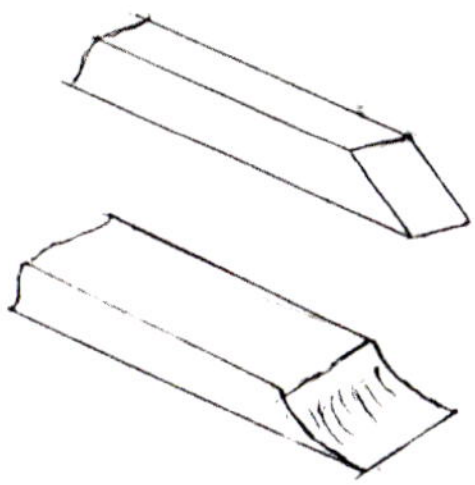

1 angle de coupe plat (ciseau à bois)

1 angle de coupe courbe (gouge)

Dessin 13

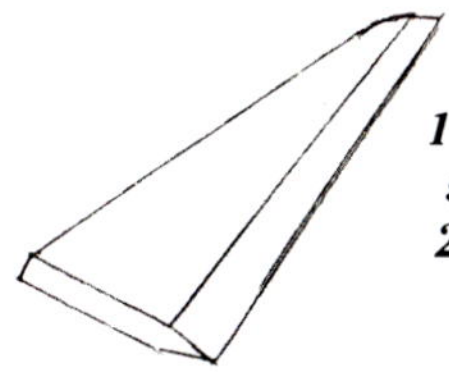

1 angle de coupe symétrique sur 2 faces (cutters)

3°) Les outils à deux angles de coupe différents.
Soit, les ciseaux de couturière, les scies à dents triangulaires (dessins 14 et 15).

Dessin 14

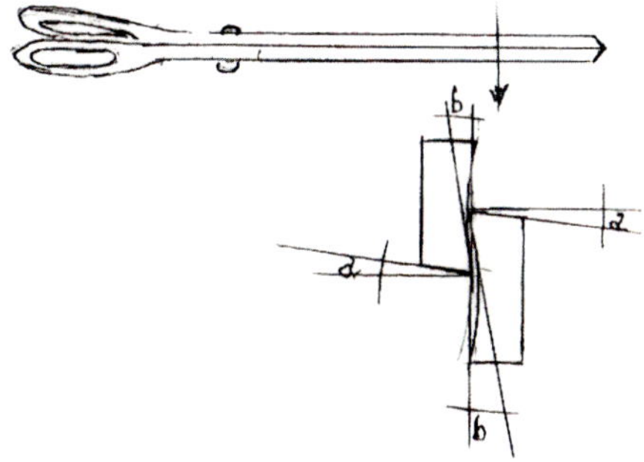

2 angles de coupe différents (ciseaux de couturière). Les angles "a" et "b" sont de valeurs différentes. L'angle "b" est asujetti au diamètre de la meule.

Dessin 15

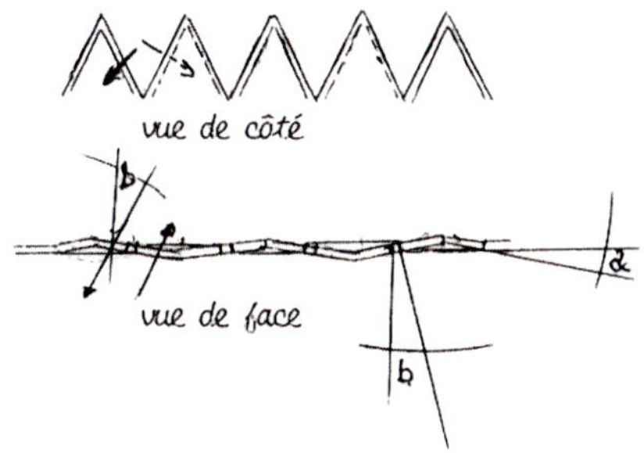

2 angles de coupe différents (scie à dents triangulaires). Angle "a"ou avoyage, angle "b" affûtage.

4°) Les outils à trois angles de coupe différents.
Ce sont les forets, les outils de tour, les scies à dents droites ou inclinées (dessins 16 – 17 - 18).

Dessin 16

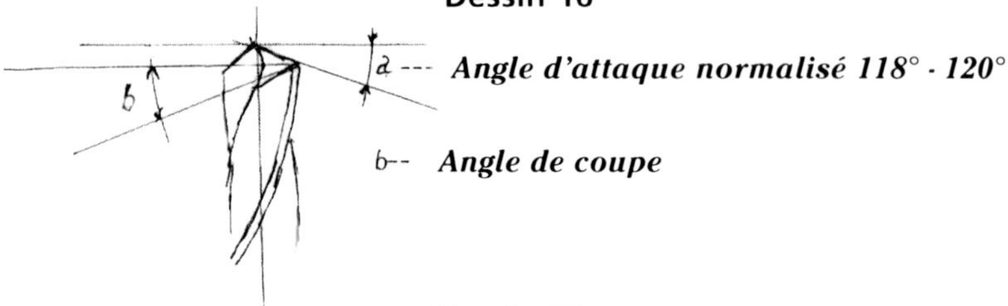

Dessin 17

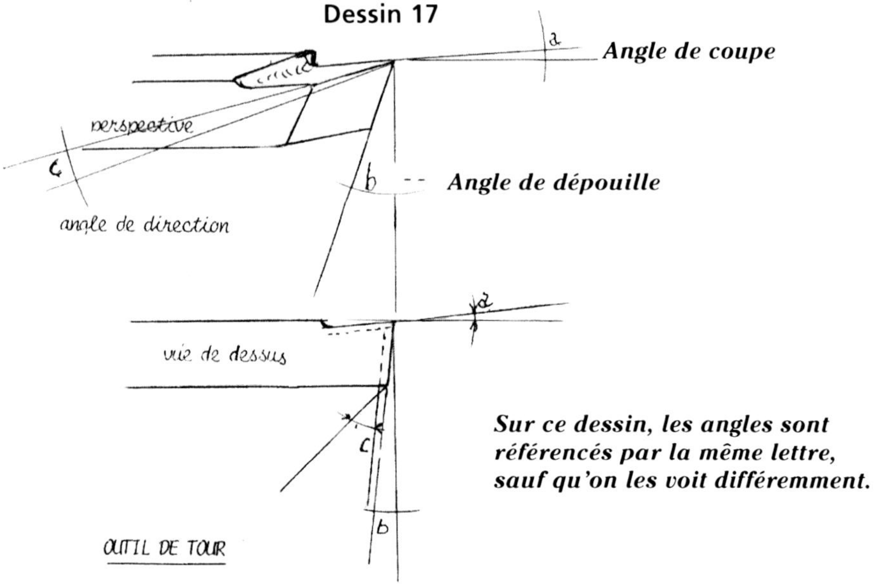

Dessin 18

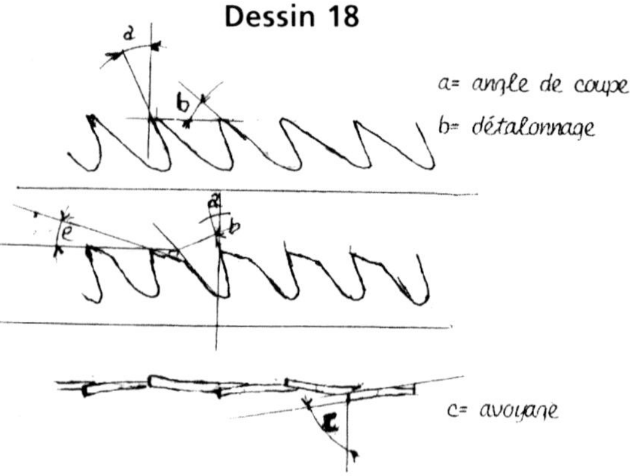

Lame de scie à ruban ou circulaire, dents couchées ou à crochet.

6°) Les outils non affûtables.
Il s'agit des petites lames de scie à chantourner, et surtout des fraises, pour lesquelles il faut un outillage spécial.

Les outils à affûter

L'antique meule à eau en grès fait encore des merveilles, et ceux qui en possèdent le savent bien. Seul problème, elles sont difficiles à loger dans un appartement.
Il existe en grande surface des petits tourets électriques à meule ordinaire en corindon, dont la vitesse de rotation oscille entre 2 et 3000 t/mn, ils conviennent parfaitement pour l'affûtage des forets et des outils de tour.

Touret à meuler, c'est l'un des premiers outils à acquérir. Sans lui on ne peut pas affûter nos forets.

L'autre est une meule à eau, dont la rotation ne dépasse pas 250 t/mn, dont la base est immergée dans l'eau. Cette meule est parfaite pour affûter ciseaux, gouges et lames de rabots. Ces deux outils ne sont pas vendus très cher en grande surface, une vingtaine d'euros pièce.

Meule à eau électrique, elle n'est pas indispensable, elle est néanmoins utile lors des affûtages de ciseaux (à bois ou de couturière), ou les lames de cutters. En remplaçant la meule par un disque en bois muni d'un cuir, on peut aussi affûter les bistouris, et même les lames de rasoir. Bien sûr, il faut de la pâte spéciale pour "affiloir", que l'on peut trouver chez un coiffeur pour homme.

Il vous faudra penser aux petits affûtages quotidiens, pour cela, la pierre à faux (ou à eau) de nos grand-pères est inégalable. Je l'ai assortie de deux pierres à huile, une standard, l'autre à double face fine et moyenne.

Ensemble de trois pierres à affûter, en haut la pierre à huile standard. Au centre, une pierre à huile à deux faces, une fine l'autre très fine. Elle convient mieux pour des outils de modéliste. En bas, la pierre à faux, on la trempe dans l'eau, et on passe l'outil dessus. Deux ou trois allers et retours suffisent pour aiguiser le fil.

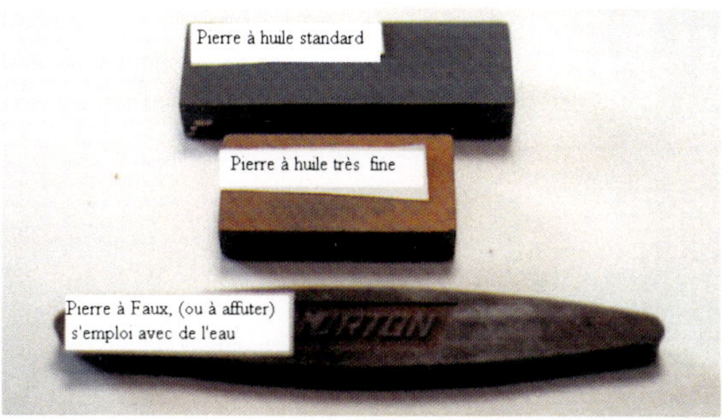

Vous pourrez aussi, si vous n'en possédez pas, fabriquer un cuir sur lequel nos aïeux affilaient leur coupe choux.
Il suffit pour cela de coller un morceau de cuir sur un morceau de bois, et l'enduire avec une pâte spéciale, que vous pourrez vous procurer en visitant quelque vieux coiffeurs.
A la rigueur, vous pouvez en demander dans un magasin de bricolage.
Sur votre lancée, vous pouvez aussi usiner un disque en bois sur lequel vous collerez un cuir, et vous le ferez marcher avec votre meule à eau (mais sans eau).

Un disque en contreplaqué sur lequel est collé un morceau de cuir. L'ensemble se monte sur l'affûteuse électrique et enduit d'un peu de pâte à rasoir. On affûte même les lames de rasoir ! En bas le cuir de mon grand-père, sur lequel je passe tout ce qui coupe. Il sert bien plus souvent que le disque, car il est toujours à portée de la main.

On peut remplacer la meule à eau par un disque en bois muni d'un cuir et de pâte à rasoir, pour pouvoir aiguiser les lames de bistouri, voire de rasoir.

Pour terminer ce passage en revue, il ne faut pas oublier deux ou trois tiers-points, pour affûter vos scies.

Trois tiers-points à angles arrondis servant à affûter les scies de tailles et de dentures différentes. Vous devez affûter vos lames de scies avec un tiers-point dont la grandeur correspond à l'espacement de vos dents.

Maintenant que vous avez vos meules, pierres à huile et à eau, affiloir en cuir et tiers-points, vous n'aurez plus qu'à affûter vos outils lorsqu'ils en auront besoin.

Un détail toutefois qui a son importance, il ne faut pas affûter à n'importe quelle vitesse. Pour les outils affûtés avec une meule à eau, cette vitesse doit être comprise entre 1mètre et 1,20 m par seconde. Cela veut dire que pour une meule à eau de 15cm de Ø, elle ne devra pas tourner à plus de 200 – 250 t/mn. Le film d'eau entraîné par la meule assure ainsi la lubrification et le refroidissement de l'outil. Si la meule tourne trop vite, elle va faire bleuir l'outil. Et un outil qui a bleui, est définitivement inutilisable !
Pour un touret à meuler dont on se sert surtout pour affûter les forets et les outils de tour, le problème reste le même.
Aussi, lorsqu'on affûte un foret par exemple, doit-on avoir à côté de soi un petit bac rempli d'eau. On donne un coup d'affûtage rapide à l'outil, et on le plonge dans l'eau. On recommence ainsi dix ou vingt fois, mais toujours :

Un coup d'affûtage, une plongée dans l'eau !

Ce problème n'existe évidemment pas lorsqu'on se sert d'une pierre à huile ou à faux.
Reste deux grands mystères :
- Comment se rendre compte que l'outil ne coupe plus ?
- Et lorsqu'il est affûté, comment se rendre compte qu'il l'est ?

La première question est insidieuse car, travaillant toujours avec le même outil, on ne se rend pas compte qu'il ne coupe plus. On commence par refaire une coupe, on répète deux ou trois fois son passage, mais on ne se rend pas compte qu'il ne coupe plus. C'est d'autant plus vrai qu'il n'y a pas longtemps qu'il a été affûté.

Un petit truc pour savoir si une lame coupe. Passez doucement votre pouce sur le tranchant. Si votre outil coupe, la peau de votre pouce va accrocher légèrement.
Si votre pouce passe sans accrocher, c'est que votre outil ne coupe pas.
Attention tout de même, n'appuyez pas trop, car si ça coupe, cela pourrait aussi vous couper.

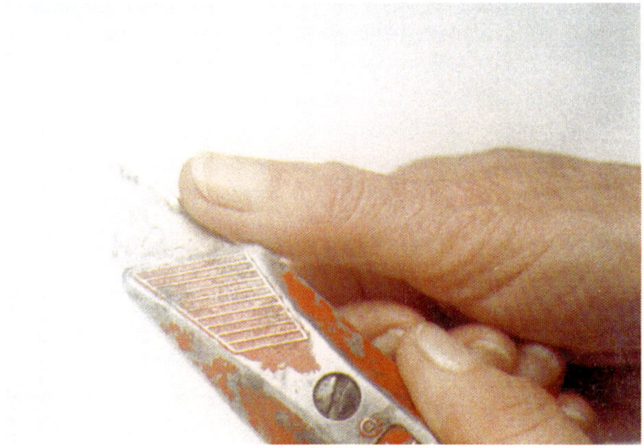

Le meilleur moyen est d'avoir deux outils identiques, et lorsqu'on commence à se reprendre, au lieu d'insister, on essaie le second. Si ça coupe, c'est qu'il faut réaffûter le premier.
Pour la seconde question, la réponse est plus simple. Si l'on respecte ce que j'ai déjà dit plus haut, et que l'on respecte aussi ce que je vais dire ici : il suffit en effet de passer le pouce sur le tranchant, en frottant par le travers, et surtout pas en le faisant glisser sur celui-ci, on se tailladerait largement le pouce.
Si celui-ci accroche la peau, c'est que ça coupe. Sinon, il faut continuer à frotter. Mais il ne faut pas frotter n'importe comment. Il faut affûter exactement dans l'angle de coupe de l'outil, ou dans des angles bien précis établis d'avance.

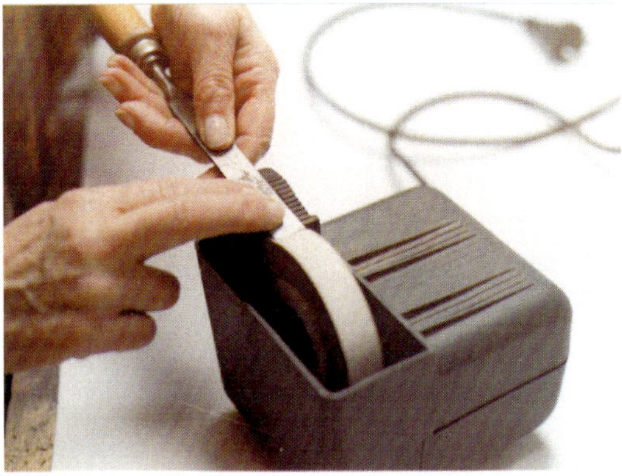

Affûtage classique d'un ciseau à bois à l'aide de la meule à eau.

Affûtage classique d'un ciseau à bois, sur une pierre à huile à l'aide de la petite cale en bois, obligeant ainsi à respecter l'angle de coupe.

Les différents angles de coupe

Dans les deux premiers cas qui concernent les ciseaux à bois et les gouges, mieux vaut prendre l'angle avec un gabarit en carton ou un rapporteur d'angle, car il est rare que deux outils issus de fournisseurs différents aient le même angle de coupe. Surtout pour les gouges qui sont très souvent affûtées "à vue de nez".

Une petite cale en bois coupée à l'angle exact de l'outil à affûter, permet l'affûtage de celui-ci sans arrondir le bord de coupe.

La lame de cutter montée sur la cale, maintenue en place par un petit morceau de métal que serre une petite presse. Il ne reste plus qu'à mettre une goutte d'huile fine sur la pierre à huile, et frotter en tournant, pour affûter le premier côté. Pour faire le second, il n'y à qu'à inverser la lame, et faire la même chose.

Nous avons vu la quasi-totalité des outils à main du modéliste, ce sont les cutters et les bistouris.

J'ai réalisé un petit montage surtout pour les lames de cutter, et aussi les lames de rabot à main.

Ce petit montage permet des affûtages à angle constant, évitant ainsi toutes les fautes

liées à l'affûtage à main levée.
Les cotes indiquées sur le dessin ci-dessous ne donnent qu'un exemple.
Avant de réaliser cette petite cale en bois, prenez avant l'angle de l'outil à aiguiser. Il

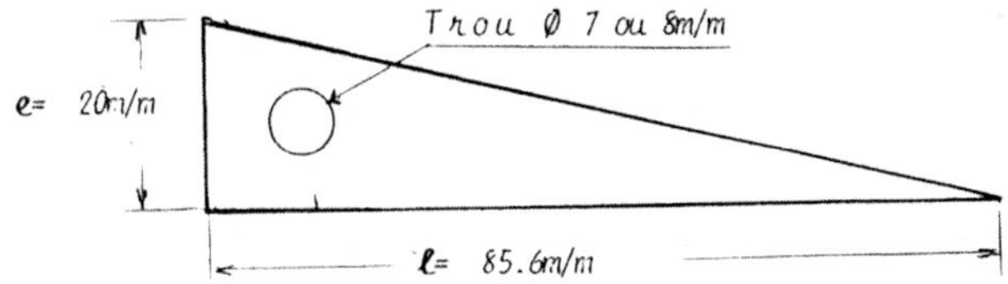

n'est pas non plus prouvé que tous vos outils aient le même angle d'affûtage (voir dessin ci-dessous).

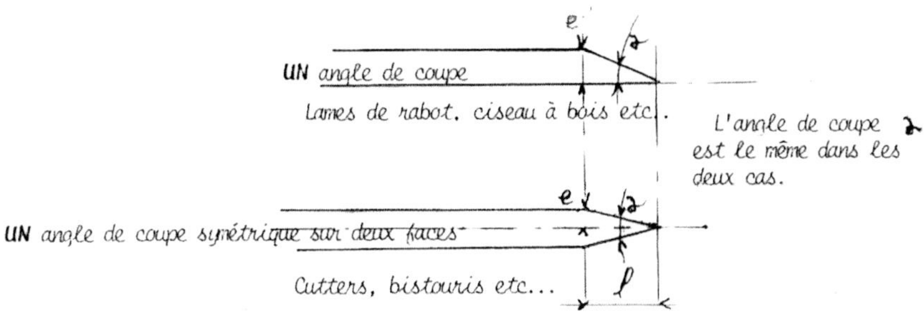

Afin d'obtenir le bon angle, il suffit de mesurer la longueur du biseau (l) et multiplier cette longueur par la longueur que vous désirez donner à la cale,
Par exemple 4, ce qui va nous donner une cale de 4 x 1,5= 6 cm de long.
Pour la hauteur de celle-ci, c'est la même chose, mesurez l'épaisseur de votre outil et multipliez-le par 4.
Mais attention, si c'est un cutter (ou un bistouri), il a deux angles.
Il faut donc diviser l'épaisseur par 2 avant de la multiplier par 4.
En clair, une lame de cutter dont le biseau mesure entre 1,5 et 1,7 mm de long, et dont l'épaisseur est de 0,7 mm, possède deux angles de coupe.
Il faut donc diviser par deux cette épaisseur pour avoir l'angle de coupe réel, soit 0,7 mm divisé par 2 = 0,35 mm.
Si nous désirons fabriquer une cale 40 fois plus grande, elle devra mesurer entre 1,5 x 40 = 60 mm et 1,7 x 40= 68 mm de long.
La hauteur de celle-ci devra être : 0,35 x 40 = 14 mm.
Maintenant que vous avez votre cale, fixez dessus l'outil à affûter et frottez le biseau coupant sur votre pierre. Il faut frotter en faisant des ronds, et en déplaçant votre outil d'arrière en avant et vice versa.
La façon de frotter dépend aussi de l'abrasif sur lequel se fait l'opération.
Si c'est une pierre à huile ou à eau, c'est la bonne solution.
Si par contre vous passez votre outil sur un cuir, il faut simplement passer un côté d'avant en arrière, et l'autre côté d'arrière en avant (ou vice versa). Simplement, il faut donner à "tirer" vers l'extérieur du fil, et non à "repousser" vers la lame.
Il n'est pas toujours obligatoire de suivre le parcours complexe de l'affûtage. Il suffit bien

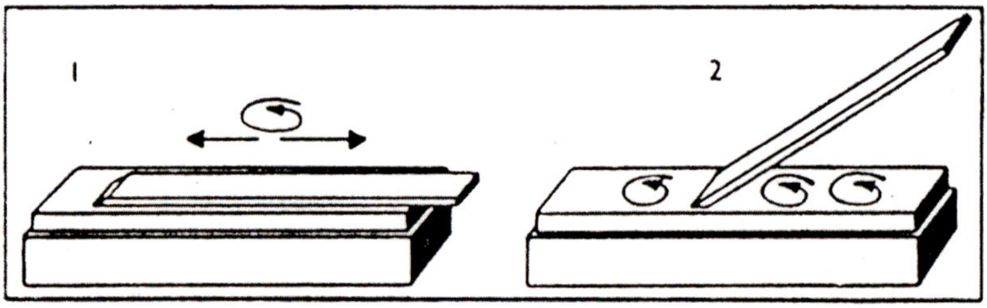

Pratique de l'affûtage : 1. Frotter la *planche* de l'outil bien à plat sur la pierre à huile ; 2. Frotter le biseau de l'outil.

souvent de "rafraîchir" le taillant en passant quelques allers et retours sur la pierre à faux ou sur le cuir assez souvent.
Pensez à votre boucher, il passe systématiquement son couteau sur le fusil avant de couper une tranche de viande.
Faites de même avant chaque coupe..

Petit montage permettant d'affûter des lames de cutter, parfaitement dans l'angle d'affûtage de celles-ci.

2 - Les outils à deux angles de coupe différents

Dans ce court exposé, il faut inclure comme outils, surtout les ciseaux de couturière, les scies à bûches et, en simplifiant, les forets pour percer. Mais ceux-ci feront l'objet d'un chapitre spécial, car leur affûtage n'est pas facile.

Les ciseaux de couturière

Autrefois, on donnait ses ciseaux au rémouleur, mais il n'y en a plus.

De nos jours, on n'affûte plus les ciseaux, on en achète d'autres. Mais il peut être intéressant de les rafraîchir avant de les jeter.

En principe, on affûte qu'un angle, celui du chant des deux branches sur une pierre à eau. (voir aussi dessin 14 page 47).

Rafraîchissement de l'angle de coupe (a) (voir dessin) sur la meule à eau.

Chapitre 8

L'AFFÛTAGE DES SCIES

Il y a plusieurs formes de dents de scie, et surtout diverses utilisations.
La plus simple est la scie à dents triangulaires communément appelée scie à bûches. Elle est représentée ci-dessous en diverses dentures.

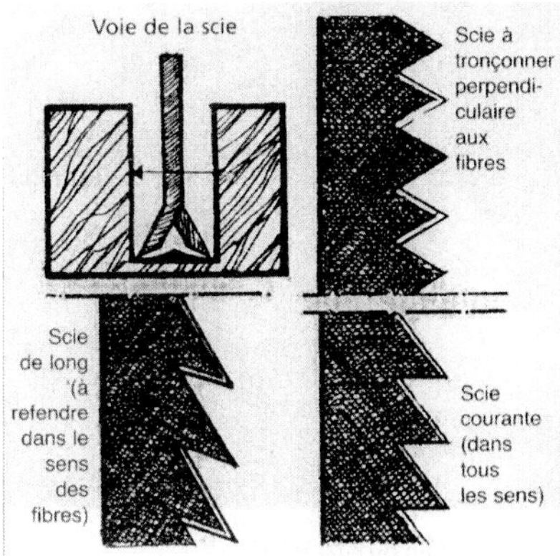

Dentures de scie

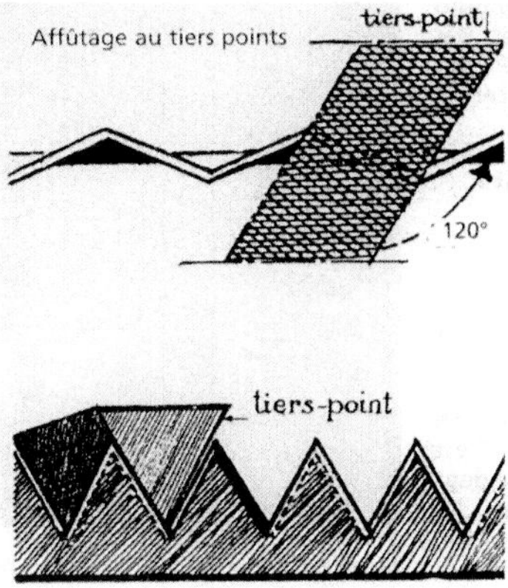

Affûtage d'une lame de scie

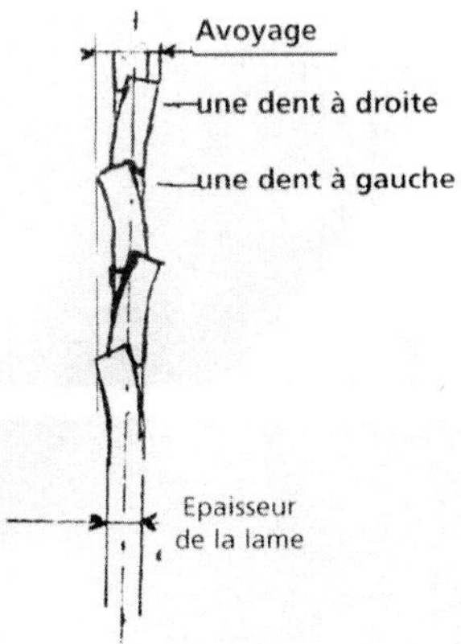

Avoyage standard, à peine la demi épaisseur de la lame.

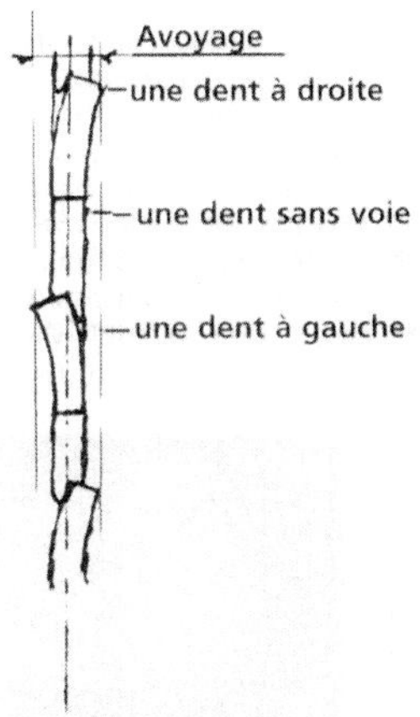

Avoyage plus efficace et plus précis, en laissant entre deux dents avoyées une dent sans voie qui maintient la coupe droite.

Deux système "d'avoyage". Le plus utilisé étant celui de gauche.

Elles ont un point commun, l'affûtage des dents se fait selon un angle de 120° en alternance, une dent à droite, une dent à gauche. Mais avant d'affûter, il faut vérifier l'avoyage. Qu'est-ce que l'avoyage ?
C'est une légère torsion de la dent de scie vers l'extérieure de la lame.
Il y a au moins deux sortes d'avoyage ; le standard avec une dent à droite, une dent à

gauche, et plus précis, une dent centrale sans voie. Pourquoi donner de la voie à une scie ? Tout simplement pour que celle-ci ne coince pas dans la coupe par l'accumulation de la sciure.
Mais si cette voie est obligatoire, elle n'en reste pas moins d'une faible amplitude.
En effet, l'avoyage d'une dent ne doit représenter qu'à peine la moitié de l'épaisseur de la lame. Juste un faible jour entre un morceau de métal posé sur le chant d'une scie.

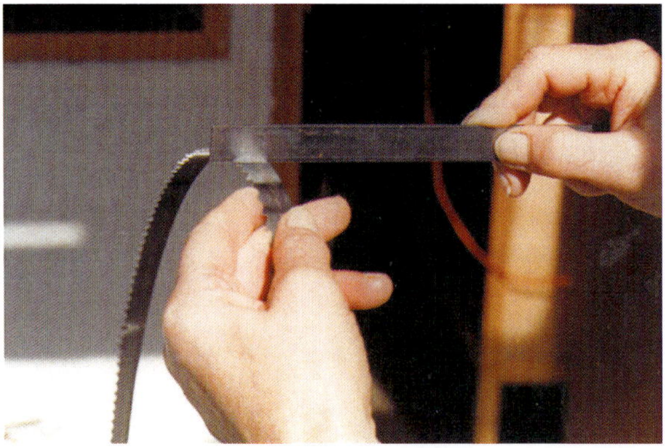

Visualisation à l'aide d'un pied à coulisse ou d'une barre de métal bien droite de l'avoyage d'une lame de scie à ruban. Si en posant le morceau de métal sur le bout de la dent, on voit le jour entre le métal et la lame, c'est que l'avoyage est bon. Sinon il faut avoyer.

Pour exemple, les lames de ma scie à ruban ont une épaisseur de 0,6 mm.
La moitié représente donc 0,3 mm soit, $3/10^{e}$ de mm. Il faut donc obligatoirement des pinces spéciales pour effectuer ce travail, et aussi pas mal d'expérience.

Avoyage d'une lame de scie à ruban à l'aide d'une pince spéciale. En effet, l'avoyage ne doit pas plier la dent de plus de la moitié de l'épaisseur de la lame. De plus, il faut avoyer dans le même sens toutes les deux dents. Il faut donc faire deux passes, l'une à droite, l'autre à gauche.

A ce propos, il m'est arrivé d'acheter des scies neuves (plates, circulaires ou à ruban), dont l'avoyage était trop important.
J'ai résolu le problème en serrant par petites longueurs les lames entre deux grosses plaques d'alu dans un étau. Il m'est aussi arrivé de mettre ces lames toujours entre mes deux grosses plaques d'alu, et de frapper dessus avec un marteau, afin de réduire cet avoyage trop important. Cela a toujours très bien marché, le pouvoir coupant en était même amélioré.
Un mot aussi sur l'angle d'attaque que fait la dent par rapport à la perpendiculaire de la lame. Mis à part les scies à bûches, dont le triangle est équilatéral, les autres scies ont des

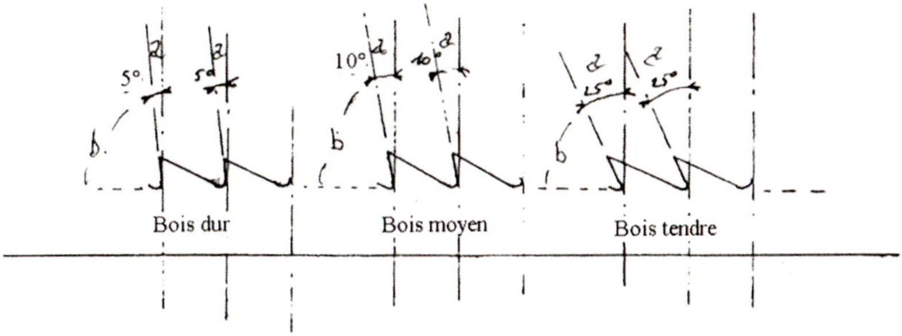

angles d'attaque plus ou moins prononcés.
Sur ce dessin, on voit que pour du bois dur, il faut un angle d'attaque de 5°, pour du bois moyen 10°, et jusqu'à 25° pour du bois tendre.
Mais revenons donc à notre affûtage. L'avoyage est terminé, reste à affûter.
Pour cela, prendre la lame dans un étau muni de mors mou, des plaques d'alu font très bien l'affaire pour les scies à ruban, du bois est mieux pour des scies circulaires.
Il n'y a plus qu'à passer trois ou quatre coups de tiers-point perpendiculaire à la lame (contrairement à la scie à bûche), sur toutes les dents... votre scie est affûtée !

Lame de scie à ruban prise dans un étau. Il suffit de donner trois ou quatre coups de tiers-point perpendiculairement à la lame pour l'affûter. Contrairement à la scie à bûche où l'on doit limer à 120°, alternativement à droite et à gauche.

Le principe est le même pour une petite scie circulaire, même système d'avoyage et d'affûtage. Il faut simplement serrer la lame dans des mors en bois ou en plastique mou, et prendre un petit tiers-point.

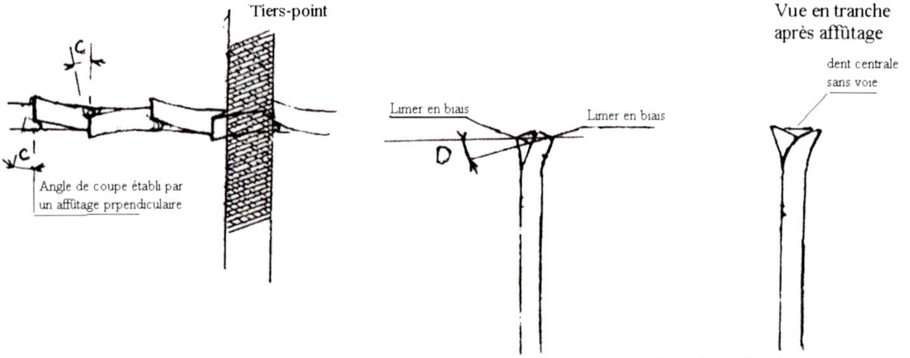

Attention, toujours pousser le tiers-point, ne jamais limer en marche arrière.
Pour encore améliorer l'affûtage, on peut aussi donner un petit coup de lime en biais sur le sommet de la dent.

Chapitre 9

L'AFFÛTAGE DES OUTILS DE TOUR

Je vais être bref pour l'affûtage de ces outils, car en général ceux qui s'en servent connaissent déjà les nombreuses possibilités d'affûtage de ceux-ci.
Il faut aussi différencier les outils à dégrossir, et à terminer.
Les affûtages sont aussi différents selon que l'outil est en acier rapide ou en carbure. Cela dépend aussi de la vitesse de coupe. Bref, nous allons simplement dire qu'un outil de tour possède trois angles de coupe.

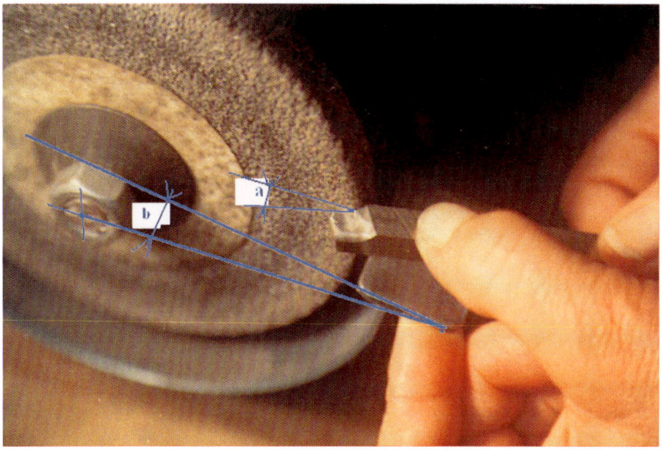

Le support de l'outil de la meule est incliné à environ 7° (angle de dépouille "b"). On incline l'outil lui aussi à environ 7° (angle de coupe "a").

On change l'outil de côté, on l'incline toujours de 7° afin d'obtenir le troisième angle "c" ou angle de direction.

Ces angles sont variables selon le métal ou le bois, on peut aussi avoir un angle de direction plat ou rond. Disons pour simplifier qu'un outil affûté dans ces conditions doit couper (voir dessin 17, page 48).
Le travail du tourneur sur bois n'est pas non plus le même que celui de tourneur métaux, la position de l'outil est différent.
Mis à part le tournage de quelques canons en laiton ou en alu, il vaut mieux, si vous désirez faire du tour, acheter un ouvrage spécialisé, ou mieux encore faire si possible un stage chez un professionnel.
Tourneurs et fraiseurs sont des spécialités complexes, et avant de se lancer dans l'aventure, il vaut mieux avoir quelques bases solides, afin d'éviter des casses imprévues, voire des accidents corporels.

Les fraises
Mis à part un rafraîchissement (douteux), sur une pierre à huile extra fine, l'affûtage d'une fraise ne peut être réalisé que par un professionnel disposant de machines spécifiques. Le plus souvent, elles sont vendues en fraises jetables, et leur prix est relativement modique. Surtout dans les dimensions dont un modéliste a besoin.

Chapitre 10

Les forets

Un coup ça coupe, un coup ça coupe pas ! Pourquoi ?

Un ami lecteur m'a demandé un jour pourquoi les forets qu'il avait acheté ne coupaient plus ?
- Il faut les affûter !
- Bien sûr, mais comment ?
Cet étroit dialogue, nombre de modélistes se le murmure dans la tête très souvent.
Mais tout d'abord, commençons par le début : l'achat des forets.
On achète souvent un foret un peu au hasard. Trois jolies petites choses brillantes sous blister, suspendues à un crochet dans une grande surface de bricolage pour un prix, disons raisonnable.
Il est vrai qu'entre les prix inaccessibles proposés par certains magasins, et ceux comme je viens de le dire, raisonnables, trouvés en grande surface, le pauvre modéliste n'y comprend plus rien. Je vais essayer de démêler un peu tout ça. Ce qui va suivre n'a rien de scientifique, et n'est basé que sur un seul critère : l'expérience.
J'ai comme tout le monde acheté des forets (ou autre chose), sur des conseils écrits ou verbaux de "spécialistes", et qui n'ont même pas pu percer un trou avant de casser.
J'ai par contre acheté à mon fils (qui vend entre autre des outils pour modélistes, "Métivier Modélisme"), un sachet de dix forets de 0,5 mm. (J'en ai pris dix parce que...).
A ma stupéfaction, ce minuscule foret qui d'aspect n'avait l'air de rien, à part d'un morceau de fil de fer ; au lieu de casser, se tordait un peu (il faut dire que ma petite perceuse n'est pas très précise), mais cela perçait.
J'avais ainsi 16 trous à faire dans de l'alu de 2,5 mm d'épaisseur. Cela fut fait sans problème.
Afin d'être plus sûr de la résistance de ce petit bout de fer, je décidais de percer un morceau d'acier de 3 mm d'épaisseur. Une goutte d'huile fine, et doucement, sans bavure, en quelques secondes, le trou était réalisé.
Surpris de cet heureux résultat (car j'avais l'habitude de deux ou trois casses), je repris un de mes anciens forets en "acier super rapide ajouté de je ne sais plus quoi", pompeusement aligné dans sa superbe boîte en plastique transparent, et j'ai voulu faire un trou supplémentaire avec lui, pour voir. Le résultat fut immédiat, il cassa net. Et pourtant, il coûtait cher (le prix des dix achetés à mon fils).
Alors comment savoir, me direz-vous ?
Je vais tenter d'ultra simplifier les choses. Bien sûr, on va me reprocher de ne rien y connaître. Ca n'a pas d'importance, je décris ce que j'ai essayé.
En gros, je trouve qu'il y a trois sortes de forets : les noirs (ou forets laminés), les blancs ou dorés (couleur acier qui sont des forets meulés), et ceux en carbure.
Dans la réalité, il y a des dizaines de qualités différentes, ainsi que des affûtages eux aussi différents. Les forets destinés à percer le bois ont un affûtage très différent de ceux pour percer le fer, et bien d'autres modes d'affûtage, que nous n'aborderons pas. Nous allons nous contenter du bon vieux foret affûté pour tout percer.
Les noirs représentent en principe le bas de gamme, mais ils ont deux atouts de taille ; ils ne sont pas chers et, comme les roseaux, plient mais ne rompent pas. Ils ont aussi quelques inconvénients, il faut les affûter souvent, même quelques fois avant de servir (mais ceci pour des dimensions supérieures à 4 mm). Il n'en reste pas moins vrai que, pour les très petits diamètres, ils sont souvent les meilleurs.

Bien sûr, ils ne résistent pas à 650° de température comme ceux qui coûtent dix fois plus cher, mais comme disait Jean Yann : « Je n'y vais jamais sur les routes départementales... pardon, à 650° ! »
Ce n'est pas que je désire infléchir les inconditionnels des outils en carbure, ou en acier super ultra rapide, ceux-ci possèdent surtout un avantage, c'est de donner une coupe parfaite dans le métal, et aussi dans le bois. Mais ils sont hors de prix et fragiles, surtout dans les toutes petites dimensions. De plus, il faut pour s'en servir correctement, avoir une perceuse à colonne d'une précision parfaite, sans aucun jeu, et pouvant tourner très vite, car l'outil en carbure ne donne véritablement toute satisfaction qu'à grande vitesse, et un jeu excessif du porte outil les font casser.
Entre les deux, il y a les blancs, ce sont des forets en acier au tungstène, au vanadium ou au molybdène. C'est ce que les vendeurs appellent la qualité professionnelle.
Ils représentent en effet les qualités qu'un amateur désire. En plus d'être beaux, ils sont correctement affûtés, et résistent bien à une élévation de température importante sans bleuir.
Bien sûr, ils sont nettement plus chers que les noirs, mais on n'a pas besoin de les affûter avant de s'en servir. Par contre, ils sont assez fragiles en très petites dimensions.
Si à partir de 2 mm de Ø les blancs sont préférables aux noirs, inversement pour les expériences que j'ai pratiquées, au dessous de 2mm de Ø les noirs sont mieux, car même s'ils sont mal affûtés, ils ne cassent pas.
Maintenant que vous savez acheter un foret, comment vous en servir ?
On va vous parler de vitesse de coupe. Pour nous, modélistes, cela ne signifie rien. En effet, nos petites perceuses ne donnent pas vraiment le choix, ayant dans le meilleur des cas deux vitesses.
Le seul critère que l'on peut retenir, c'est qu'il vaut mieux percer moins vite, afin d'éviter qu'ils ne bleuissent, et mettre une goutte d'huile fine pour lubrifier le métal (alu, acier) mais pas pour le bois, ni pour le laiton, le bronze ou le zinc.
Si l'on sent que le foret chauffe anormalement, n'insistez pas, c'est qu'il ne coupe plus, et il faut l'affûter. N'appuyez pas non plus inconsidérément sur celui-ci, s'il n'attaque pas la pièce, c'est qu'il ne coupe pas, ou ne coupe plus.
Si vous insistez, il va bleuir, et là il n'y a plus rien à faire, il est bon pour la poubelle. Car même dans le bois, un foret qui ne coupe pas et qui tourne trop vite va bleuir en quelques secondes.
Une autre petite précaution qui n'est pas souvent appliquée, et qui pourtant est indispensable, consiste à percer d'abord un avant trou de petit diamètre, puis passer un ou plusieurs forets de plus en plus gros jusqu'à la dimension désirée. Cette précaution évite l'éclatement de la pièce par un usinage trop important en une fois, et aide au bon déroulement du copeau de matière enlevée.
A ce propos, l'un des critères indiquant à la fois un bon affûtage et une bonne vitesse de coupe, est le déroulement d'un copeau de métal (alu, acier) en forme de tire-bouchon, qui prend naissance dans la pièce, à l'attaque du foret, et qui n'en finit pas de se dérouler lorsqu'on perce. Les autres matériaux, tels que le laiton ou le bois se laissent percer en silence, et donnent une coupe nette.

Comment affûter un foret ?

C'est à la fois simple et compliqué, je vais tenter de l'expliquer.
Sur ce dessin, sont indiqués les trois angles de coupe. Seuls deux sont modifiables, l'angle

Dessin 27 Le Foret

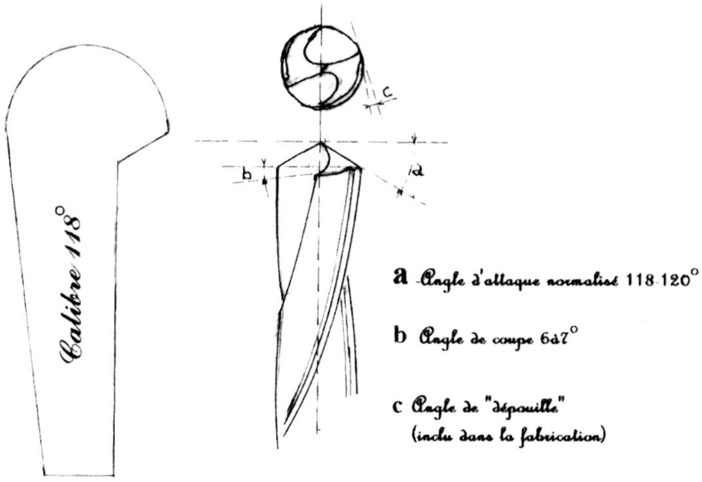

Affutage d'un "mini foret"
avec une "pierre à huile
le travail est à effectuer
avec une loupe grossissement
7 ou 10.

"a" normalisé à 118-120° (bien qu'il y ait des forets avec un angle de 135°), dit angle d'attaque, et "b", l'angle de coupe de 6 à 7°. Il existe des calibres de forets qui aident à respecter le mieux possible l'angle d'attaque, et surtout l'égalité des deux angles. Car il est évidement nécessaire que les deux lèvres du foret attaquent en même temps, et non un seul si un angle d'attaque est plus ouvert que l'autre.
Mais il ne faut pas se focaliser sur l'angle d'attaque, ce n'est pas lui le plus important pour qu'un foret coupe. Celui qui est important, c'est l'angle de coupe (le bien nommé).
Il est de 6 à 7°, mais il n'est pas facile à obtenir.
Tout d'abord, pour affûter un foret, il faut une meule, ou un montage avec par exemple un tour Unimat 1.
Sur la meule, qui permet d'affûter surtout les gros forets (ceux dont le diamètre est supérieur à 2 ou 3 mm) (voir photo), on voit une meule à gros grain, mais il existe des meules très fines, qui conviennent mieux, spéciales affûtage (grain 60).

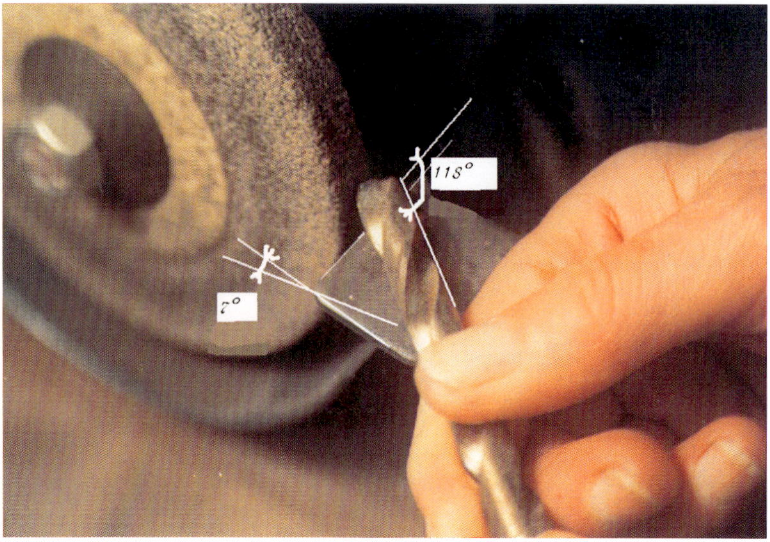

Le support du foret est positionné à 7°, et l'on a tracé un trait à 118°. En poussant pour affûter, donnez un petit coup de main pour faire tourner le foret d'un petit quart de tour vers la droite, afin que la ligne de l'angle de coupe soit droite.

Je ne parle pas ici des meules spéciales pour les forets en carbure, car il faut des meules spéciales pour cette catégorie d'outils. D'ailleurs, les modélistes qui s'en servent n'ont, en principe, pas besoin des conseils de ce modeste article, qui est plutôt réservé aux passionnés mais qui ne sont pas forcément des professionnels.

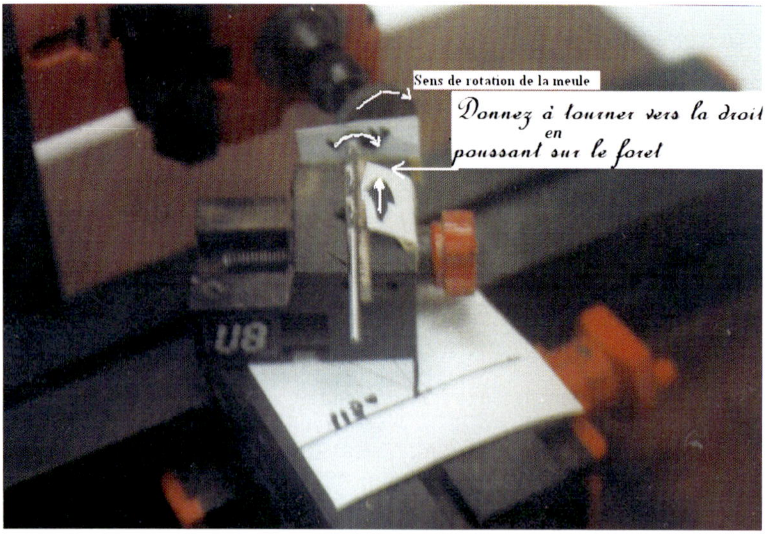

Montage d'un système d'affûtage sur un tour Unimat 1, on remarquera surtout la loupe grossissement 7, pour pouvoir affûter les micro-forets.

Ci-dessous, une petite cale en bois ayant un angle de 6 à 7°, destinée à être serrée dans l'étau pour servir de guide.

Néanmoins, le principe reste le même. On trace (à la craie) une ligne sur le porte-outil à 118°, puis on incline ce même porte-outil de 6 à 7° (voir photo). Il n'y a plus qu'à positionner le foret. Tout en l'appuyant sur la meule (délicatement), on lui fait faire un petit quart de tour de gauche à droite (dans le sens des aiguilles d'une montre), ceci pour éviter que l'angle de coupe ne s'annule par un manque de détalonnage de l'arrière de la partie coupante.

Ce petit quart de tour permet justement de meuler ce talon gênant, et donner ainsi une ligne de coupe à peu près droite, et inclinée à 6 ou 7°.

Meulez l'autre côté du foret de la même façon, en vous assurant que vous n'avez pas meulé un côté plus que l'autre. Dans ce cas, seul un côté du foret couperait. Vérifiez l'égalité des angles avec le calibre (dessin page 65).

Souvent, juste un petit coup de meule suffit à rafraîchir le foret.

N'oubliez pas cependant d'avoir un petit bac rempli d'eau à côté, car après chaque coup de meule, il faut refroidir le foret pour ne pas le détremper.

Un coup de meule, un plongeon dans l'eau, surtout ne pas oublier de le faire.

Le montage sur le petit tour Unimat 1 est beaucoup plus précis, et permet d'affûter des forets de 0,5 mm, à condition d'avoir une loupe grossissement 10, et surtout de faire tourner la meule de la gauche vers la droite, afin d'éviter que la meule ne casse le foret en le prenant par sa ligne d'attaque.

Un autre système de rafraîchissement des micro-forets, consiste à les affûter à la main.

Une pierre à huile très fine (sur laquelle on aura mis un peu de pétrole) ou une pierre à aiguiser de cuisine, ou encore celle fournie dans les boîtes de cutters pour affûter ceux-ci, passée délicatement sur chacun des deux côtés (voir dessin 27, en bas).

Afin de faciliter la tenue de ces minuscules forets dans la main pendant l'affûtage, il est pratique de les emmancher sur un petit mandrin à pinces, ce qui permet de mieux voir ce que l'on fait.

Si après avoir tranquillement suivi et effectué un affûtage tel que je l'ai décrit, le foret ne coupe pas, c'est qu'il y a autre chose.

En effet, assurez-vous avant tout affûtage que le foret est en état d'être rafraîchi.
Pour cela, surveillez spécialement ce petit filet qui déborde très légèrement du foret, dans lequel est inclus l'angle c, ou angle de dépouille (dessin 27, tout en haut). Il arrive fréquemment qu'après un usage excessif, ce petit filet se trouve mangé. Dans ce cas, comme dans celui d'un foret qui a bleui, il est bon à jeter.
On peut tenter de le sauver en cassant l'extrémité de celui-ci : fixez-le dans un étau, et tapez net sur l'extrémité avec un marteau, il ne reste plus qu'à le réaffûter. Mais cela est difficile sans machine spéciale, surtout de mettre les deux côtés au même angle malgré l'utilisation du calibre.
Pour les micro-forets, cette opération n'est pas faisable, et même pour un foret normal, ce n'est guère rentable De toutes façons, il ne reste qu'un foret d'occasion.
J'espère m'être expliqué comme il convient, et que vous trouverez dans ce petit rappel, le moyen d'éviter quelques catastrophes dues au manque d'affûtage d'un foret.
Un dernier conseil avant de terminer : faites-vous la main sur des gros forets, disons de 6 ou 8 mm, vous verrez mieux comment vous y prendre, et remédier ainsi à vos défauts. Je suis convaincu que quelques minutes après avoir essayé, vous pourrez dire : enfin ça coupe !

Affûtage d'un micro-foret. Vue hors de la loupe qui est fixée sur l'étau par un petit fil de fer.

Affûtage du micro-foret vu dans la loupe grossissement 7. On peut aussi, pour les tout petits forets, prendre une loupe grossissement 10.

Chapitre 11

LA FABRICATION DES BANDES DE PONCEUSE

Une des tâches les plus ingrate pour un modéliste, est sans conteste le ponçage des pièces avant et après montage.
L'effilage des virures selon le galbe des lisses de bordé est d'ailleurs bien souvent laissé de côté, à cause de la complexité de la courbe harmonieuse de celles-ci, ensuite, un tel travail de ponçage est à la longue rebutant, même pour un modéliste patient. Et pourtant, on ne peut remplacer cette corvée par un rabotage (à main ou électrique), celui-ci risquerait de tout casser, ou de faire des trous inesthétiques. Cette solution est bonne à l'échelle 1, comme à Rochefort pour "l'Hermione", mais pas au 1/72e comme bien souvent on le pratique.
Le plus simple est évidemment la petite cale en bois sur laquelle on colle, à l'aide d'un double face, le morceau d'abrasif dont on a besoin. Mais c'est long et fastidieux.
Il se vend, dans le commerce, des petites ponceuses à bande conçues spécialement pour les modélistes. De surcroît, on peut acheter un support dans lequel celle-ci s'encastre, permettant ainsi de poncer les couples sur leur chant extérieur et d'obtenir ce que l'on arrive jamais à faire comme il faut : l'équerrage de chaque couple.
L'aide d'un papier gabarit, légèrement collé sur celui-ci, et tracé à la plus petite dimension, permet de poncer exactement jusqu'au tracé, les différentes inclinaisons (dues au galbe de la coque) se faisant à la main.
Seul petit inconvénient, le prix des bandes abrasives est cher. De plus, on ne trouve que deux grosseurs de grain, du gros et du fin. Sans précision du numéro.
Aussi, m'étant rendu compte que la longueur de ces bandes, une fois développée, n'excédait pas 245 mm, j'ai pensé qu'avec quelques feuilles de toile émeri, ou de papier abrasif de 210 x 297 mm, on pouvait non seulement avoir des bandes de remplacement, mais toute une gamme de grains, et même de polissage.
J'ouvre ici une parenthèse, j'ai essayé d'autres genres de ponceuses, des vibrantes, des rotatives, et je n'en ai pas retiré de bonnes impressions.
Soit l'adhésif du petit disque (ou du petit triangle) ne l'était pas assez, et il se décollait. Soit le plus souvent on ne ponçait rien, et si l'on avait le malheur de fixer le petit disque à la colle, cela rayait le bois en un ensemble de ronds multiples, ou dans tous les sens pour la ponceuse vibrante. De plus, il était quasiment impossible de changer l'abrasif sans risquer de tout casser.
Revenons donc à nos bandes de ponceuse.
Le dessin nous donne les dimensions exactes du développé de la bande de la petite pon-

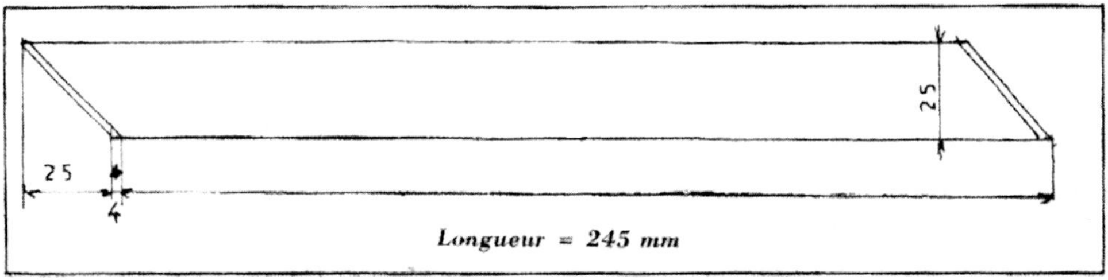

Longueur et largeur d'une bande à raccord en biseau pour une petite ponceuse Bolher.

Découpe à la longueur, largeur, à l'équerre ou en biseau de l'abrasif.

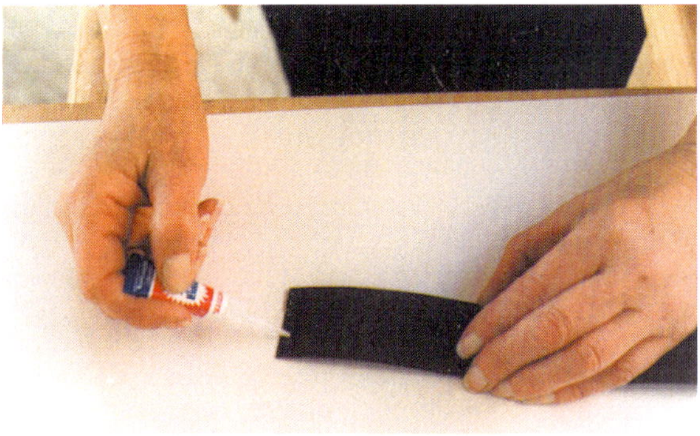

Après la découpe aux dimensions et à l'angle de raccordement, passez sur toute la largeur de la bande et sur 4 à 5 mm de large (davantage si la bande est plus grosse), de la Super Glue Gel. Vous l'égalisez avec un petit morceau de bois, afin si possible de ne pas laisser d'abrasif après le décollage.

Après encollage de la petite bande dont on doit supprimer l'abrasif, on pose un petit morceau de bois sur la colle. On serre l'ensemble avec une presse ou dans un étau, et on laisse sécher 20 minutes.

ceuse "Bolher", avec sa coupe en biseau et son petit surplus pour le collage.
Le procédé que je vais vous expliquer n'est pas restrictif, et peut être utilisé pour n'importe quelle ponceuse à bande, même et surtout pour des outils déclassés dont les bandes ne se font plus.
J'en ai même fabriqué une très longue que je montais sur ma scie à ruban à la place de la lame, avant d'acheter une ponceuse assez grande pour préparer le bois de mes outils.
Nous voyons sur le dessin que ces bandes font 245 mm de long (pour un raccord en biseau), sur 25 mm de large.
Nous découperons donc cela dans l'abrasif qui nous plaira.
Il existe aussi des rouleaux de toile émeri vendus aux garagistes, de 25 mètres de long, et 42 mm de large. Cette toile est particulièrement résistante, plus que les feuilles. Vous pouvez en demander un morceau à votre meccano, qui se fera un plaisir de vous en donner un bout d'un ou deux mètres, ce qui vous procurera de la réserve.
C'est avec un morceau de cette toile que les photos ont été réalisées.
Il existe aussi, vendus en grande surface, ces mêmes rouleaux de toile émeri mais, faites attention, car certains ont un support en carton. Il n'est pas impossible de s'en servir, le principe que je vais vous décrire reste le même. Il faudra simplement rajouter à l'intérieur, lorsque la bande sera collée, un petit morceau d'adhésif armé (rouleau de scotch large pour colis), afin de solidifier le raccord en carton.
Feuille ou rouleau, il vous faudra découper la bande à la dimension, et au même angle de biseau, à moins que vous ne la coupiez d'équerre. Pour cela, vous faites chevaucher les deux extrémités de la bande, et vous coupez les deux ensemble.
Le plus difficile reste maintenant à faire : enlever l'abrasif sur une largeur de 4 ou 5 mm, tout en conservant le support en toile (ou en carton).
Un correspondant ami m'a transmis la bonne solution, je vous en donne l'explication en un ensemble de photos prises sur un échantillon coupé d'équerre.
1°) Enduisez légèrement, mais uniformément, de la colle Super Glue gel (pas de Super Glue liquide), sur toute la surface où l'on désire retirer l'abrasif.
Pourquoi du gel ? Simplement parce qu'il n'imprègne pas le tissu ou le carton support, et permet ainsi de n'enlever que l'abrasif.
2°) Coller un morceau de bois sur cette surface , mettre une cale en bois derrière, et ser-

La bande de toile émeri encollée est serrée dans un étau entre deux morceaux de bois. On peut, si on se débrouille bien, encoller les deux extrémités en ajoutant un troisième morceau de bois sur lequel l'autre bout de l'abrasif sera collé. J'insiste, n'utilisez que de la "Super Glue gel", simplement parce que le gel ne coule pas sur la toile qui supporte l'abrasif, et donc ne l'encolle pas. C'est ce simple fait qui permet la séparation entre l'abrasif et le support en toile (ou en carton).

Une fois l'extrémité collée et sèche, on tire sur la bande, et même on plie franchement pour casser le film adhésif.

Une fois cassé le ruban adhésif, on tire doucement de droite à gauche, et la toile (ou le carton) support apparait débarrassée de son film abrasif.

Tout le film abrasif est resté collé sur le bois, et le tissu est prêt pour l'encollage.

rer l'ensemble dans un étau pendant au moins vingt minutes.

3°) Retirer l'ensemble collé de l'étau (voir photo), plier l'abrasif au ras du bois, afin de le casser, et tirer doucement de droite à gauche, l'abrasif reste collé au bois, et la toile (ou le papier) sort totalement débarrassée de tout abrasif.Il faut recommencer la même opération pour l'autre extrémité.Si l'on s'y prend bien, on peut avec trois morceaux de bois faire les deux extrémités en même temps.S'il subsistait quelques grains, un petit coup de râpe à bois suffirait pour les enlever.

Il ne reste plus qu'à rapprocher les bords afin de les mettre parfaitement en ligne. Mettre de la Super Glue sur un morceau de toile. Mettre l'autre bout dessus, et appuyer fermement avec un petit morceau de bois.

Mieux encore, serrez l'ensemble dans un étau pendant une heure afin que la colle soit bien sèche.

Vous n'avez plus qu'à monter votre bande sur votre ponceuse.

On doit toujours monter la bande sur la ponceuse à la manière du dessin 29.

Le bord d'attaque de la bande doit être collé au-dessus du bord de fuite (voir petit rond en bas du dessin 29).

C'est très important si l'on ne veut pas arracher le raccord dès le premier tour.

Autre petite remarque : on doit toujours pousser la ponceuse dans le sens inverse du sens de rotation.

C'est terminé, vous pouvez ainsi vous constituer un stock de diverses grosseurs de grain abrasif, du 60 au 800. Et ce principe est valable pour n'importe quelle ponceuse

Il peut arriver qu'il reste un ou deux grains d'abrasif sur le tissu. Un petit coup de râpe à bois suffit à les éliminer.

Sur cette photo, on voit très bien la coupe en biseau, et les deux extrémités de la bande débarrassées de leur film adhésif.

Quelques gouttes de Super Glue sur une extrémité, il n'y a plus qu'à recouvrir avec l'autre extrémité, et mettre à sécher dans un étau. Un petit morceau de bois sous lequel passe la bande, évite le collage du raccord avec le centre de celle-ci du côté opposé.

Après l'encollage, on presse l'ensemble avec un petit morceau de bois. On voit aussi l'utilité de la petite planchette qui sépare les deux parties de la bande, car par capillarité elles pourraient se coller. Une demi-heure de serrage dans un étau aide bien à solidariser l'ensemble.

La bande est terminée, montée sur la ponceuse, et ça marche. Toutefois, faites attention à ne pas faire comme sur cette photo, où j'ai mal collé la bande, le raccord n'étant pas exactement dans le prolongement des deux extrémités.

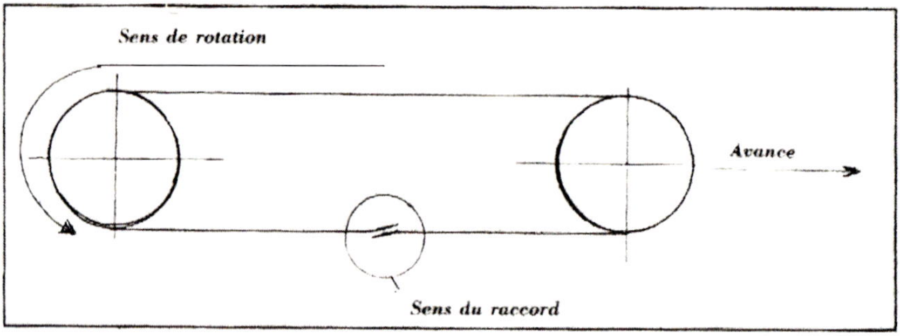

On distingue très bien le sens de rotation, ainsi que le sens du raccordement de la bande par en-dessous. Il ne faut surtout pas que celui-ci accroche. Le morceau de bande arrière est toujours sous le morceau de bande avant.

Chapitre 12

Fabriquez votre table croisée

L'un des tout premiers casse tête auquel se trouve confronté le modéliste, est sans aucun doute l'usinage à distances égales et précises de trous, de coupes, d'encoches, ou tout simplement de travail en lignes parfaitement droites.
Tous ces travaux nécessitent une table croisée. Malheureusement, celles que l'on trouve dans le commerce sont d'un prix parfois inaccessible, ou pour le moins disproportionné pour certains d'entre nous.
Je vous propose donc d'en fabriquer une, pour une somme modique, et avec un outillage somme toute réduit. Une ou deux opérations à effectuer sur un tour, pourront être faites par un ami, si l'on ne possède pas cet outil.
Cette table est suffisamment robuste pour tous vos travaux de modéliste, même pour travailler l'alu et le laiton.
On peut obtenir des précisions d'usinage inférieures au dixième de millimètre.
Je l'ai conçu pour un débattement de 50 x 50 mm, ce qui en principe est suffisant pour la plupart des travaux. De plus, rien ne vous empêche de changer les cotes.
On peut surmonter cette table du petit étau et son orienteur, décrit dans un chapitre suivant, ou d'un autre que l'on achète ou que l'on modifie pour le fixer.
Comme outillage nécessaire à sa fabrication, seule une perceuse à colonne est indispensable. Comme je l'ai dit, une ou deux interventions d'un tour peuvent être opérées par un ami ou un professionnel auquel vous n'aurez qu'une pièce à donner.

Les matériaux nécessaires

Alu : 20 cm de cornière de 25 x 25 mm,
1 tube d'un mètre d'alu ou de laiton de Ø 6 mm,
1 tige de rond d'alu de Ø 6 mm pour la fabrication des écrous de plaques avant et arrière.

Fer 1 tige filetée de 4 mm, plus 8 écrous de 4 mm,
1 tige filetée de 6 mm (en laiton ou en inox), plus 4 écrous,
1 morceau de fer rond de 12 mm et 5 à 6 cm de long
(ou 2 boulons 12 x 50).

Téflon ou plastique : 1 morceau de téflon de Ø 10 mm et 10 cm de long ou comme sur la photo, une tringle à tirer les rideaux en plastique dur. Elle est percée à 6 mm, et convient fort bien pour les paliers de frottement.

Bois : 1 morceau de 125 x 54 x 20 mm et un de 54 x 54 x 20 mm en bois Dur (chêne, châtaigner, etc.),
1 morceau de contreplaqué de 8 mm et de 135 x 83 mm.

Vis : 4 vis métaux de Ø 3 mm (pour fixation des plaques),
4 petites vis à bois pour fixer le contreplaqué aux cornières.
Il faut ajouter deux mollettes filetées intérieurement à 6 mm, ou des roues de Meccano modifiées.

Matériel nécessaire à la fabrication : alu, fer, téflon ou plastique, bois, vis, tout y est.

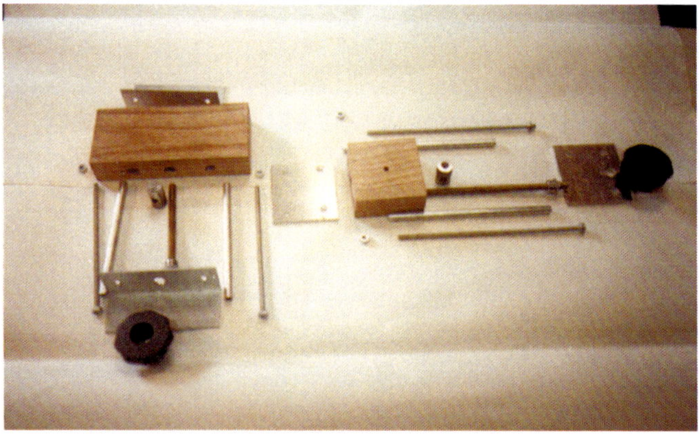

On distingue très bien sur cette photo toutes les pièces préparées pour le montage. A gauche, tous les éléments de la table inférieure. Les deux cornières de 25 mm, coupées à 85 - 90 mm. Les tubes alu de 6 mm de Ø coupés à 105 mm (pour un débattement de 50 mm), les deux tiges filetées de 4 mm coupées à 125 - 130 (à ajuster au montage), la mollette de réglage (achetée en grande surface). Enfin le bloc table en bois, et la vis mère en laiton ainsi que l'écrou central. Sur la droite de la photo, la même chose pour la table supérieure avec en plus les deux plaques alu de 54 x 45 mm qui se vissent aux extrémités de la table inférieure.

Préparation des tables

Il faut pour cela se référer au plan (dessin), où sont inscrites à peu près toutes les cotes, sauf la profondeur de perçage des trous borgnes dans lesquels viendront s'encastrer les écrous rond en alu.

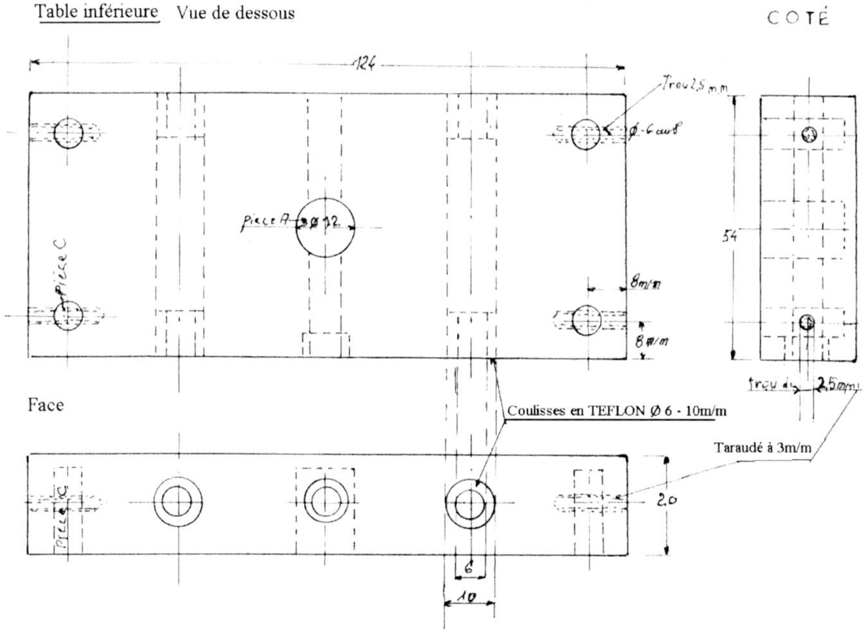

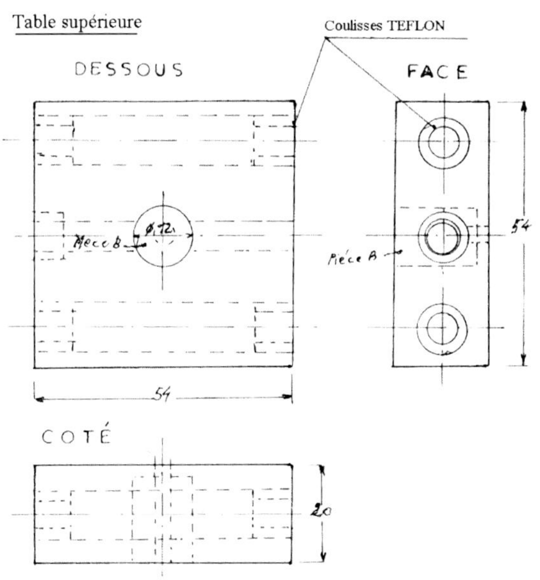

explicatif pour l'usinage des tables inférieure et supérieure en bois

On voit, sur la photo ci-dessous à gauche, un foret muni d'une bague d'arrêt qui permet ce perçage jusqu'à 17 ou 18 mm de profondeur.

Perçage des trous borgnes, limités en profondeur par une petite bague vissée sur le foret à la cote désirée.

Les tables haute et basse sont prêtes à être équipées de leurs divers accessoires en alu et en téflon. Les pièces ont été percées d'après les cotes du dessin 18. Il est évident que l'on peut changer ces cotes selon ses propres désirs.

Perçage de la tige ronde à 2,5 mm dans le Vé de la plaquette guide. Un détail qui a son importance, le foret est serré de telle façon qu'il ne sort que de 8 à 10 mm, évitant ainsi sa flexion à droite ou à gauche du rond.

A ce propos, le fond plat des trous a été obtenu en passant une fraise de 6 mm, mais un foret cassé, affûté plan, fera le même office.

Si vous n'avez pas de bague d'arrêt, un simple morceau de chatterton enroulé autour du foret à environ 17 mm de son extrémité suffira à délimiter la profondeur du trou.

Soyez le plus précis possible, percez sur le chant du bois des trous de 2,5 mm passant exactement par le centre des trous de 6 mm (photo ci-contre), et au milieu de la table (10 mm de chaque côté).

Puis, percé ou non comme sur la photo en haut à gauche, coupez un petit bout de tige alu de 15 mm de long, et 6 mm de Ø, et enfoncez-le avec un marteau dans son logement.

Vous servant des trous de 2,5 mm déjà percés dans le bois comme guide, percez le morceau de tige d'alu que vous venez d'introduire.

La tige d'alu une fois percée est coupée à longueur, et emmanchée dans les trous prévus à cet effet dans le bois. Une fois taraudés, ils serviront d'écrous aux vis.

Un des instants les plus délicats, le perçage du bois à 2,5 mm au centre du trou de la plaque. Il doit obligatoirement tomber pile sur le trou pratiqué dans l'écrou en alu. J'ai depuis réfléchi : il suffit d'emmancher le petit morceau d'alu sans être percé, et directement percer l'ensemble sur place. On est sûr comme cela de tomber juste.

Après le perçage, il faut tarauder à 3mm. Pour être sûr d'un bon alignement, prenez votre taraud dans le mandrin de la perceuse, et serrez le bois bien d'équerre. Il ne restera plus qu'à passer un petit coup de foret de 3 mm dans le bois pour dégager le filetage de l'écrou.

Profitez-en pour percer aussi la plaque alu qui va être vissée dessus. Vous n'aurez plus alors qu'à fileter bois et tige alu.

Puis vous passerez un petit coup de foret de 3 mm dans le bois jusqu'à l'alu, cela permettra un vissage plus facile.

La photo donne une fausse idée de la réalité. Il faut percer simplement le trou à l'endroit où l'on vient de fileter le petit bout de tige alu. Le second trou, à gauche, ne sera percé que lorsque l'autre tige écrou sera en place. Et l'on percera tout en même temps, tôle, bois et tige, afin que tout cela soit parfaitement en ligne.

On fera la même chose pour l'autre extrémité et aussi, pour les cornières de la table inférieure.

Diminution au tour de la tête d'une vis qui, dans un premier temps, va servir à emmancher les bagues en téflon.

Avant de monter l'ensemble à demeure, passez, si vous ne l'avez déjà fait, un petit coup de foret de 3 mm dans le bois des trous de vis, afin de faciliter le vissage de ceux-ci.

Pour les trous de 10mm des coulisses, il faut y aller par paliers. Commencez par un foret de 4 mm, qui traversera de part en part la table en bois. Attention à l'équerrage et au parallélisme des trous. Percez en même temps les trous dans les cornières et les plaques, car comme pour les tiges écrous, il faut que les trous soient centrés.

La mise en place des bagues en téflon à l'aide de la vis guide.

Puis, sans les plaques et sans les cornières, passez un foret de 6 mm, puis 8 mm et enfin 10 mm.

Ce sera dans ces trous que vous collerez à la Super Glue, vos coulisses en téflon (ou en plastique dur).

Un boulon de 6 x 70 (ou un morceau de tige filetée de 6 mm sur lequel on aura vissé un écrou) sera nécessaire pour emmancher correctement les coulisses.

Pour cela, emmanchez un petit morceau de téflon d'environ 10 mm de long sur votre boulon (jusqu'à la tête) (voir photo). Emmanchez l'ensemble dans le trou de la table. De l'autre côté, introduisez l'autre petit bout de téflon, et donnez à l'enfoncer légèrement lui aussi dans le trou du bois, afin de centrer le boulon.

Mettre une goutte de Super Glue sur le palier du fond, et avec un marteau enfoncez-le en place (voir photo).

Recommencez la même opération, mais de l'autre côté, afin de mettre en place la seconde coulisse.

Si l'on opère de cette façon, on est sûr que les deux morceaux de coulisses seront exactement en ligne.

Il ne restera plus, avant le montage, qu'à remplir l'espace vide entre les coulisses d'une bonne graisse (au graphite si possible). Cela évitera une usure des paliers et facilitera en plus le mouvement coulissant.

Les deux écrous centraux

Les deux écrous centraux de la table basse et de la table haute terminés, prêts à être introduits dans leur trou.

Maintenant que vos deux tables sont prêtes, il vous faut usiner vos écrous centraux. Pour cela, il suffit d'enlever la tête aux deux boulons de 12 mm au tour. Percez le mieux possible au centre à l'aide de la plaquette guide à 8 mm – 8,5 mm du bord du boulon (la moitié de 17 mm) (dessin 31), d'abord à 3 mm.

Si vous prenez un morceau de tige de 12 mm, vous n'aurez simplement qu'à percer, donc plus besoin de tour.

Maintenez le boulon ainsi percé emmanché sur le foret. Enlevez la plaquette guide, et bloquez dans l'étau de la perceuse votre boulon.

Retirez le foret de 3 mm, et percez à 5 mm.

Retirez le foret de 5 mm, mettez à la place un taraud de 6 mm, et à l'aide de la clé du mandrin

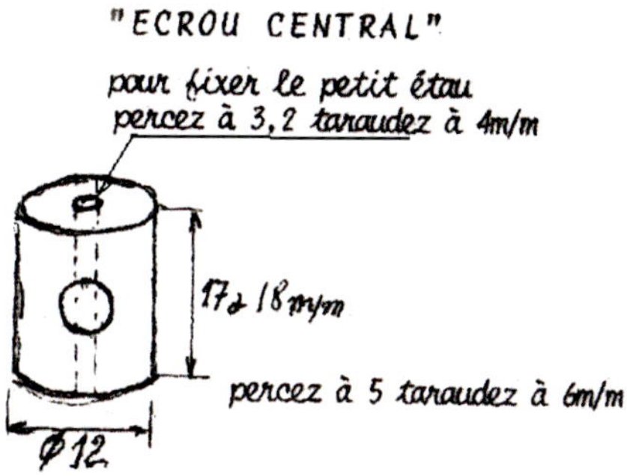

faites tourner celui-ci afin de tarauder le boulon. Vous n'aurez plus qu'à couper votre boulon (ou votre tige) à 17 – 18 mm (voir dessin ci-dessus).

Pour l'écrou central de la table supérieure, si vous désirez fixer le petit étau dont je vais expliquer la fabrication au chapitre suivant, il vous faudra en

Après le perçage d'un avant trou" de 3 mm dans le morceau d'acier rond dans le Vé de la plaquette guide, on serre le morceau de fer dans l'étau avec le foret de 3 mm dans le trou.
Il suffit de changer de foret, mettre un 5 mm et percer. Le trou sera ainsi parfaitement centré.

Lorsque le foret de 5 mm est passé, sans toucher à la pièce, on met à la place du foret le taraud de 6 mm. Et avec la clé du mandrin, on tourne pour tarauder.

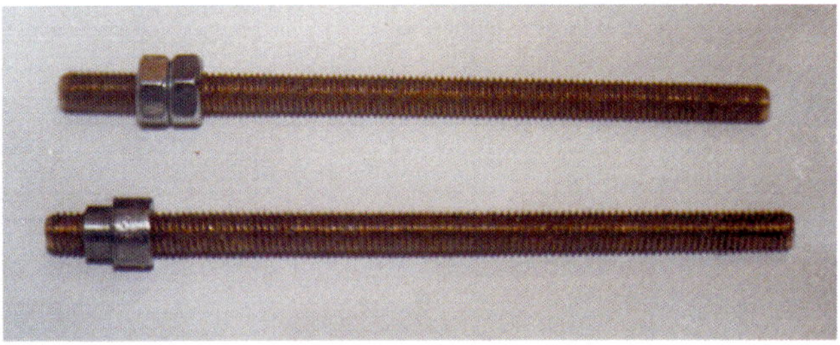

Les tiges filetées en laiton, faisant office de vis mère, en haut munie de ses deux écrous bloqués l'un sur l'autre. En bas, la même chose, mais après l'usinage au tour d'abord en un rond de 9,8 mm de Ø puis, un petit épaulement de 3 mm de large équivalant à l'épaisseur de la plaque d'alu, et de 1,5mm pour celle du bas, car les cornières de 25 mm ne font que 1,5mm d'épaisseur. Le Ø de cet épaulement est de 7,5 mm.

plus percer de part en part votre écrou à 3,2 mm, et tarauder à 4 mm. Pour ce travail, un tour est bien utile, mais un ami peut vous l'usiner.

Il ne reste plus qu'à préparer les deux vis mère.

Pour cela, bloquez l'un sur l'autre, deux écrous sur la tige de 6 mm, à environ 1 cm de l'extrémité. Vous pouvez, si vous le désirez, les coller avec de la colle à métaux. Et au tour, vous les réduirez d'abord à 9,8 mm de Ø, afin qu'il puisse entrer un peu dans le bois de la table percé à 10 mm (dessin page 76 table de dessous et table supérieure).

La table croisée montée. Reste à solidariser les deux cornières avec une plaque de contreplaqué, ou un morceau de tôle d'alu.

l'ensemble de la table croisée monté sur le support dune perceuse Maxicraft. Dessus, un petit étau de ma fabrication, mais celui dont j'ai décrit la fabrication permet des positions impossibles avec celui-ci.

Puis vous ferrez un petit épaulement de 7,5 mm de Ø, et de 3 mm de long pour la vis mère supérieure (les plaques d'alu à chaque extrémité de la table inférieure ayant une épaisseur de 3 mm).

Cet épaulement ne dépassera pas 1,5 mm pour la vis mère inférieure, les cornières d'alu ne dépassant généralement pas cette épaisseur. Il ne vous restera plus qu'à monter l'ensemble. Les tiges filetées de 4 mm emmanchées dans les tubes alu de 6mm.

Mieux que toute explication, la photo vous fait comprendre comment ça marche.

Sur cette dernière photo, on voit la table croisée montée sur le socle d'une perceuse maxicraft. Un petit étau très simple, de ma fabrication, la surmonte, en attendant celui que je vais vous décrire.

Chapitre 13

Etau de modéliste

Voici comment fabriquer un petit étau de modéliste très pratique, et qui vous sera indispensable pour votre table croisée dont la fabrication vient d'être décrite au chapitre précédent.
En effet celui qui est en place sur la photo précédente est un peu simpliste.
Celui que je décris ici, est aussi facile à faire, et il est d'une capacité et d'une tenue de pièces bien supérieures.
Un système d'équerres réglables lui permettront, muni de l'orienteur d'étau décrit plus loin, de devenir mobile dans tous les sens, lui donnant ainsi des possibilités d'usinage d'une précision que seules peuvent donner des machines d'usine.
Mais commençons d'abord par l'étau.

Matériel nécessaire

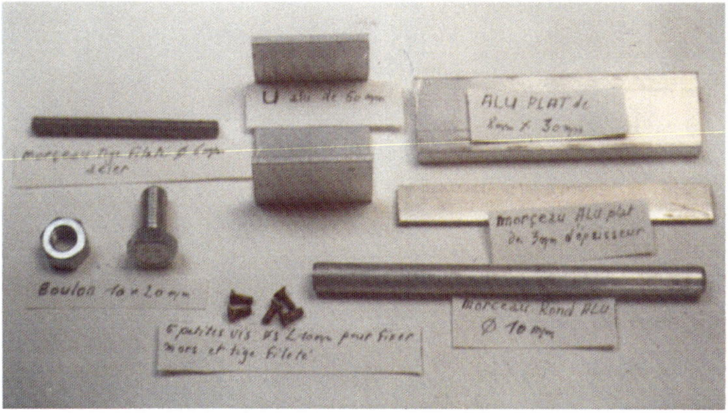

Matériaux nécessaires à la fabrication de l'étau.

De haut en bas et de gauche à droite.
Un morceau de 50 mm environ de tige filetée de 6 mm en acier.
Au centre, un morceau de U de 50 mm de large en alu (on peut aussi prendre de l'acier étiré, les côtés du U seront plus hauts, 35 mm au lieu de 30 mm pour l'alu).
A droite, un morceau d'alu plat de 30 mm x 8 mm d'épaisseur (on taillera dedans la mâchoire mobile centrale).
Juste au-dessous, un petit morceau d'alu plat de 3 mm d'épaisseur, dans lequel seront taillés les deux mors (voir photo).
A gauche, en bas, sous la tige filetée, une vis de 10 mm x 20mm avec son écrou, ils vont servir de guide à la vis mère après modification.
Ce sera avec la tige filetée les deux pièces qu'il faudra usiner.
En dessous, à droite, un morceau d'alu rond de 10 mm de diamètre, dans lequel sera taillé la molette de serrage.
Oublié sur cette photo, un morceau de tige d'acier de 4 mm de diamètre que l'on coupe en deux pour fabriquer les glissières, ainsi que deux écrous extra plats, ou un, scié en deux.

L'ensemble des pièces usinées

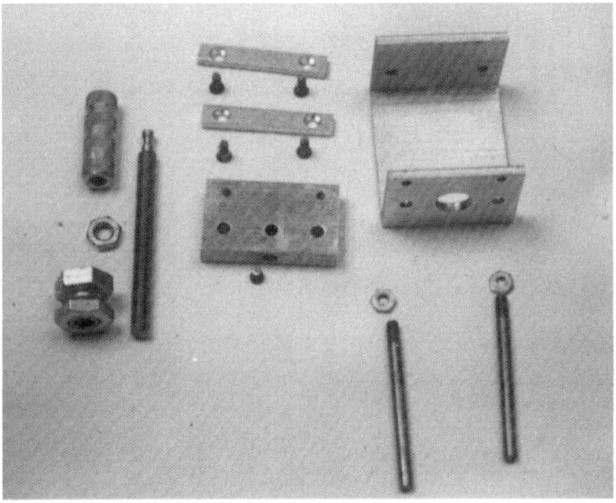

L'ensemble des pièces usinées prêtes à être montées.

De haut en bas et de gauche à droite :
Les petits mors en alu de 3 mm d'épaisseur, ainsi que les quatre vis de 3 mm x 8mm tête fraisée, s'encastrant dans le fraisage des mors.
A droite, le U préparé selon le dessin ci-dessous. Le trou de passage de la vis de 10 mm est percé à 11,5 mm, afin de compenser les petites erreurs de perçage, et éviter ainsi un déplacement difficile du mors central.

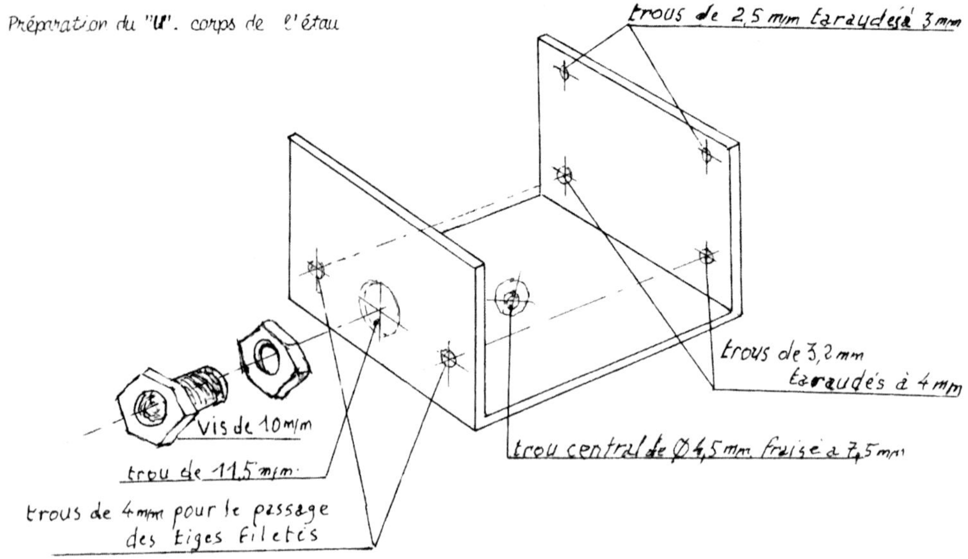

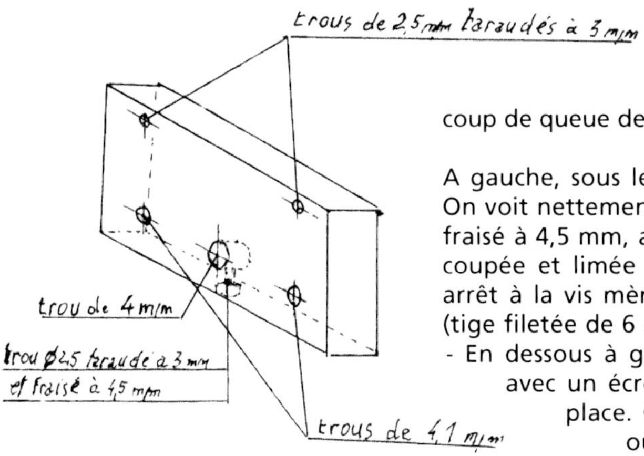

Sur le dessin ci-contre, les trous de passage des glissières sont cotés à 4,1 mm. À défaut d'un foret de 4,1 mm, un petit coup de queue de rat sera obligatoire.

A gauche, sous les petits mors, le mors central. On voit nettement sur le chant inférieur, le trou fraisé à 4,5 mm, ainsi que la petite vis de 3 mm, coupée et limée à longueur exacte, pour faire arrêt à la vis mère, sans l'empêcher de tourner (tige filetée de 6 mm au-dessous).

- En dessous à gauche, la mollette de serrage, avec un écrou qui servira à la bloquer en place. Ce morceau de tige d'alu de 4 ou 5 cm de long, a été percé à 5mm et taraudé à 6mm sur environ 10 mm de profondeur.

A côté, la vis mère, soit un morceau de tige filetée d'environ 50 mm de long.
Sur 8 mm, elle a été réduite, d'abord à 4 mm, puis au centre, sur une largeur de 3 mm, à 3 mm de diamètre. Ce travail sera fait au tour, ou à défaut, à la lime, la pièce prise dans une chignole, elle-même fixée dans un étau.
A droite de la vis mère, deux petites tiges en acier de 4 mm de diamètre et environ 50 mm de long, filetées sur 6 ou 7 mm. Deux écrous extra plats (ou un écrou scié en deux), vont servir à bloquer ces tiges guide contre le côté du U. Une fente pratiquée à l'aide d'une scie à métaux à l'opposé du filetage, permet de visser celles ci sur le côté du U.

Au milieu des deux tiges guide, le boulon de 10 mm et son écrou, la tête a été diminuée de la moitié de son épaisseur (soit avec une scie, soit au tour). L'écrou lui aussi a été scié en deux, tout ceci afin d'être plus esthétique et aussi pour une plus grande ouverture de l'étau (voir explications dessins ci-dessous). On obtient ainsi le guide de vis.

MODIFICATION D'UN BOULON DE 10m/m

pour en faire un guide de vis mère

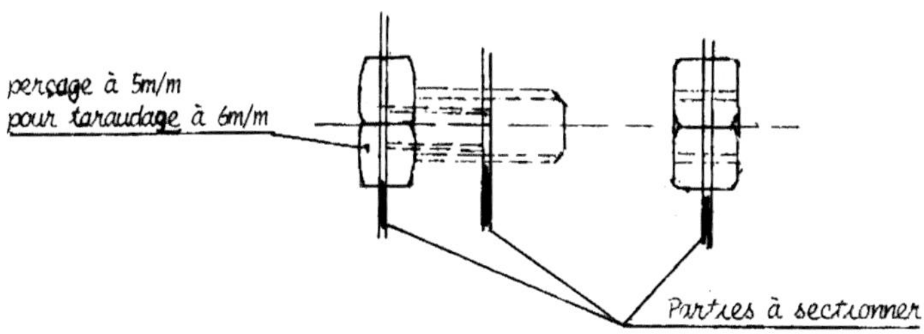

Tige fileté de 6m/m en acier servant de "Vis Mère". modifiée en bout selon les cotes

Il s'agit du moletage de la molette de serrage. Pour ceux qui possèdent un tour, le moletage est réalisé avec un outil. Pour remplacer ceci, une lime prise (sur le chant ou sur le plat) entre la pièce à moleter et une autre barre ronde : serrer l'étau, et avec un petit marteau, faire reculer la lime jusqu'à ce qu'elle ait fait le tour de la pièce à moleter.

Système simplifié pour le moletage de la tige d'alu.

Perçage du U, à l'aide du guide que constitue le mors mobile central.

Taraudage du dessous du mors mobile central pour pouvoir y visser et y coller la petite vis de blocage de la vis mère.

Photo ci dessus à droite : perçage des trous dans le U servant de corps à l'étau.

- Afin d'éviter les erreurs de perçage, aboutissant au blocage du mors mobile, on perce

les deux cotés du U en se servant de celui-ci comme guide. On le maintient en place avec deux petites presses (ici il n'y en a qu'une pour que la photo soit plus claire).
Sur un côté du U, on en profite pour amorcer le trou central en perçant à 4 mm.
Il n'y aura plus qu'à enlever le mors mobile, mettre un foret de 11,5 mm, et percer sans rien bouger pour obtenir un trou parfaitement centré pour le passage du boulon de 10 modifié.
Pour s'assurer d'un bon centrage et d'un bon équerrage d'un filetage, dans la

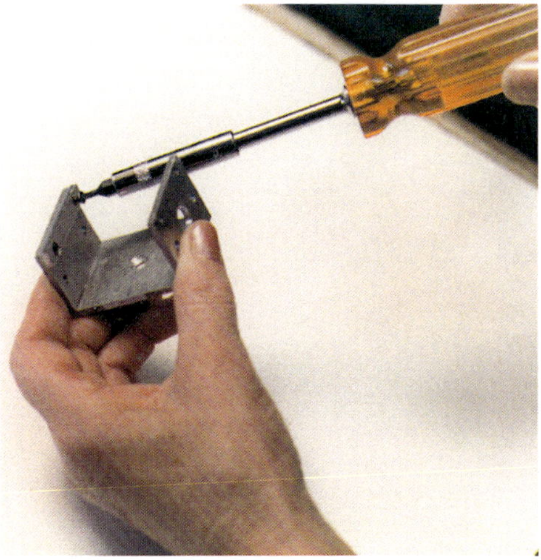

Montage d'un des mors à sa place sur le U.

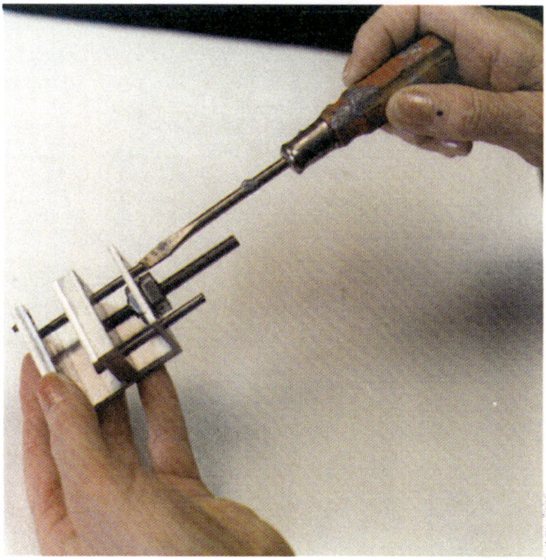

Après la mise en place du boulon de 10 modifié, que j'appelle support de vis mère, mise en place par vissage des tiges-coulisses rondes (remarquez les petits contre-écrou de 4 mm qui vont bloquer ces tiges sur le U.

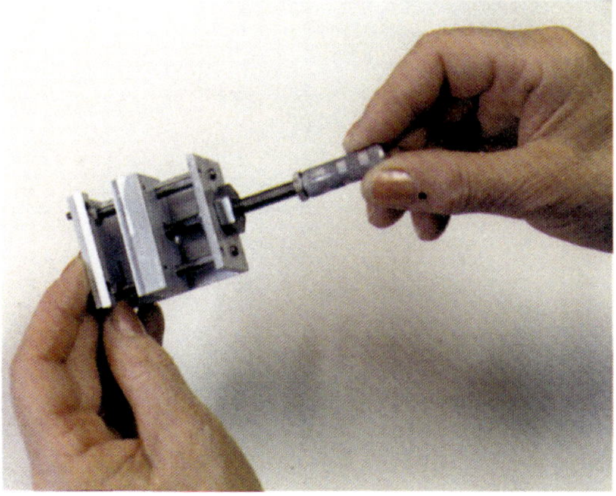

Mise en place de la molette de serrage avec son contre-écrou.

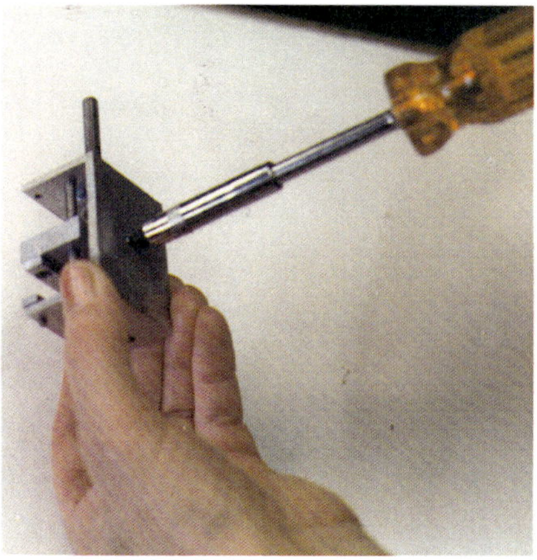

Présentation, mise en place et collage par le trou central de l'étau, de la petite vis de 3 mm, qui va bloquer en place la vis mère, en se logeant dans la saignée de celle-ci.

mesure du possible, taraudez, en remplaçant simplement le foret par un taraud dans le mandrin de la perceuse, en évitant de bouger la pièce à tarauder.
- Montage des "mors", sur le U, sur le "mors mobile; montage de "l'écrou et de la vis mère" ainsi que des "tiges guide". A ce stade, l'étau est pratiquement terminé.
-Amenez le "mors mobile" jusqu'au centre du U, afin de passer par le trou central, la petite vis de 3mm qui va s'encastrer dans la saignée de la "vis mère", et l'empêcher ainsi de sortir. On met en place l'écrou et la molette, votre étau est terminé.
J'ai raccourci depuis la vis mère , qui était un peu trop longue.

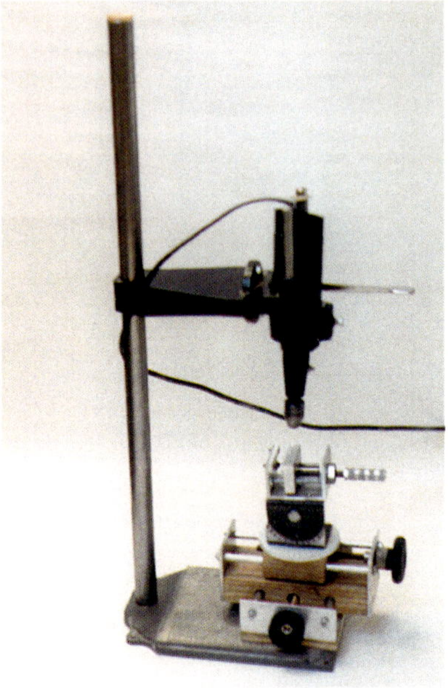

Étau terminé monté sur la table croisée et sur son orienteur d'étau (voir chapitre suivant).

Chapitre 14

Orienteur d'étau

Maintenant que nous avons construit notre étau, il nous faut le rendre mobile dans toutes les directions, afin de pouvoir usiner n'importe quelle pièce dans toutes les positions.
C'est le rôle de l'orienteur.
Cet orienteur n'est en fait composé que de deux petits morceaux de cornière en acier étiré, de 35 mm, sur environ 40 mm de long.
L'une des ailes des deux morceaux de cornière, est scié et limé afin d'en faire un demi-cercle.

Les trois pièces de l'orienteur d'étau. A gauche le dessous, avec sa plaque de plastique gravée, collée à la Super Glue et son trou de 5 mm taraudé à 6. Au centre, en bas, la vis qui va servir à bloquer les deux pièces ensemble dans la position choisie. A droite, le dessus avec son trou percé à 6mm et en bas, le trait gravé dans le fer.

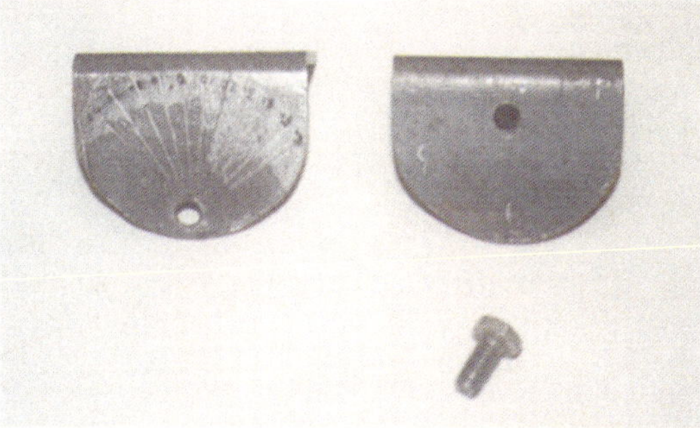

On voit que la cornière que l'on a achetée n'est pas d'équerre. Il faut impérativement qu'elle le soit, en la pressant dans un étau pour l'ouvrir légèrement. Allez-y doucement et en plusieurs fois si nécessaire.

Mais avant toutes choses, vérifiez l'équerrage des cornières. En effet, je me suis aperçu (et vous pouvez très bien le voir sur la photo ci-contre), que la cornière n'est pas tout à fait d'équerre.
Serrez-la dans un étau afin de l'aplatir légèrement, recommencez jusqu'à l'équerrage parfait.
Lorsque ce travail préliminaire est terminé, on serre l'une sur l'autre avec une petite presse les deux cornières. On pointe et on perce avec d'abord un foret de 3 mm, pour éviter de faire bouger les pièces. Puis, on en perce une à 5 mm, que l'on va tarauder à 6 mm, la seconde sera percée directement à 6 mm. La photo du haut montre bien que la pièce de

gauche est taraudée, et celle de droite percée. Au centre, une vis de 6 mm servant à l'assemblage.
Afin d'obtenir des réglages d'angles plus précis, on peut graver à l'aide d'une petite fraise et d'une équerre (photo ci-dessous) directement sur le métal.

A l'aide d'une petite fraise, on grave un repère à 90° directement dans le fer. On peut aussi graver de la sorte tous les 10°.

A l'aide d'un rapporteur on peut, avec la fraise, graver tous les dix degrés un morceau de plastique transparent que l'on colle sur la cornière. On peut aussi graver directement sur le métal avec un rapporteur d'angle.

Sur une petite plaque plastique transparente, on peut graver plus facilement. L'aide d'un rapporteur est fort utile. En ce cas, il faudra coller la petite plaque plastique sur le fer.

Sur l'autre aile des cornières, on perce sur celle qui sera la cornière de dessous à 3,2 mm et l'on taraude à 4 mm. Ce sera la vis pivot de l'étau.
Sur l'autre cornière, celle qui sera dessus, on perce directement à 6 mm.
Sur l'autre aile de chaque cornière, on perce à 3,2 et l'on taraude à 4 mm.
On y passera la petite vis six pans de 4 mm qui servira à fixer l'orienteur d'étau à la table croisée décrite dans un chapitre précédent, ou directement sur le socle de la perceuse.

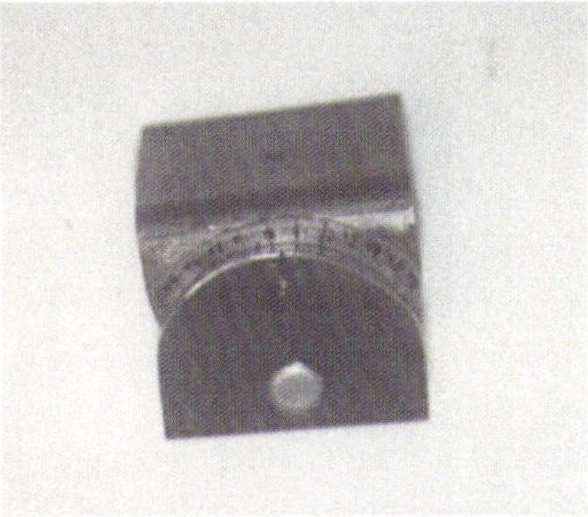

L'ensemble de l'orienteur d'étau surmonté de son étau, et fixé à la table d'une petite perceuse de modéliste dans une position bizarre. On peut aussi le fixer sur la table croisée.

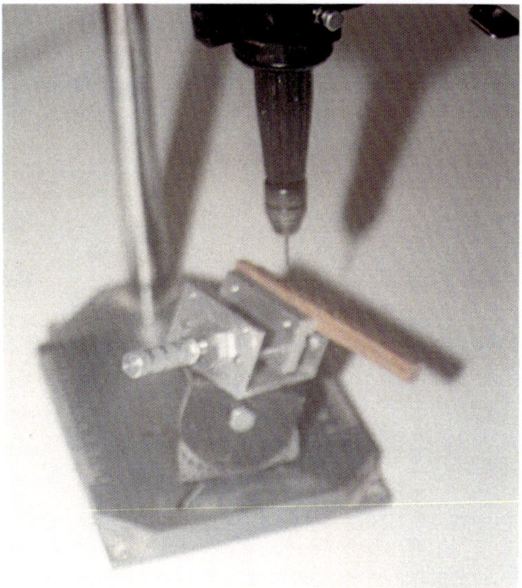

L'orienteur d'étau surmonté de son étau, et fixé à la table d'une petite perceuse de modéliste dans une position bizarre. On peut aussi le fixer sur la table croisée.

A propos de la table croisée, comme vous pouvez le voir sur la photo du précédent chapitre, un petit disque en plastique blanc de 3 mm d'épaisseur a été fixé à l'aide de deux petites vis à bois sur la coulisse de celle-ci.
Ce disque a été divisé en 36 parties, représentant les 360° d'un cercle.
La difficulté consiste à mettre l'une de ces lignes parfaitement alignée sur la vis de commande.
Un peu de colle Pattex aidera à maintenir le disque en place avant de percer les trous pour mettre les petites vis à bois.
Autre petite précision, la colonne de la perceuse Maxicraft qui sert à cette démonstration, a été changée. En effet, la colonne d'origine étant trop courte, je l'ai remplacée par 50 cm de tube acier acheté chez un quincaillier, ce qui permet un débattement bien plus important.
Ce petit outil va se révéler indispensable pour un chapitre suivant, qui sera la fabrication des poulies anciennes et des caps de mouton.

Chapitre 15

Une raboteuse de précision

Le premier outil vraiment indispensable, au même titre que la scie à main, circulaire ou à ruban. Au même titre aussi que la perceuse à main ou électrique montée sur son support. C'est la raboteuse.
Je n'ai pas connaissance qu'il existe une autre petite machine aussi performante que celle que j'ai conçue, et protégée à l'I.N.P.I par une enveloppe Saulau ®.
La photo vous donne les trois possibilités d'utilisation de cette petite raboteuse compacte.

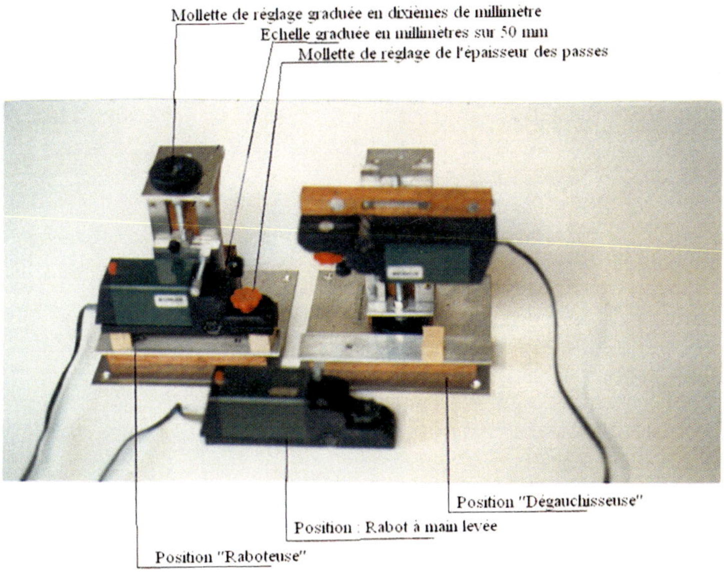

La Raboteuse avec ses trois possibilités.

1°) Position main levée
Il suffit pour cela de dévisser les deux grandes vis mollettes qui maintiennent le rabot sur son support.
La photo ci-dessus donne une idée simple d'utilisation de celui-ci. On peut rectifier à peu près n'importe quoi à la demande.

2°) Position raboteuse
Les photos indiquent la position qui se trouve être la seule capable d'usiner des baguettes (ou des planchettes) à l'épaisseur que l'on désire, et surtout bien planes et de la même dimension d'un bout à l'autre.
J'ai même réussi avec cette petite machine à sortir des baguettes de 0,5 mm d'épaisseur.
Il suffit pour cela d'intercaler entre la sole de la raboteuse et la baguette à raboter, une planchette, que l'on poussera en même temps qu'elle.

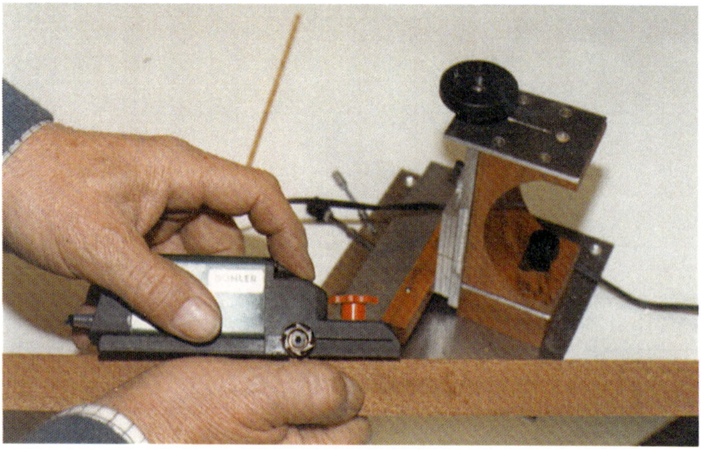

Le rabotage à main levée.

3°) Position dégauchisseuse
Les photos vous font comprendre qu'en inversant l'ensemble de rabotage, vous transformez la raboteuse en dégauchisseuse.
Cette inversion représente un avantage sérieux.
En effet, après avoir dégauchi votre planchette, il vous suffit de retourner l'ensemble en position raboteuse, pour retrouver exactement la même épaisseur de rabotage (si vous avez fait attention à ne pas bouger la mollette de réglage).
Pas la peine de re-régler l'épaisseur, vous pouvez ainsi usiner une série de baguettes qui seront toutes de la même dimension, même si entre les deux vous inversez votre raboteuse pour dégauchir votre planchette.
Une précaution toutefois pour le dégauchissage, la fraise de la raboteuse étant

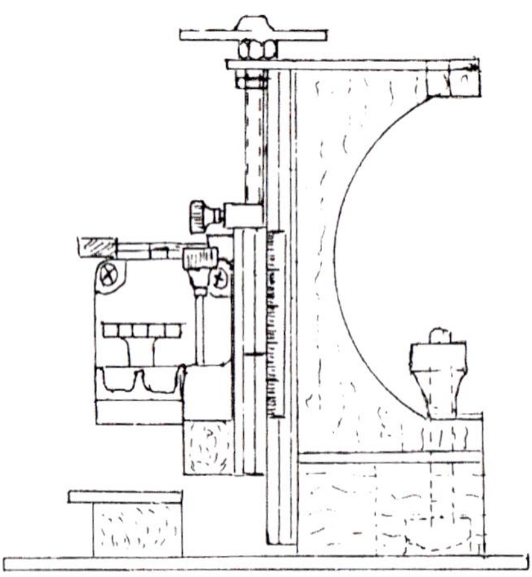

En position raboteuse.

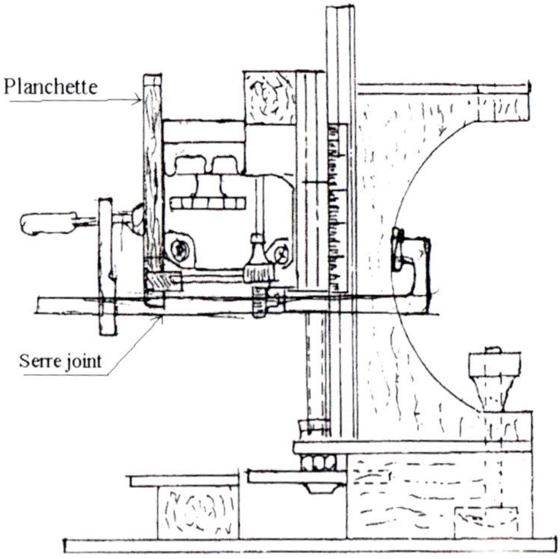

Afin d'éviter l'expulsion de la pièce à dégauchir vers l'extérieur du rabot, dû à la forme d'hélice de la fraise, mettez sur le côté du rabot une petite planchette maintenue par un serre-joint.

en forme d'hélice, lorsque vous passerez votre planchette à dégauchir, celle-ci va donner à être éjectée sur le côté du rabot. Contre cet effet, il vous faudra mettre une petite planchette ou un morceau d'alu serré contre le rabot avec un petit serre-joint.
La pièce à dégauchir ira d'elle-même se coller contre la planchette, il n'y aura plus qu'à simplement la pousser.

Le rabotage classique d'une baguette, la mollette de réglage permet une précision inférieure au dixième de millimètre.

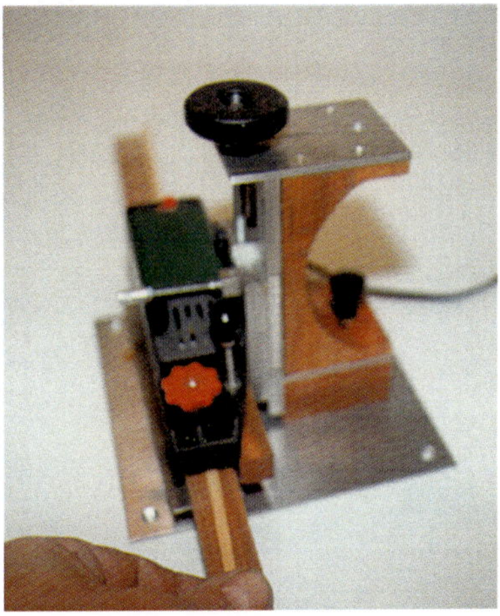

Pour pouvoir raboter une baguette à moins d'un millimètre d'épaisseur, posez celle-ci sur une planchette qui glissera avec elle sous la fraise de la raboteuse. On peut ainsi descendre à moins de 5/10e de millimètre d'épaisseur.

Deux autres petits réglages sont à surveiller.

1°) Le réglage de la profondeur de coupe.
Ce réglage s'opère en vissant ou dévissant un peu le gros bouton rouge sur le rabot. Plus vous le vissez, plus vous avez une grande profondeur de coupe.
Comme cet outil n'est tout de même qu'un outil de modéliste, il vaut mieux prendre moins de profondeur de coupe, surtout dans du bois dur.
Des passes de 3/10e sont en général bonnes. Dans du bois relativement tendre comme du peuplier ou du samba, on peut aller jusqu'à 1 mm.
De toutes façons, il faut que le petit plateau avant donne à presser sur la pièce à raboter, ce plateau se règle avec le gros bouton rouge.
Avec un peu d'habitude, on trouvera le bon réglage afin que le rabot ne fatigue pas trop, mais qu'il rabote tout de même.

2°) Le second réglage est le réglage longitudinal.
En principe, le réglage longitudinal est effectué avant toute livraison.
Il se peut qu'à la longue, celui-ci se décale. Le rectifier est simple.
Prenez un morceau de bois carré de 15 mm, posez-le sur la sole de la raboteuse, et abaisser le rabot dessus.
On doit remarquer un léger dégagement arrière, c'est-à-dire que lorsque le plateau avant commence à toucher le morceau de bois, il doit y avoir un espace d'environ 2 mm à l'arrière du rabot.

La raboteuse en position dégauchisseuse. Dans la réalité, on est obligé de mettre une petite plaque en bois ou en métal sur le côté maintenu par une petite presse. En effet, l'hélice de la fraise tend à faire sortir le bois à dégauchir vers l'extérieur du rabot, contrairement à ce qui se passe en position rabotage.

Après le sciage d'une baguette, il faut obligatoirement dégauchir le reste de la planchette. Pour cela, on inverse l'ensemble raboteuse, on pose une petite plaque d'alu (ou de bois) sur le côté du rabot, maintenue en place par un petit serre-joint. Cette précaution est indispensable, car la forme en hélice de la fraise donne à faire sortir le bois à dégauchir vers l'extérieur.

Pour le remettre en place, il suffit de desserrer légèrement les deux vis de fixation du rabot à son support, et de faire basculer légèrement dans le sens désiré. Puis rebloquer l'ensemble.
Si un jour vous décidez d'en acquérir un, sachez que vous ne pourrez plus vous en passer. Le problème des baguettes, qui est souvent le cauchemar du modéliste, aura disparu comme par enchantement.

Chapitre 16

La plaquette guide

Depuis déjà quelques chapitres, je vous parle de l'utilisation de la plaquette guide.
Qu'est ce donc que cette plaquette ?
C'est un morceau de résine à la silice coulé sur deux petits triangles de métal, formant ainsi deux Vé de dimensions différentes, chacun correspondant à une grosseur de baguette. Les dimensions en sont arbitraires, disons qu'à l'expérience 5 x 10 cm suffisent à de nombreuses utilisations. Pourquoi de la résine à la silice ?

La "plaquette guide" vue de face, les dimensions ne sont pas indiquées, car elles sont fonction des dimensions des pièces à usiner.

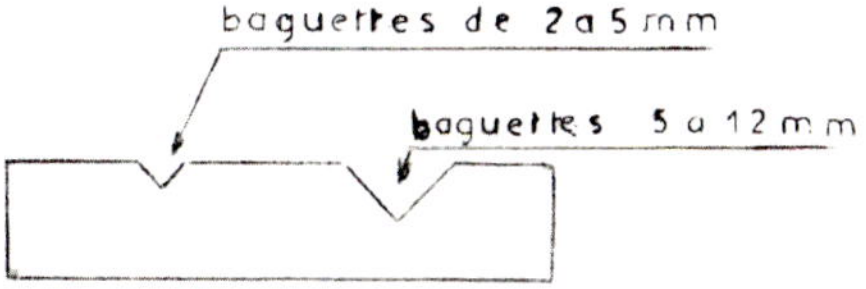

La plaquette guide. C'est un petit morceau de résine au silicium, d'environ 5 x 10 cm, sur lequel est incrusté au moulage deux Vé de dimensions différentes.

C'est ici que réside le secret.
J'ai longtemps été impuissant lorsque je désirais rendre conique un mât ou une vergue, à l'aide d'une chignole électrique, contre la chaleur dégagée par le frottement du papier de verre, sur le bois à usiner à une vitesse de rotation relativement rapide. Celle-ci rendait pratiquement impossible l'emploi d'un morceau de cornière en métal comme sup-

Sur cette photo, on voit très bien la mise en forme conique de la moitié d'une vergue. D'un côté la plaquette guide qui guide l'extrémité de la vergue. De l'autre côté, du papier de verre tenu en place par une cale. On pouvait aussi se servir d'une autre plaquette guide dans le Vé de laquelle aurait été maintenu le papier de verre.

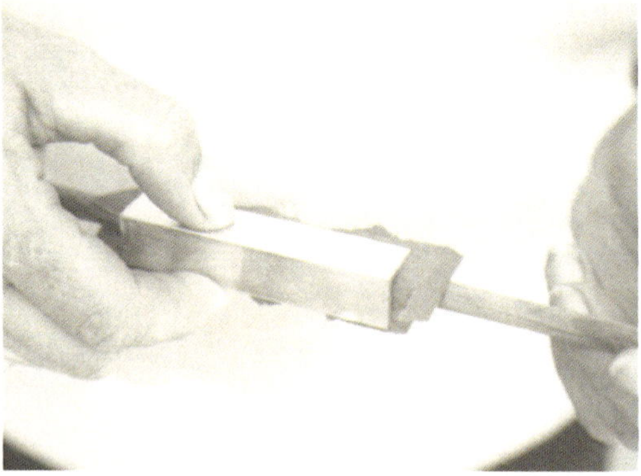

On peut, pour un travail statique et ponctuel, poncer un bois rond avec un morceau de cornière en alu. Il est bien entendu hors de question de prendre ce genre d'outil pour poncer en dynamique, la vitesse de rotation aurait vite fait de vous brûler les doigts et aussi la pièce en bois.

L'une des fonctions de la plaquette guide, est de pouvoir transformer une baguette carrée en 8 pans (très utile pour l'embase des mâts). Ici, fixée sur la raboteuse, on distingue très bien le carré qui va être usiné.

port d'abrasif ou tout simplement de maintien. Afin d'éviter cet inconvénient, je décidais de découper un Vé dans une cale en bois, pensant que celui-ci transmettrait moins la chaleur. En quelques secondes de rotation avec la chignole, le bois fut brûlé. J'en confectionnais un autre en résine ordinaire, et là ce fut le Vé qui, de triangulaire, devint rond. Le bois avait mangé la résine.
Sur les conseils d'un professionnel, j'incluais de la poudre de silice à la résine que je coulais dans un moule au fond duquel étaient collés deux triangles en alu qui, une fois

Pour usiner un octogone ou un rond, rien de plus facile. Vous sciez d'abord dans une planchette une baguette carrée, dont le côté est légèrement supérieur au diamètre ou au côté du carré ou de l'octogone. Vous passez ensuite cette baguette à la raboteuse sur ses quatre faces afin de la mettre à la cote exacte C. Il vous faut maintenant connaître l'épaisseur de bois à enlever pour usiner un octogone. Pour cela, il vous faut calculer la longueur de la diagonale D.

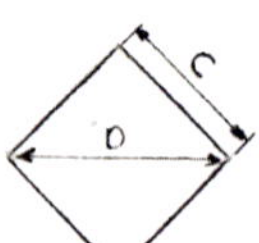

C : côté en mm

D : diagonale en mm

D = C x par 1,414

La partie à enlever sera de :

P : partie à enlever = 1/2 D x 0,728

ou : C (côté) x par 0,206

Exemple : C = 15 x 0,206 = P 3,09 mm

démoulés, formeraient l'empreinte des deux Vé. Le résultat fut surprenant.
La plaquette ainsi obtenue devait me rendre des services imprévus.
En ce qui concerne l'usinage des mâts et vergues, c'était terminé : plus d'échauffement, plus de brûlure du bois à usiner, et surtout pratiquement plus d'usure du Vé. De plus, l'ensemble était assez solide pour servir de guide pour percer un morceau de métal, voire d'acier (explications dans le chapitre "table croisée").
Vous avez pu apprécier son utilité pour l'usinage des diverses pièces pour la table croisée, et dans les photos suivantes pour la mise en forme conique des mâts et des vergues.
Elle permet d'usiner des huit pans pour l'embase des mâts en partant soit d'un bois carré, soit d'un bois rond.

Une autre utilisation de la plaquette guide, consiste en un maintien efficace d'un objet rond, ici un boulon de 12 mm (qui doit servir à la table croisée). Et l'on perce au centre sans problème.

Une autre utilisation de la plaquette guide, le maintien d'un bois rond ou carré contre un disque à poncer. On évite ainsi de se brûler les doigts et aussi de brûler le bois.

Chapitre 17

Planche anti-adhésive

Parmi beaucoup d'autres, l'un des soucis du modéliste est la fâcheuse habitude qu'ont les pièces collées à adhérer au dessin sur lequel elles sont posées.
Le collage des pièces ensemble en les posant sur le dessin, maintenues en place par des épingles, est la base même du modélisme.
Le seul inconvénient est que chaque fois on déchire le papier, et par conséquent le dessin.
Il existe bien des tapis anti-adhésifs, mais ceux que je connais ne permettent pas d'y planter des épingles.
Aussi, ai-je conçu une planche anti-adhésive d'une simplicité et d'un coût très faible, et dans laquelle on peut planter des épingles.
Il vous faut pour cela deux planchettes de balsa de 10 x 1 cm et un mètre de long.
Vous les coupez en deux, ce qui vous donne quatre morceaux de balsa pouvant former une planche de 40 x 50 cm.

Sur le carton ondulé que l'on distingue à peine, on colle avec de la colle contact genre Pattex, les quatre planchettes ensemble, et sur le carton.

Il vous faut aussi un morceau de carton ondulé le plus épais possible, de la dimension de la planche (dessin page suivante).
Il vous suffit d'enduire avec un pinceau le carton de colle contact liquide (genre Pattex), ainsi qu'une face et un chant (deux pour les planches du centre) de cette même colle, et vous collez les planches entre elles, et au carton.
Un papier Canson coupé à la même dimension sera lui aussi enduit de cette même colle, de même que le dessus de l'ensemble des planchettes collées.
Vous collez votre feuille de Canson sur le balsa.
Votre planche est presque terminée.

Dessin 41

Planche anti adhésive pour montage par collage, et même par soudure à l'étain.

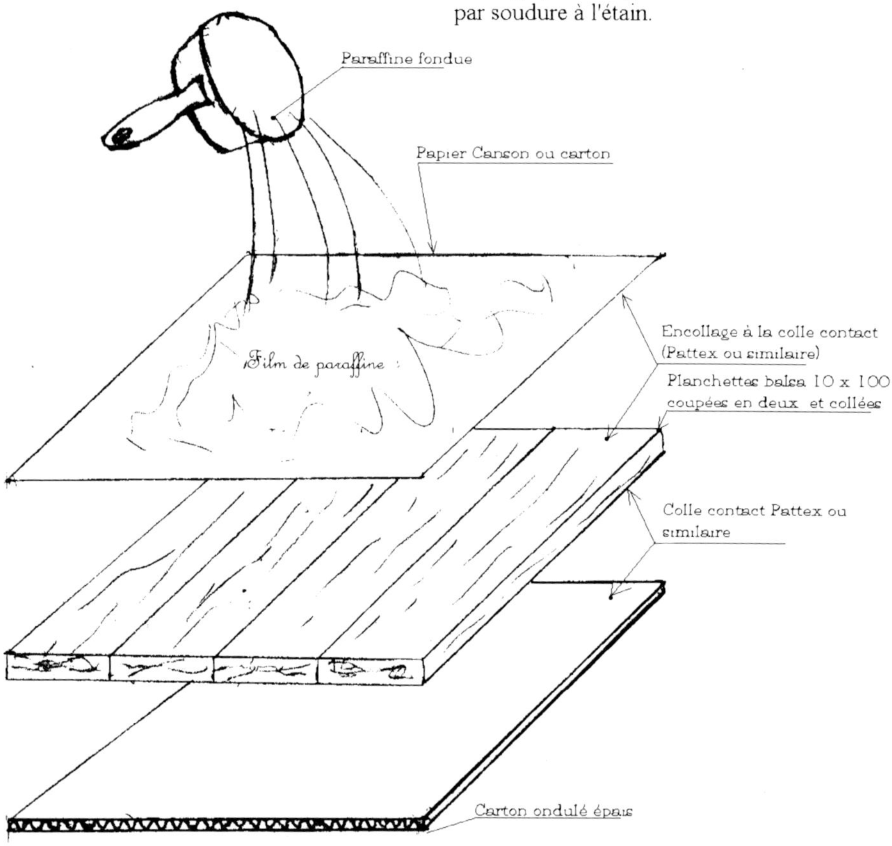

Dans une casserole, faites fondre la valeur de quatre à cinq cuillerées à soupe de paraffine, et coulez-la dessus, en égalisant le liquide avec une règle.

Profitez-en pendant que la paraffine durcit pour appuyer sur le Canson afin d'éviter qu'il ne se décolle.

Votre planche est prête. Vous pouvez vous en servir en l'état.

C'est bien joli me direz-vous, mais cette planche est sans dessins, et dessiner sur de la paraffine, c'est impossible.

Aussi, lorsque vous désirez coller des pièces selon un dessin, faites-le d'abord sur une feuille de papier calque.

Celui-ci terminé, posez-le sur un carton épais, et avec un sèche cheveux le plus chaud possible (un décapeur thermique réglé presque sur le minimum ferait mieux l'affaire), frottez votre bloc de paraffine sur le papier calque, en chauffant le papier et le bloc.

Frottez jusqu'à déposer un film anti-adhésif de paraffine.

Posez votre dessin paraffiné sur votre planche, et chauffez le dessin en appuyant dessus avec une règle, afin de le coller à la paraffine déposé sur le Canson.

A partir de maintenant, vous pouvez sans risque de collage intempestif, mettre en place

La même chose pour le dessus, on colle le Canson, et on l'arrose de paraffine fondue, en l'étalant avec une règle afin d'en répartir son épaisseur sur toute la surface. Après refroidissement de la paraffine, il faut quelquefois recoller un peu le Canson.

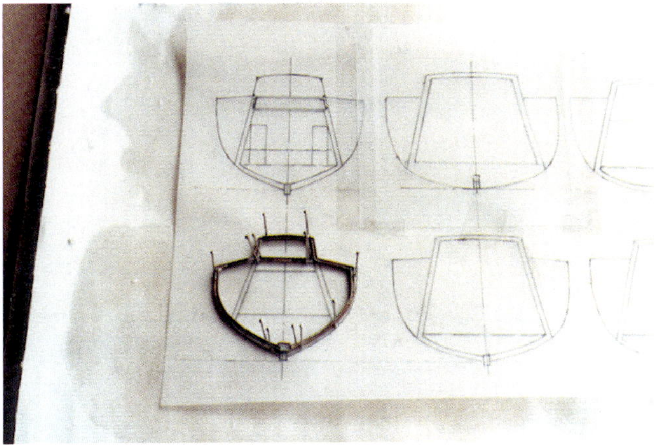

Avec des aiguilles, on maintient solidement en place les pièces à coller ou à souder.

vos pièces enduites de colle aux endroits désirés, et les maintenir en place en enfonçant profondément des aiguilles dans la planche en balsa.
Le maintien en place est très efficace, car malgré sa structure spongieuse, et facile à transpercer, le balsa offre une véritable résistance à tout déplacement d'une aiguille.
Un autre avantage de cette planche, c'est que sans pratiquement rien détériorer, on peut aussi souder à l'étain dessus.

Il suffit de procéder de la même façon, coller le dessin (qui n'a pas besoin d'être paraffiné avant), en le chauffant au décapeur sur le Canson paraffiné, et mettre en place les pièces à souder.
Soudez avec votre fer normalement. Seul le dessin risque de brûler un peu, mais ce n'est rien, la paraffine aura protégé la feuille de Canson contre la chaleur, et aussi contre l'eau à souder que l'on aura pu faire couler à côté.
Un autre petit avantage. Lorsque vous jugerez que votre Canson est vraiment en trop mauvais état, il suffit d'en recoller un par dessus simplement en le chauffant et en le frottant avec une règle, afin qu'il se colle tout seul à la paraffine.

Chapitre 18

Appareil pour usiner les bois carrés en bois ronds

Quel modéliste n'a pas pesté parce qu'il lui manquait un petit morceau de bois rond, du buis ou du noyer, enfin un bois dur, d'un diamètre de 2,5 mm par exemple ?
Cela est introuvable, et lorsqu'on en a besoin, il faut se débrouiller.
J'ai depuis longtemps remué ce problème dans ma tête, je lui ai même trouvé quelques solutions, mais je dois dire que pour les petites dimensions, les risques de casse étaient importants.
Un jour, comme ça, dans un flash, j'ai eu une idée.
Une heure après, mon premier rond en buis de 3 mm de diamètre et 25 centimètres de long, était usiné.
J'avais eu le temps de fabriquer l'outil, de l'essayer, et d'étudier la marche à suivre pour que cela fonctionne.
Ce que je vais vous décrire maintenant, n'est pas une invention, simplement un truc, d'une simplicité déconcertante, mais qui va vous simplifier la vie.

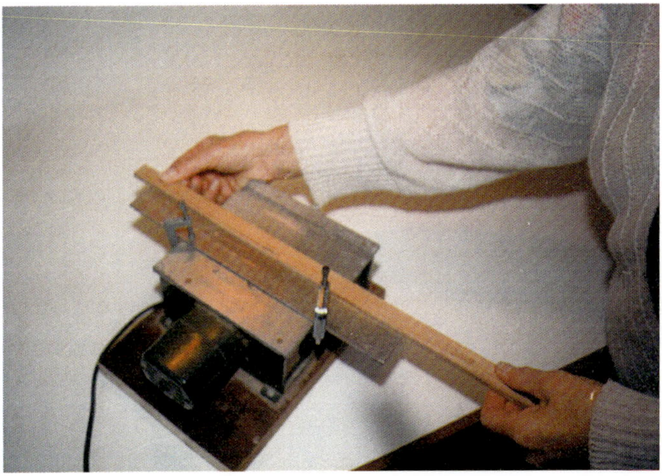

Dégauchissage de la planchette de buis.

En dehors de la préparation des baguettes carrées (en buis ou en n'importe quelle essence), destinées à être usinées rondes, je vous décris les diverses étapes de la fabrication de l'outil et de la baguette.
Sciage de la baguette, puis rabotage (à l'aide de ma petite raboteuse), afin de mettre la baguette parfaitement carrée. Il va vous falloir aussi préparer l'outil à faire les ronds.
Il est très simple et se compose simplement de deux pièces.
1°) L'outil proprement dit (en haut à gauche), qui n'est autre qu'un support extensible pour manchons abrasifs.
2°) D'un petit morceau de bois qui va servir de guide (il y en a deux modèles en bas à droite de la photo page suivante). L'usinage de ce petit morceau de bois est très simple.

Mise au carré exact après débit, de la baguette de buis à l'aide de ma petite raboteuse de précision.

Un trou de part en part de la grosseur de la baguette ronde à obtenir.
On reperce jusqu'au centre à la grosseur du carré à usiner (soit d x 1,414).
Il faut laisser suffisamment de place dans le bas du morceau de bois, pour pouvoir le fixer dans un étau.
A l'aide du manchon abrasif, on ponce le dessus du morceau de bois, jusqu'à découvrir le raccordement des deux trous. Poncez jusqu'au diamètre du bois rond à obtenir. Le reste se comprend facilement.
Avant d'aller plus loin, il vous faut un peu d'explication sur le chiffre incontournable 1,414.
Supposons que nous voulions faire une baguette ronde de 3 mm de diamètre. Le trou pour le passage du bois carré devrait être de : 3 x 1,414 = 4,24 mm.
Or, comme il faut un peu de jeu pour éviter le coinçage, nous allons percer à 4,5 mm.

A côté du manchon abrasif, pouvant accueillir diverses grosseurs de grains, deux outils, un pour des bois de 6 mm de diamètre, et un plus petit pour des bois de 3 mm.

En refaisant le calcul à l'envers, soit : 4,5 mm : par 1,414 = 3,18 mm, que nous allons arrondir à 3,2 mm. Nous aurons ainsi un peu d'aisance sur les deux diamètres, entrée et sortie. Nous allons maintenant fixer ce bois guide dans notre petit étau, lui même fixé sur notre table croisée. On voit tout cela très bien sur les photos.
On fixe dans le mandrin d'une perceuse à colonne le manchon abrasif, on met le foret

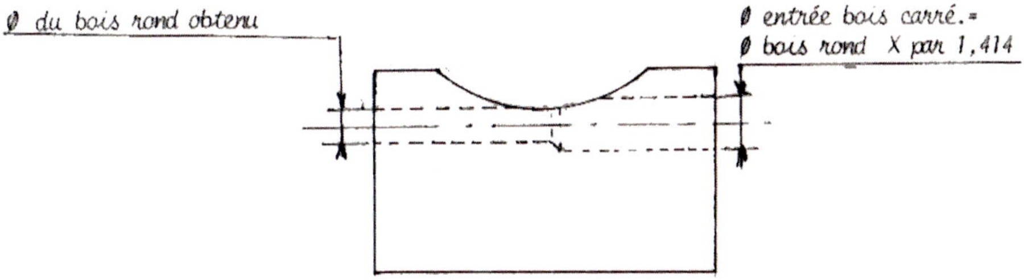

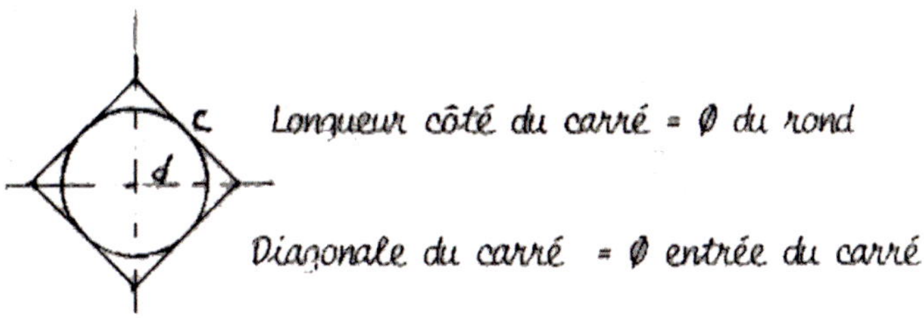

Soit: d= c multiplié par 1.414

Réglage de l'approche du manchon abrasif du passage rond.
Le foret emmanché à l'envers sert de butée au réglage.

L'outil à usiner les bois carrés en bois ronds est prêt. Le manchon abrasif est réglé à bonne distance. Reste plus qu'à commencer l'usinage (voir aussi pour explications les dessins 43 et 44).

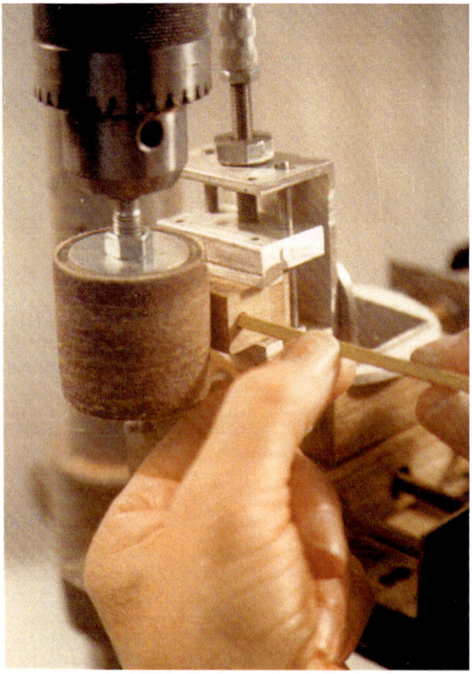

Amorce d'usinage d'une baguette en partant d'un carré (on voit très bien le petit étau monté sur la table croisée).

qui a servi à percer le trou de sortie à l'envers dans son propre trou.

Attention au sens de rotation du manchon abrasif, il doit toujours tourner dans le sens pour expulser la baguette , et non l'avaler.

On approche doucement par la vis de réglage de la table croisée, l'ensemble du manchon abrasif en rotation (cette rotation doit être lente, 200 à 500 tours maxi), jusqu'à affleurer la queue du foret (en l'occurrence 3,2 mm pour notre exemple).

En ce qui concerne le grain de l'abrasif, cela dépend de la grosseur des baguettes que l'on désire fabriquer, ainsi que leur état de finition (le grain va du 36 au 80).

On retire le foret, on introduit la baguette carrée en tournant, on pousse doucement sans cesser de tourner, jusqu'à ce que l'extrémité de la baguette devenue ronde, s'emmanche dans son trou de sortie.

Retirez la baguette, mesurez-la au pied à coulisse, rectifiez si nécessaire la distance abrasif- bois guide (si la baguette est trop petite, éloignez l'abrasif, si elle est trop grosse, elle ne rentrera pas dans son trou, rapprochez l'abrasif).

Usinage de la baguette ronde à l'aide d'une chignole électrique. Ce mode d'usinage est extrêmement rapide et propre. Quelques allers et retours suffisent à supprimer les petites bosses.

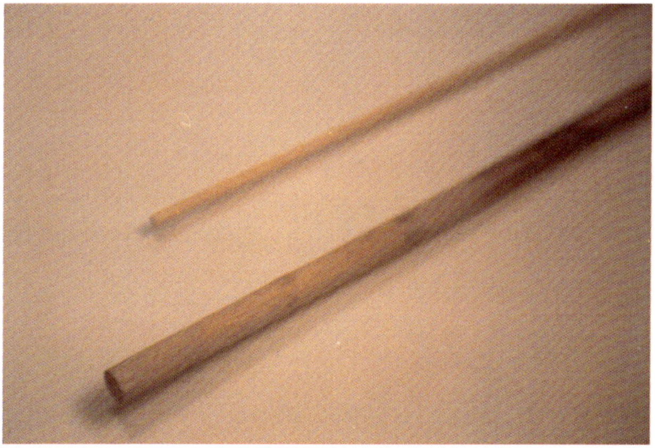

Baguettes terminées, sur la droite, on voit que j'ai tourné un peu vite, et cela a brûlé le bois. Il faut donc avoir une vitesse de rotation ne dépassant pas les 200 à 300 tours.

Réintroduisez votre baguette et usinez-la, vous aurez peut être deux ou trois réglages à faire avant de tomber juste.
Un moyen donnant de meilleurs résultats, consiste à fixer la baguette carrée dans une chignole électrique et, à petite vitesse (environ 500 tours), enfoncez doucement votre baguette carrée en poussant et en tirant (afin d'enlever les petites bosses restantes), vous sortez votre rond en quelques secondes.

Dessin 45

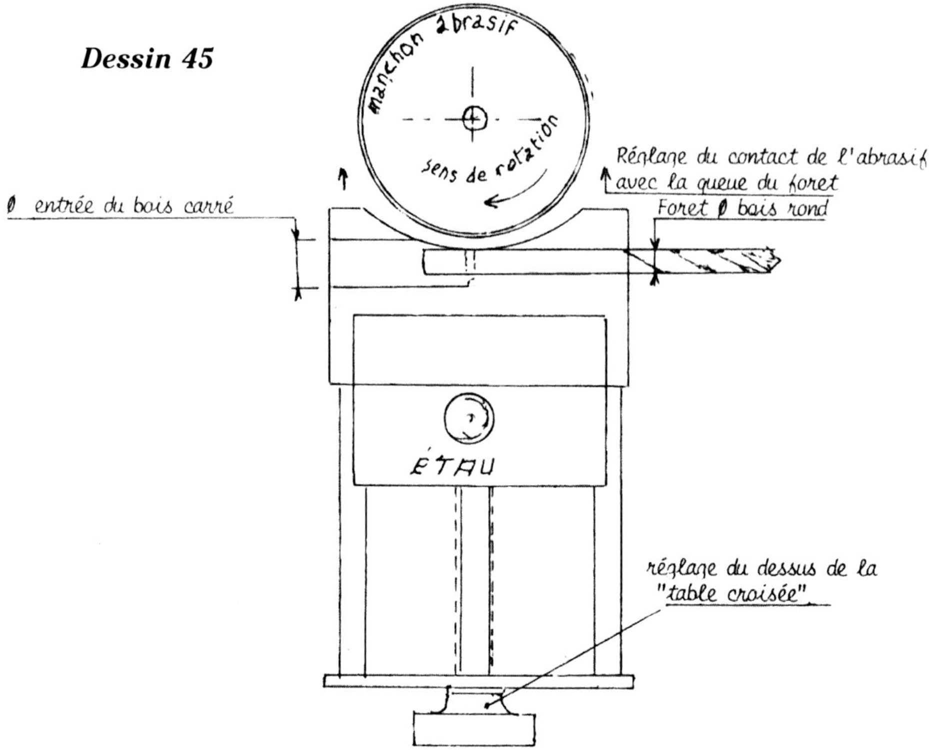

Un petit coup de finition avec une cale et du papier abrasif fin pour finir d'enlever les traces, les baguettes rondes sont terminées.
Essayez, j'ai été surpris de la qualité du résultat, et surtout de la simplicité de l'appareillage.

Chapitre 19

Dureté et densité du bois

Performances possibles des petites machines électriques selon l'essence de bois à travailler.

Dans les nombreuses visites ou correspondances téléphoniques et écrites que je reçois, il est souvent question des performances possibles des petites machines électriques pour modélistes. Et cette phrase revient souvent : "J'ai acheté tel ou tel appareil, mais il est bon à rien".
Heureusement pour nos fabricants, ce n'est pas le cas ; c'est souvent le modéliste qui, par manque d'informations, n'a pas fait le choix qui lui convenait.
Si en effet ce modéliste achète une scie circulaire de 20 Watts pour scier 10 mm d'ébène, il n'y arrivera jamais. Ce qui n'empêchera pas cette même scie de passer allègrement ses 10 mm de balsa.
Son constructeur n'a pas menti, sa scie coupe bien 10 mm de bois.
Mais quel bois ?

Tout d'abord : les bois

Il est indéniable que depuis quelques années, nous assistons à une évolution positive des modélistes qui, de plus en plus, deviennent des pros.
Ils emploient de plus en plus de bois nobles pour réaliser leurs maquettes.
Mais qui dit bois nobles, dit dureté accrue, donc, des machines plus performantes.
Car entre du balsa et de l'ébène, la dureté est multipliée par huit.

Comment déterminer la dureté ?

Tout simplement en établissant la densité d'un bois. En effet, plus un bois est lourd, plus il est dur. Dans le tableau ci-dessous, j'ai mis la densité des quelques bois les plus employés en modélisme.

Dessin 42

Tendre	D	Mi dur	D	Dur	D	Très dur	D
Balsa	0,16	Aulne	0,55	sycomore	0,70	Acajou	0,90
Liège	0,24	Sapin	0, 55	Châtaignier	0,70	Chêne	0,93
Samba	0,32	Orme	0,60	Noyer	0,70	Pernambouc	0,93
Pin	0,43	Bouleau	0,65	Hêtre	0,75	Olivier	0,95
Peuplier	0,45	Erable	0,65	Chêne	0,75	Buis	1,05
Tilleul	0,47	Platane	0,65	Frêne	0,80	Palissandre	1,05
		Teck	0,66	If	0,80	Ebène	1,20
		Poirier	0,66			Gaïac	1,40
		Prunier	0,66				
		Merisier	0,66				

On s'aperçoit à la lecture de ce tableau qu'un constructeur de scie mentionne sur son dépliant publicitaire : "Capacité 150 mm de peuplier" (densité 0,43). Pourra-t-elle couper 150 mm d'ébène ? Rien n'est moins sûr !
Par contre, elle coupera : ébène densité 1,20 divisé par peuplier, densité 0,43 = 3,02.
Soit 150 mm / 3, 02 = 50 mm environ d'ébène, sans difficulté.
Maintenant que l'on connaît la dureté des principaux bois utilisés en modélisme, il nous manque une référence simple pour déterminer la puissance nécessaire à une scie ou à un rabot afin qu'il soit capable d'usiner le bois de notre choix.
J'ai lu et relu mes notes, ainsi que les calculs complexes que m'avaient communiqués des professionnels et des professeurs spécialisés dans le travail du bois. Or, toutes ces opérations compliquées ne conviennent pas à un modéliste.
Je vais donc faire ultra simple, et ne pas m'occuper de toutes ces formules ennuyeuses. Je vais simplement me baser sur la pratique.
1°) Comment déterminer la puissance d'une scie selon nos propres besoins.
Empiriquement, je me suis rendu compte qu'une scie coupait en millimètres sans difficultés une épaisseur de bois (de 0,6 de densité) égale au dixième de sa puissance en "Watts". En gros, une scie de 740 Watts, coupera une épaisseur de 74 mm d'Orme (densité 0,6). Mais elle ne coupera que la moitié (37 mm) d'épaisseur d'ébène (densité 1,2). Le double de la densité, donc de la dureté de l'orme.
Dans le même ordre d'esprit, une petite scie de modéliste de 20 Watts ne pourra couper que 2 mm d'épaisseur d'orme, et 1mm d'épaisseur d'ébène.

2°) Je vais de la même façon établir un rapport pour un autre outil, aussi indispensable, la raboteuse.
En employant le même raisonnement, ma raboteuse de 740 Watts passe une planche d'orme de 100 mm de large pour une profondeur de rabotage de 1,5 mm.
Si l'on multiplie ces 100 mm par 1,5mm, cela nous donne 150.
Divisons la puissance (740 Watts) par 150, cela donne 4,9. Disons 4 par sécurité.
De la même façon, ma petite raboteuse de modéliste a une puissance moyenne d'environ 20 Watts. Or, je passe des planchettes d'orme de 20 mm de large sur une épaisseur de rabotage de 0,2 mm.
Multiplions 20 mm par 0,2 mm, cela donne 4.
Si je multiplie ce 4 par le 4 (ou 4,9) obtenus sur la raboteuse de 740 Watts, cela nous donne entre 4 x 4 = 16 Watts et 4 x 4,9 = 19,6 Watts.
Le calcul se confirme, entre 16 et 20 Watts.
Nous pouvons donc calculer simplement la profondeur des passes que l'on pourra faire avec notre petite raboteuse de modéliste en multipliant la largeur rabotée par l'épaisseur de la passe, et par 4, voir 4,9. Le résultat doit être inférieur à 20 Watts.
Il faut néanmoins être raisonnable, et ne pas dépasser les 5 ou 6 dixièmes d'épaisseur de passe, car cela reste tout de même un petit rabot. Il en est de même pour la grosse raboteuse, on ne peut pas prendre des passes de 3 mm, cela arracherait tout.
Tous ces chiffres sont totalement empiriques et ne reposent sur aucune donnée scientifique. C'est tout simplement le résultat de la pratique.
Il est bien entendu que tout ceci n'est valable que pour des outils suffisamment alimentés en électricité, et surtout bien affûtés (voir les chapitres précédents).
Pour les petits outils en 12 volts, il faut nécessairement un transfo capable de débiter 6 à 8 Ampères. C'est ce que l'expérience m'a appris.
Ne lésinez donc pas sur la puissance de votre transfo, il vaut mieux qu'il soit trop fort que trop faible, le moteur électrique ne prendra que ce dont il a besoin.

Chapitre 20

Le cintrage des bois

Il est une opération qui n'est pas toujours évidente, c'est le cintrage des bois.
Il y avait autrefois, à côté de la maison, une usine qui fabriquait des arceaux de capote pour les voitures. J'allais souvent voir les ouvriers qui sortaient les morceaux de bois, des grands tubes en fer, pleins de vapeur d'eau.
Le système était simple, le châtaignier (car chez nous c'est le pays des châtaigniers) était débité en longues baguettes carrées d'environ trois à quatre centimètres de côté, et environ trois mètres de long. Puis elles étaient enfournées dans les longs tubes en fer dans lesquels passait la vapeur d'eau. Ils y restaient un certain temps, peut être une heure, je ne me souviens plus. Au bout de ce temps, les ouvriers les sortaient, et les mettaient sur des formes en bois, attachées en place, puis à sécher dans un grenier.
Quelques semaines après, ces arceaux étaient démoulés et restaient dans leur forme. Il n'y avait plus qu'à les usiner légèrement en arrondissant le carré pour leur donner leur aspect arrondi et définitif.
Fort de ce souvenir, j'ai moi aussi procédé de la sorte pour cintrer les bordés de mes maquettes. Mais il y avait un petit inconvénient. La mise en forme se faisant sur les couples de la coque, il fallait attendre que les baguettes du bordé soient sèches avant de les coller. C'était gênant, c'était long.
Aussi j'ai eu l'idée de les sécher avec un décapeur thermique réglé au minimum pour ne pas brûler le bois. Je n'ai pas essayé, mais un sèche cheveux doit pouvoir suffire.
L'affaire était entendue, en quelques minutes. Je faisais bouillir mes baguettes, je les pliais en place, et les séchais aussitôt. Il n'y avait plus qu'à les encoller pour la mise en place définitive.
L'une des difficultés consistait à trouver un récipient suffisamment long pour pouvoir chauffer l'eau jusqu'à ébullition, et pouvant contenir une paire de virures.
J'ai donc fabriqué une boîte avec une plaque d'alu de 5/10e (dessin 46).

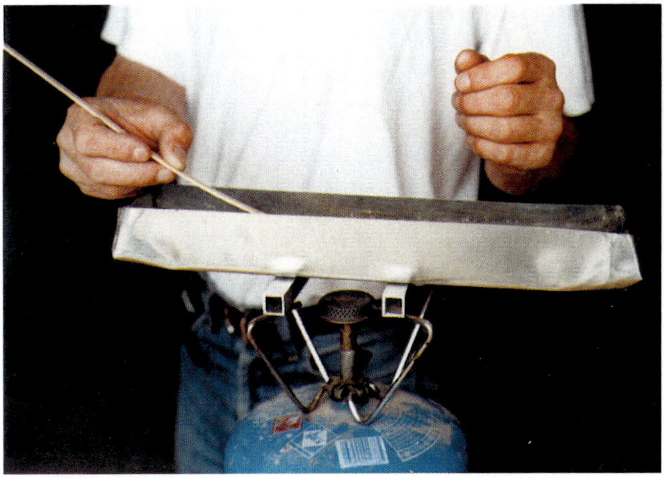

Sur cette photo, on voit nettement le bac en alu 5/10e, comme décrit dans le dessin 46. Il est maintenu à une petite distance du gaz par deux tubes carrés. On voit que l'on peut y déposer une baguette assez longue pour permettre tous les pliages possibles.

Un genre de cuve allongée, d'une longueur de 40 cm, dans laquelle on peut mettre des baguettes de 50 cm. Bien sûr, elles vont déborder un peu, mais elles tremperont dans l'eau presque entièrement.

Dessin 46
confection d'une boîte à eau pour chauffer les virures à courber.

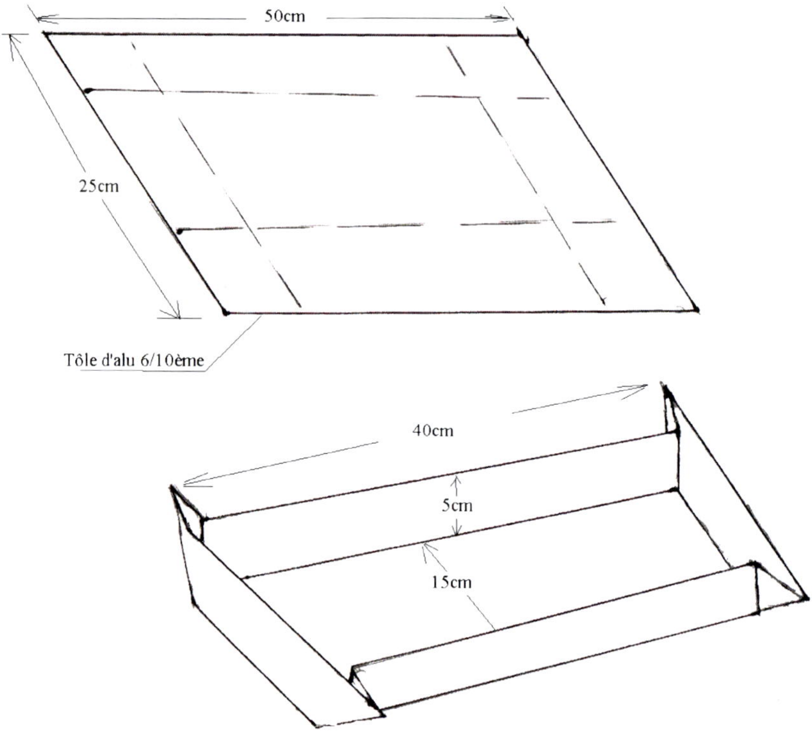

Après pliage, le séchage avec un décapeur thermique réglé au minimum. On doit pouvoir réaliser la même chose avec un sèche cheveux.

J'ai fait un montage sur mon petit camping gaz. L'ensemble serait plus stable sur la gazinière. On se rend tout de même compte comment j'ai fabriqué la boîte à eau et aussi ses dimensions. Il suffit de tremper la baguette à plier une à deux minutes, on la sort et on essaie de la plier. Si elle résiste, on la replonge dans l'eau bouillante. Elle va devenir très souple. Mettez-la en place sur la maquette, maintenez-la avec des élastiques, des épingles ou des petites pinces, peu importe. Avec un sèche cheveux, ou

Etant donné la forte courbure des bords, tant à l'avant qu'à l'arrière, il est nécessaire de les ployer au feu à l'aide d'une "chaufferie" formée d'une grande caisse de bois de 1,50m de côté sur 20cm de hauteur, remplie de terre, fixée à deux forts montants plantés dans le sol et surmontée d'une grosse barre de fer de 60mm de diamètre. Les planches sont ployées par paires symétriques par exposition à la chaleur du feu allumé dans la caisse et entretenu avec de la sciure, de l'écorce et des chutes de bois de façon à faire beaucoup de fumée; la courbure est obtenue à l'aide de serre-joints et de cales faisant "casse-cou", par déplacement progressif de 50 en 50cm et par comparaison avec un gabarit. Lors d'un deuxième chauffage, on donne aux planches la "tervire" hélicoïdale voulue pour son "levage" avant et arrière à l'aide d'un levier maintenu avec un serre-joint.

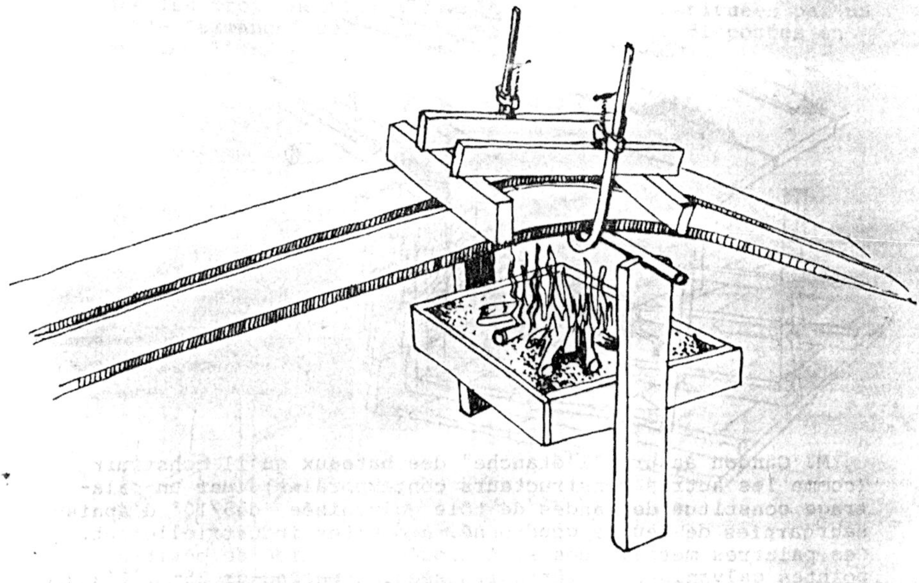

Le Palâtrage

C'est alors que l'on procède à l'opération du "palatrage" destiné à rendre le bateau étanche. Le palatrage consiste à clouer à l'intérieur du bateau, sur tous les joints structurels (coutures entre les planches) ou accidentels, gerces ou noeuds du bois, des feuilles de bois ou de métal, les palatres, maintenant un tapis continu de feutre ou de mousse. Le procédé du palatrage métallique sur feutre a succédé à celui des palatres de bois sur lit de mousse. M. Gandon a connu les deux et nous les a décrits.

Dessin 47 Photocopie d'une page d'un livre concernant la construction des "Gabares".
Le pliage par la chaleur est valable. On cintre de cette façon les "douelles" de barrique. En modélisme, on peut de la même manière cintrer une baguette. Après toutefois l'avoir humectée d'eau, car en général le bois est trop sec pour être travaillé uniquement par la chaleur.

La baguette de sycomore est pliée, et ne se dépliera pas. En plus, elle est sèche et peut être collée sans problème.

comme ici, un décapeur thermique réglé au minimum, séchez-la.
Sur cette photo, je plie la baguette, et la sèche à la main. C'est simplement pour les besoins photographiques. Sur la maquette, la vision de la courbe aurait été moindre, et de plus, comme il faut sécher du côté intérieur de cette courbe, cela n'aurait pas été facile à expliquer sur une photo.
Ici, on voit que le séchoir est sous la courbe (voir pour cela le dessin).
On peut aussi faire ainsi, cela est souvent plus facile car il n'y a pas d'obstacles au passage du séchoir.
Si la courbe est trop prononcée, replongez la baguette dans l'eau, détendez-la, et séchez-la de nouveau. Une fois en forme, elle y restera.
Vous pouvez plier ainsi toutes sortes de structures, je pense en particulier aux barrots de pont, que vous pouvez cintrer sur un moule (voir à ce sujet au chapitre 22 "La mise en forme des bois verts").

Un autre petit "truc", lorsqu'on a une faible courbe à établir.
Un simple coup de séchoir (ou de décapeur) à l'intérieur de celle-ci, suffit généralement à l'obtenir. Cela évite surtout de mouiller et de sécher la baguette avant de pouvoir la coller.
Vous chauffez, vous pliez, et vous collez. Entre parenthèse, j'utilise pratiquement toujours de la colle contact, elle évite les longues heures de séchage, et si la pièce n'est pas tout à fait en place, on peut tout de suite la repositionner. Tout ceci étant évidemment histoire de goût personnel.

Chapitre 21

Les bois de couleur

Une technique qui permet de réussir sans problème de très belles maquettes en teintes réelles, en utilisant des bois nobles massifs, ou en contre placage d'essences véritables.
Ou bien en couleur, avec de la teinte, et non de la peinture, qui donne bien souvent une impression d'empâtement de couleurs, désagréable à l'œil.
De la teinte cire de la couleur de l'essence de bois que l'on travaille.
Pour les autres couleurs dont les navires sont peints, utilisez de la teinture spéciale bois ou plus simplement pour soie.

Le plancher du pont de la Flore est entièrement constitué de lames indépendantes, dont les chants ont été passés à l'encre de Chine afin de marquer les joints. C'est du poirier simplement ciré. Au centre, des caillebotis dont nous allons voir la fabrication un peu plus loin.

1°) Les causes de cette technique

C'est en visitant les musées, et en construisant moi-même des maquettes, que je me suis rendu compte de la différence entre les maquettes de professionnels et les autres.
Les unes étaient généralement en bois nobles légèrement teintés, ou simplement cirés.
Les autres maquettes étaient barbouillées de peintures criardes, et surtout surchargées, souvent enduites en plusieurs couches. Bref, ce n'était pas beau.
J'ai longtemps cherché la solution simple. La réalité d'un pont de navire teinté chêne (en teinte cire) est d'un effet réel (pont de la Flore).
Des œuvres (vives ou mortes) peinturlurées de façons excessives ne me plaisent pas
J'ai surtout eu ce problème en construisant le *Pourquoi Pas* , du commandant Charcot. Je l'avais peint comme tout le monde avec de la bonne peinture. Cela fait maintenant plus de vingt cinq ans. Mais après que la tempête de 1999 ait décoiffé mon atelier, et fait le

ménage des étagères, en particulier celle où paradait mon *Pourquoi Pas ?*. Je l'ai retrouvé écrasé sur le sol.
Malgré les défauts de sa peinture, j'ai eu de la peine car j'avais bien passé deux ans à le construire.
J'attends d'avoir le temps et la patience d'en refaire un autre, car toute la mâture est cassée et les couples éclatés de l'intérieur.
La construction de cette maquette m'a apporté une idée. En effet, sur le navire réel, Charcot avait fait doubler la coque de l'extérieure avant d'affronter les mers arctiques.
Il me fallait donc, pour être crédible, la doubler moi aussi. La réalisation a été si simple que cela m'a donné une idée. Pourquoi lorsqu'on borde une coque, ne pas la faire en double épaisseur ? Cela allait bigrement simplifier mes futures constructions. Nous allons voir cela un peu plus loin.
Pour l'instant, revenons à nos bois colorés.
Le hasard a voulu qu'au cours de la lecture d'un livre "Trucs et procédés du bois", je tombe sur un chapitre consacré à la teinture des bois. J'eus ici le déclic. Bien sûr, c'était çà la solution : teindre les bois, et non les peindre.
S'ensuivait une série de recettes pour fabriquer ces teintures.
J'en ai essayé quelques unes, mais le plus simple et le plus efficace que j'ai trouvé reste la teinture pour soie, et les teintures spéciales bois gori pour les couleurs.
Pour les teintes, disons, naturelles, mettez simplement de la teinte cire, en général chêne moyen ou merisier.
Les unes comme les autres de ces teintes, ne cachent pas les veines du bois, et ne surchargent pas la maquette de masse de peinture, disproportionnée à l'échelle.
On peut voir sur les photos les différentes teintes naturelles ou artificielles.
On peut ainsi respecter les couleurs d'origine, et ne pas se sentir obligé de passer toute la maquette à la teinte bois verni.
A ce propos, surtout ne jamais vernir une maquette, le brillant de cette matière est irréel, et cela n'empêche pas la poussière.
Les plus belles étant en teinte bois, simplement cirées, et teintes couleur mat, ne cachant pas le grain du bois.
Reste un petit problème, tous les bois ne répondent pas à la couleur que l'on vient d'appliquer, car ils ont déjà leur propre couleur.
Par exemple, une teinte verte sur du noyer foncé ne donnera rien de beau.

Différentes teintes obtenues par la teinture pour bois. Sur la partie droite, des teintes dites naturelles. A gauche, des couleurs diverses, du blanc au noir.

Quels bois choisir ?

Je ne vais pas énumérer tous les bois pouvant être utilisés en modélisme. Simplement les principaux. Voir quelques échantillons ci-contre à gauche.

L'érable sycomore
C'est un beau bois blanc, avec des veines très fines. On peut le rendre encore plus blanc en le trempant deux ou trois jours dans de

Un ensemble de baguettes. En haut du noyer, au centre de l'acajou, en bas du buis.

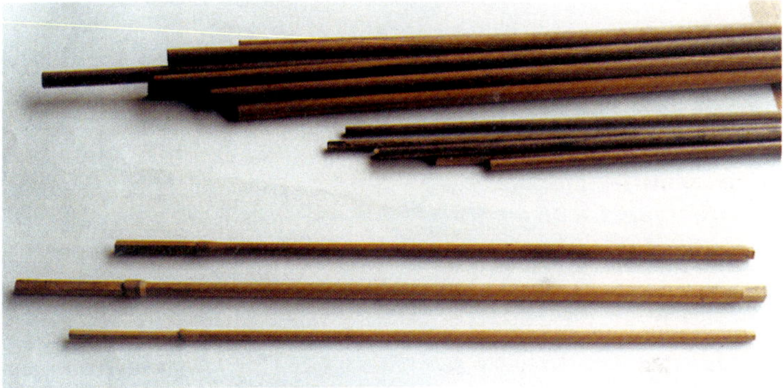

De même que la photo précédente, des bois ronds en noyer. En bas, les trois bas mâts de la Flore que j'ai réalisés à l'aide de ma plaquette guide. On voit que les parties coniques sont régulières.

l'eau oxygénée à 130 volumes. Ou plus simplement en le teintant en blanc. Il faut toutefois ajouter quelque chose.

Ce bois méconnu est, à mon avis, l'une des trois ou quatre essences qui font la base des belles maquettes. Nous l'avons vu au chapitre précédent, c'est un bois dur, de même densité que le noyer et le chêne. La finesse de ses veines une fois teintées donnent l'impression de chêne modèle réduit d'environ 1/50e.

Pour un modéliste qui désire obtenir une maquette en couleur, je lui recommande de border sa coque avec. D'autant plus, nous allons le voir, qu'il existe en placage 6/10e que l'on peut teinter, et effiler avec mon effileuse (nous verrons cet outil fantastique plus loin, chapitre 23), avant de coller ces bordés parfaitement ajustés sur la sous-coque en bois ordinaire.

On peut aussi, bien sûr, border en bois massif (baguettes de 2 x 10 par exemple).

Une palette de bois naturels, non teintés. Il y a même, pour les amateurs, de l'ivoire synthétique. L'ivoire naturel étant interdit à la vente.

Le tilleul

Il est depuis toujours le bois des modélistes, pas très dur, facile à travailler, pratiquement sans nœuds, son grain est fin et chaud. On peut faire une maquette complète en tilleul. Il ne nécessite pas beaucoup d'outils spéciaux.
Petit inconvénient, son manque de dureté le laisse sensible aux chocs, et est mal adapté pour faire des poulies ou tout autre objet fin et précis. Existe aussi en massif et en placage.
De plus, sa teinte jaunâtre modifie les couleurs dont on l'enduit.

Le noyer

C'est un beau bois typé, ne nécessitant pas de teinte spéciale, simplement un coup de teinte cire noyer et un bon coup de chiffon de laine pour le faire briller. Il se vend souvent en baguettes rondes, car il est idéal pour la mâture.
J'ai dans mon atelier l'ensemble de la mâture de la Flore, qui est faite depuis presque vingt ans, et qui n'a pas bougé d'un centième. Je présente d'ailleurs les trois bas mâts (page 121). Car il faut bien le dire, c'est un bois qui ne bouge pas, ni à l'humidité ni aux variations de température.

Le châtaignier

Un bois qui est très mal connu, et qui pourtant a une qualité, je dirais presque unique, il ne bouge pas.
Toutes mes maquettes ont une quille en châtaigner, et aucune n'a jamais bougé, même pas celle de mon pauvre *Pourquoi Pas* après la tempête de 1999.
Quelques inconvénients toutefois : il est très dur, difficile à travailler, et ses veines sont comme le chêne, disproportionnées. Il convient mal à tout ce qui se voit car, toujours comme le chêne, son grain est trop gros pour un modèle réduit. En effet, ce qui peut paraître magnifique à l'échelle 1, est souvent affreux en modèle réduit. Il a pourtant un autre atout : employé vert (des petits sillons très jeunes, d'environ 3 centimètres de diamètre), il va servir à fabriquer des couples à la façon des vrais (voir au chapitre suivant).

Le poirier

C'est LE BOIS du modéliste par excellence. Il ressemble comme un frère à du chêne ancien, modèle réduit. L'échelle de son grain par rapport au chêne se situe entre le 1/50e et le 100e.
La plupart des belles coupes de vaisseaux que l'on voit dans les musées ont été faites en poirier. Il est aussi parfait pour les micro-sculptures.
J'ai d'ailleurs réalisé la totalité des sculptures de la *Réale de France* (que nous verrons plus loin), dans du cormier (cousin du poirier mais de teinte plus rouge).
Les lames de parquet du pont de la *Flore* sont totalement faites en poirier. Des baguettes de 3 x 0,5 mm d'épaisseur coupées en longueurs de 8 cm, dont les chants ont été passés à

l'encre de Chine avec une plume, afin de représenter les joints.
Il existe en placage 6/10e et en massif.
Un petit truc employé par certains modélistes, consiste à décolorer à l'eau oxygénée un pont de navire pour lui donner une teinte délavée par l'eau de mer.

Le buis
C'est un bois très dur et tenace. Il est parfait pour fabriquer poulies et cap de mouton, ou des petites pièces précises (comme des caillebotis que nous verrons plus loin). Sa coupe est franche.
On peut aussi en faire de superbes sculptures, mais il a la fâcheuse propriété de casser les outils qui le travaillent. Sa teinte jaune est difficile à modifier. Il vieillit mal et a tendance à se gondoler ou se cintrer tout seul. Mais comme c'est un bois très dur, des micro-fissures peuvent apparaître. Il est en plus difficile à trouver en grande largeur ou en grande longueur.

Les acajous
Je dis les acajous, car il y a bien une bonne vingtaine d'essences différentes.
Ils ont une chose en commun, ils sont tous rouges. Du rouge vif du padouk et du bois de Pernambouc au marron de l'Alerce.
Les acajous sont des bois magnifiques pour la décoration des navires réels.
En modèles réduits, la grosseur de leurs grains les rendent inesthétiques à petite échelle.
L'ébène
Rien à dire de spécial, tout le monde connaît le beau poli de l'ébène. C'est un bois de luxe. Le plus cher, mais comme il est bien noir, et relativement facile à plier, on peut en faire des listons d'un très bel effet.
Certains modélistes ont même construit des navires entièrement en ébène, de même qu'il y en a qui en ont fait tout en ivoire.

Le merisier et le teck
Leur emploi est celui que l'on veut bien leur donner. Les deux bois ayant de larges veines, ils peuvent être employés comme lames de parquet (à condition de les couper à la dimension), cela donne des différences de teintes représentant souvent la réalité.

Le chêne
Si c'est le principal composant des navires, son veinage important lui ferme les portes du modèle réduit. Il n'est pas de bon ton de construire une maquette au 1/50e, avec du bois à l'échelle 1. Cela est d'autant plus laid, que bien souvent pour faire mieux, on le vernit.

Je pense avoir fait le tour des principaux bois. Pour ceux qui désirent de la couleur, j'ai déjà précisé que du sycomore teinté était parfait, et la teinture (pour bois ou pour soie) arrive à s'infiltrer sur une profondeur de quelques dixièmes de millimètres, ce qui donne la possibilité de poncer si besoin, sans être obligé de reteinter.

Le principe de la double coque

Comme je l'ai écrit un peu plus haut, l'idée m'est venue en construisant le *Pourquoi Pas* de construire un bordé en double épaisseur. Cela représente divers avantages. Tout d'abord, on peut employer du bois peu coûteux pour la première couche (peuplier, samba, tilleul).
La photo donne une idée précise de la sous-couche en bois ordinaire, avant de recevoir sa finition en poirier. En ponçant, on se rend compte alors des inégalités de la coque.

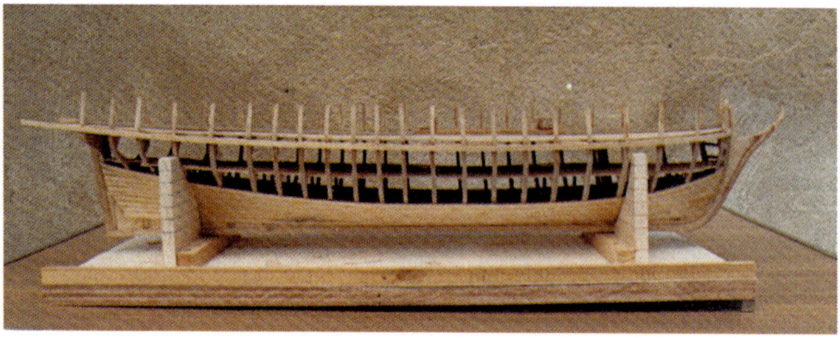

La carcasse de la Flore, elle est à demi-bordé par de fines baguettes. Lorsqu'elle sera entièrement bordée, elle sera poncée, mastiquée, et dessus cette première couche, viendront se coller les baguettes en bois noble, et bien effilées afin d'obtenir un bordé sans raccords disgracieux.

Rien de plus simple que de mastiquer, et re-poncer jusqu'à obtenir une coque parfaitement galbée.

Sur cette coque, il ne reste plus qu'à coller de fines baguettes de poirier ou de sycomore teintées, d'une largeur correspondant à la réalité (à la colle contact, genre Pattex). J'ai collé ainsi la *Réale de France* en 1987, et pas une latte ne s'est encore décollée en 2005.

A l'échelle 1, les planches du bordé dépassent rarement les vingt centimètres de large. En général, elles font 16 centimètres.

Donc une maquette au 1/72e devrait avoir des planches de bordé d'environ 2,5 mm de large. C'est peu, aussi en trichant, on peut aller jusqu'à trois millimètres, voire cinq.

Ces fines baguettes devront être effilées, c'est-à-dire réduites en largeur à la proue, et aussi bien souvent à la poupe d'une certaine quantité.

Le chapitre 23 est consacré à ce travail avec l'aide de mon appareil à usiner les courbes longues ®, que j'appelle simplement effileuse.

C'est un travail délicat, mais le résultat en vaut la chandelle.

Pour une maquette au 1/72e, le mieux est de prendre des baguettes de 4 ou 5 mm x 1 mm d'épaisseur. Elles se tiennent mieux que du placage.

Si le premier ponçage de la sous-coque a été bien fait, le ponçage des virures de finition se limitera à peu de choses, et à une teinture effective pour marquer la ligne de flottaison. A moins que vous ne décidiez de teinter l'ensemble de la même couleur, teinte bois.

Chapitre 22

Des couples en bois vert

De tous temps, j'ai aimé construire l'intérieur et l'extérieur d'un navire. Même si une fois terminé, tout ce travail ne devait plus se voir. Simplement pour le plaisir, je voulais construire un navire comme pour de vrai.
Cela est fort difficile, mon ami et professeur Pierre Corbière ne me contredira pas. Je lui adresse d'ailleurs, ainsi qu'à son épouse, un amical bonjour. J'espère que lui me reçoit là où il est. Il avait en effet fabriqué des couples en placage lamellé-collé.
Je m'y suis essayé pour voir. Ce n'est pas facile, et c'est surtout long, car il faut attendre que la colle sèche.
Le hasard a voulu qu'un jour, en manipulant un morceau de bois vert, j'ai eu la révélation. Et si on mettait en forme du châtaignier vert, comment se comporterait-il ? J'ai tenté l'expérience. Il me fallait tout d'abord débiter le rondin d'un morceau de scion de châtaigner en planchettes d'abord, puis en baguettes. Je clouais donc le morceau de rondin sur une planchette.
Guidé par une autre planchette maintenue en place par deux serre-joints, je sciais une partie du rondin afin de dégager une surface plane.
Je reclouais la partie plane ainsi obtenue sur la planchette, afin de dégager une autre face plane à l'équerre.

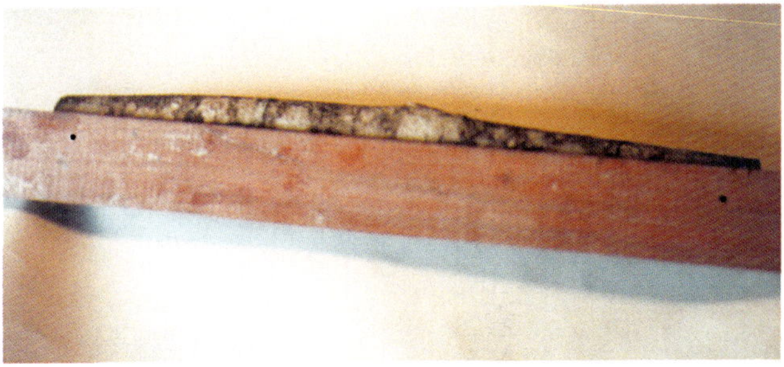

On cloue avec une pointe à chaque extrémité le rondin de bois vert sur une planchette (on voit les deux têtes noires des pointes), avant de passer l'ensemble à la scie à ruban.

Maintenant, j'avais deux surfaces planes et d'équerre. Je n'avais plus qu'à scier une planchette un peu plus épaisse que l'épaisseur des couples à fabriquer. Je n'aurais plus ainsi qu'à débiter des baguettes carrées et les mettre dans un moule pour leur donner leur forme.
Il me fallait donc construire un moule.
Il me suffisait de décalquer sur des chutes de contreplaqué les courbes extérieures et intérieures de chaque couple, et les scier selon leur contour.
Attention, la courbe extérieure n'est pas la même que celle intérieure.
Il faut donc prévoir, lorsqu'on a découpé l'intérieur du moule, de redessiner la courbe extérieure et la scier.
L'aide du plan de la verticale des formes ainsi qu'une règle déformable m'ont été précieuses. J'ai donc fabriqué un moule pour chaque couple.
Sur ces photos, il y a une petite erreur à ne pas commettre.
Il faut découper le sommet du couple, et non laisser un cran d'arrêt, comme sur la photo, car en mettant en place la baguette de châtaignier vert, celle-ci ne peut s'allonger vers le haut. Le cran l'en empêche et la mise en forme totale de la baguette entre les deux parties du moule n'est pas effective. Si les moules sont en deux parties, c'est tout simplement parce qu'elles ont été découpées ensemble afin que leur courbe soit semblable.

Les baguettes de châtaignier vert sont alors simplement mises en place, et serrées avec des serre-joints. Il n'y a plus qu'à laisser sécher une semaine, et l'on retire des couples presque prêts à l'emploi.

On voit très bien les planchettes, celle qui sert de guide est maintenue par deux presses sur la table de la scie, l'autre étant celle que l'on vient de clouer. On va obtenir ainsi un côté bien droit.

On peut aussi par le même procédé obtenir les barrots des différents ponts.

Une mise en place sur la planche anti-adhésive au moyen d'épingles permet d'obtenir un couple qu'il suffira de poncer afin d'effiler un peu vers le sommet.

Pour les couples dévoyés de proue ou de poupe, il suffit de scier ou de poncer en biseau avant de coller les deux moitiés sur la quille. Ce que l'on ne voit pas, mais qui est fort utile, c'est de percer un ou deux trous de 2 ou 3 mm dans la base des couples dévoyés, traversant la quille, et d'y coller des petits tourillons de bois dur (buis par exemple), afin d'assurer le collage.

Ces chevilles peuvent en effet empêcher un décollage intempestif.

La photo montre d'un seul coup d'œil la réa-

Après avoir scié un premier côté, on le cloue sur la planchette, et on scie le second côté à l'équerre.

On peut maintenant débiter sans problème les planchettes, desquelles on pourra scier des baguettes à la dimension désirée.

lité d'une telle méthode. Si la méthode est efficace, reste la question du ravitaillement.

Où trouver ce bois vert ? Pour les modélistes résident à la campagne, cela ne pose aucun problème.

Il suffit d'aller dans les bois, et de couper un scion de châtaignier d'environ 3 cm de diamètre. On peut le débiter à la longueur désirée. Il reste vert, et facile à mouler en forme pendant environ un mois.

Si l'on prend la précau-

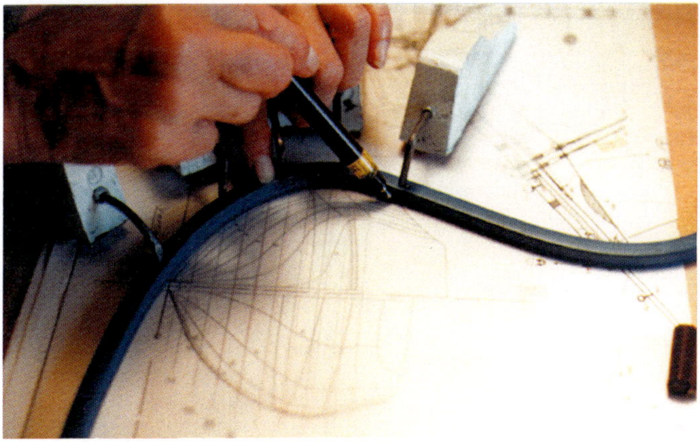

La décalque du demi-couple sur le contreplaqué, ou sur une feuille de papier qui sera collée sur le contreplaqué et servira de guide au sciage en forme.

Après le sciage des deux demi-moules, on fixe d'abord la partie intérieure. La partie extérieure sera mise en place sur les baguettes de châtaignier vert. Il ne faut surtout pas copier ce qui a été fait en haut des couples, ce décochement empêche la baguette de s'étendre et de se mettre en forme.

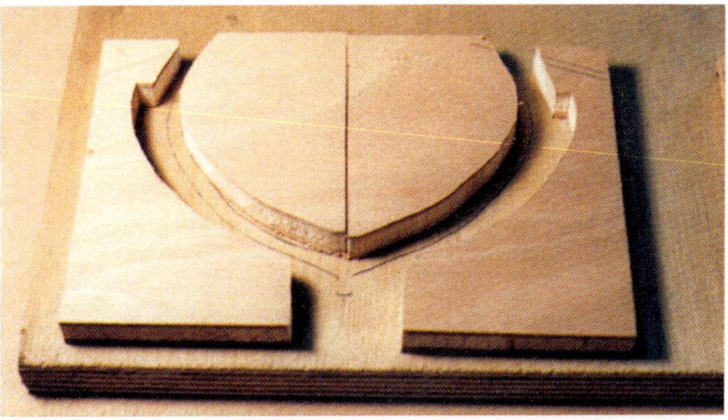

tion de le mettre à tremper dans l'eau, il ne sèchera pas, ou peu. Il se trouve pratiquement en toutes saisons, il suffit de choisir.

Si vous connaissez le propriétaire d'un bois, demandez lui la permission d'aller couper un scion, il ne refusera pas.

Pour les citadins, cela oblige à une petite sortie, et à défaut de châtaignier, prenez n'importe quel bois vert, de toutes façons

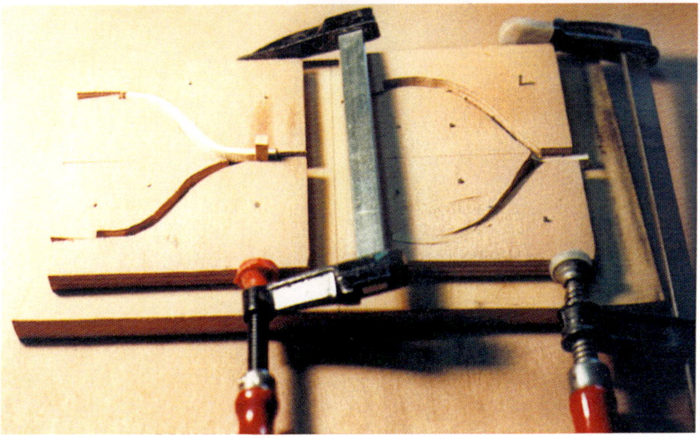

Mise sous presse de deux couples. Il faut parfois réduire l'épaisseur de la baguette, lorsqu'il s'agit de couples dévoyés, comme c'est le cas ici.

Trois genres de couples démoulés après quelques jours. On voit très bien que l'on peut usiner à la demande, et même dessiner dessus la forme exacte.

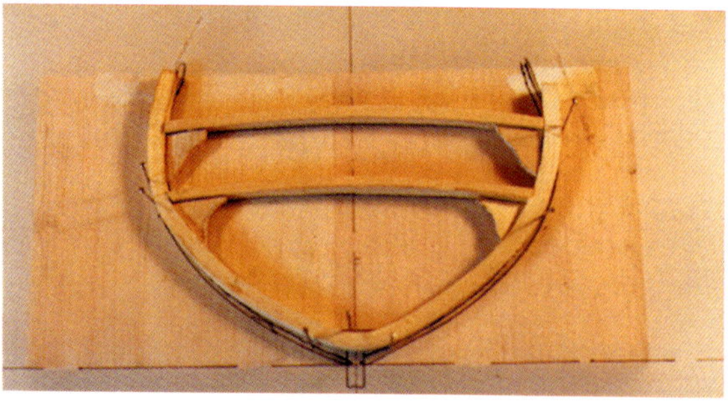

Sur la planche anti-adhésive, on fixe le couple avec des épingles, et l'on colle les barrots ainsi que les équerres. Les barrots pouvant eux aussi être cintrés de la même façon.

il se pliera, plus ou moins bien selon l'essence. Je n'ai rien inventé, autrefois on fabriquait les cercles de barrique avec des scions de châtaignier fendus en deux.

Un petit essai de montage, le couple du bas est endenté dans la quille et collé. Le couple dévoyé est collé, et une petite cheville en bois rond traversant l'ensemble de part en part est collée, consolidant ainsi l'ensemble.

Chapitre 23

Gabarit universel pour effiler les virures ou usiner toute courbe longue

Appareil protégé ® (enveloppe Solau)

Nous entrons avec ce chapitre, dans un domaine qui est la base même du modélisme naval : l'usinage des virures du bordé de la coque d'un navire en bois.
L'élégance d'une coque de modèle réduit s'apprécie à sa forme, à sa finition, et aussi à un petit rien, mais qui fait toute la différence, je veux parler de l'assemblage des bois travaillés en léger biseau, les virures du bordé. On appelle ça effiler les virures.
Combien ai-je vu de magnifiques maquettes dont le gréement, la teinte des bois et l'accastillage étaient parfaits. Cependant elles présentaient un défaut majeur.
Les virures du bordé n'étaient pas ajustées. Des baguettes parfaitement parallèles occupaient la moitié de la coque. Tandis que l'autre moitié n'était composée que de baguettes coupées en biseau entaillant la coque de manière inesthétique.
Il faut dire qu'il n'est pas aisé d'effiler des paires de virures pour les mettre en place.
J'ai donc, il y a quelques années, mis au point un petit appareil que j'appelle familièrement une effileuse.
Cet appareil est vendu sous l'appellation gabarit universel pour usiner les courbes

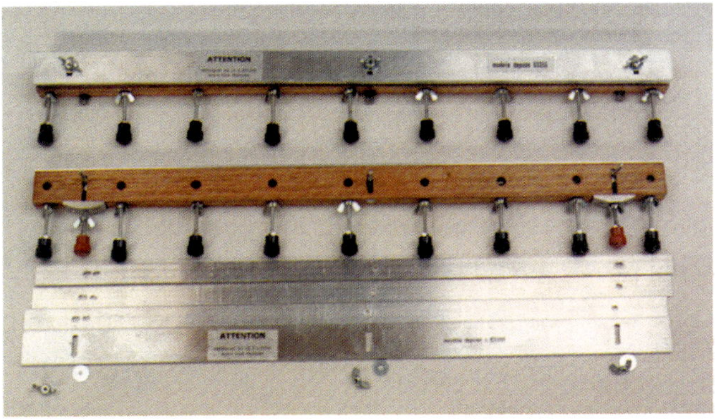

Gabarit pour usiner les courbes longues. Familièrement appelé effileuse. On peut, avec cet outil, non seulement usiner les virures de bordé, mais aussi les différentes courbes du bouge d'un pont. Usiner en concave la tonture d'une charpente. Rien n'empêche non plus de fabriquer des virures plus ou moins tordues, en établissant un modèle en bristol.

longues. C'est plus long à dire, mais cela correspond mieux à son utilisation.
Pour entrer dans le vif du sujet, il faut d'abord expliquer en quoi consiste l'effilage des virures de bordé.

Dessin 48

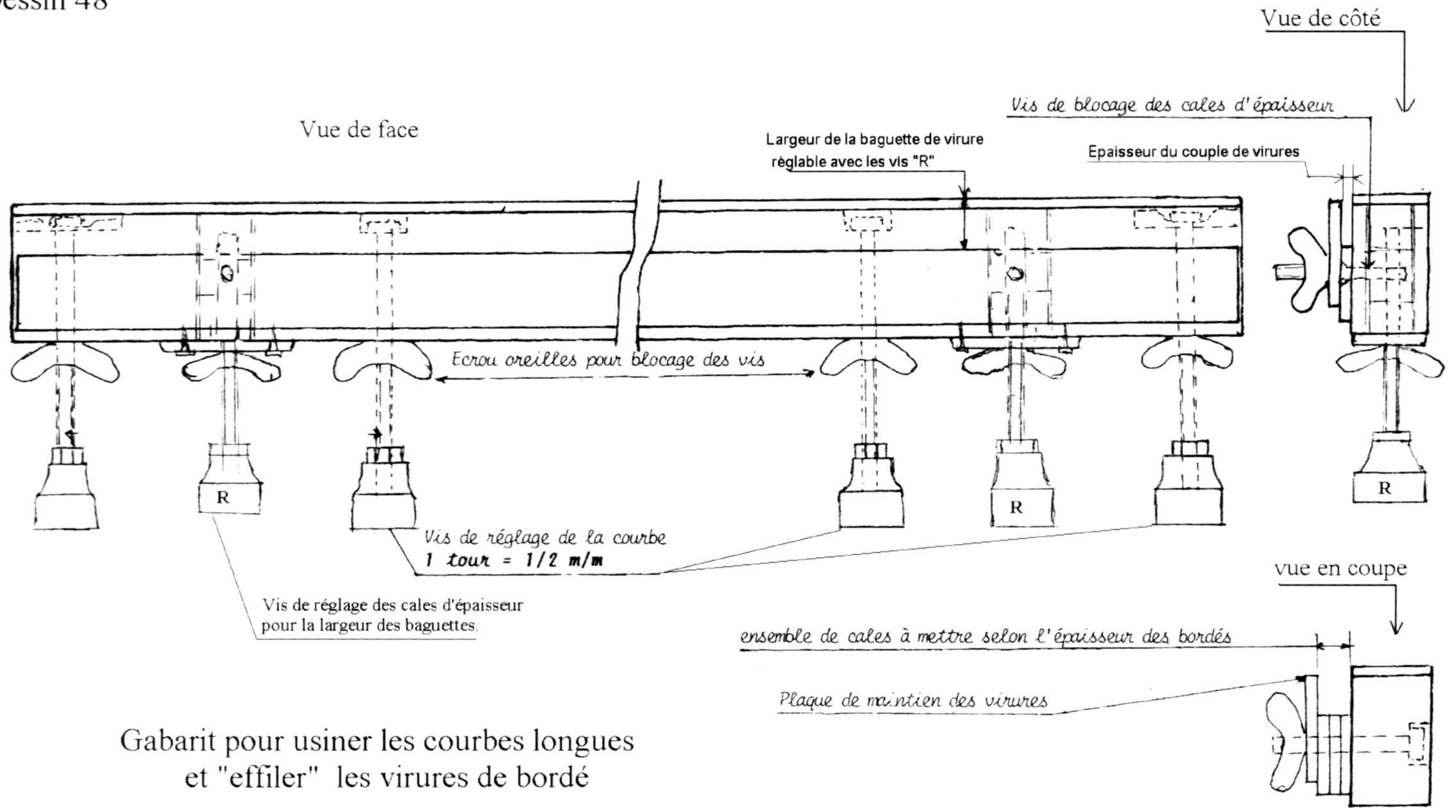

Gabarit pour usiner les courbes longues
et "effiler" les virures de bordé

Dans la réalité, les bordés sont ajustés à la demande, c'est-à-dire qu'elles sont façonnées en fonction de la position des brochettes ou baquettes, petits morceaux de bois installés à deux pieds environ les uns des autres, qui délimitent la forme du bordé.
Au niveau du modéliste, l'affaire n'est pas si simple. En effet, si dans la réalité un espace ou un défaut de rabotage de deux ou trois millimètres ne représentent rien (ces défauts sont d'ailleurs bouchés par le calfatage), pour un modèle réduit, c'est énorme.
Pour un modèle au 1/75e cela représente un trou de 150 à 225 mm à l'échelle 1.
Il y avait deux formules, soit on bordait avec des baguettes droites, et on comblait les vides avec des petits morceaux coupés en biseau, et surtout du mastic.
Soit on essayait d'effiler au pif, ce qui la plupart du temps donnait le meilleur résultat. Mais quelle galère !
Il y avait bien la combine qui consistait à établir un gabarit en bois, et effiler les virures en se référant à lui. Mais ce truc avait un défaut majeur, le gabarit s'usait en même temps qu'on usinait les virures. Il fallait donc en fabriquer un autre, et ainsi de suite.
Avec mon appareil universel à usiner les courbes longues (ou effileuse), on peut au moins sans trop se tromper usiner trois ou quatre paires de virures prêtes à l'emploi.
Il suffira de rectifier un peu les réglages de l'appareil pour obtenir d'autres paires de virures légèrement différentes, mais exactement comme on les désire.

L'effileuse

Il me faut tout d'abord décrire cet appareil.
Il se compose d'une barre en bois, munie en dessous de neuf mollettes de réglage pour la sole de travail en alu située au-dessus.
Sur un côté sont empilées trois cales d'épaisseur (deux de 2 mm et une de 3 mm), sur les-

Dessin 49

Dessin ; Vue de côté de l'appareil

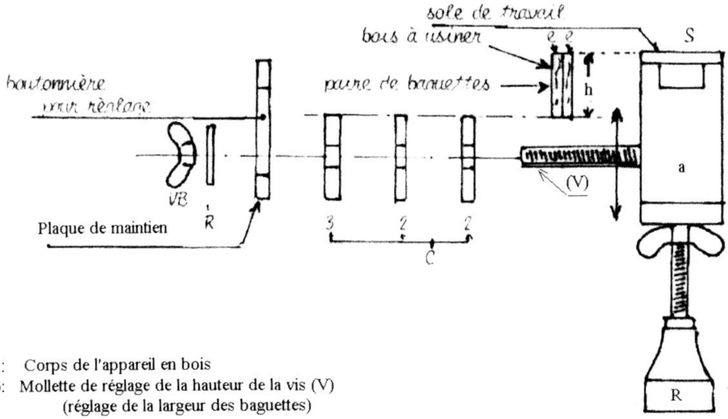

a: Corps de l'appareil en bois
b: Mollette de réglage de la hauteur de la vis (V)
(réglage de la largeur des baguettes)
c: Cales d'épaisseur (2 de deux m/m ,une de 3m/m
R: Rondelles
VB: Ecrou à oreilles pour le serrage des plaques
S: Sole de travail réglable selon les courbes
h: Hauteur (ou largeur) de la (ou des) baguettes à usiner
e e: Epaisseur des deux virures de bordé

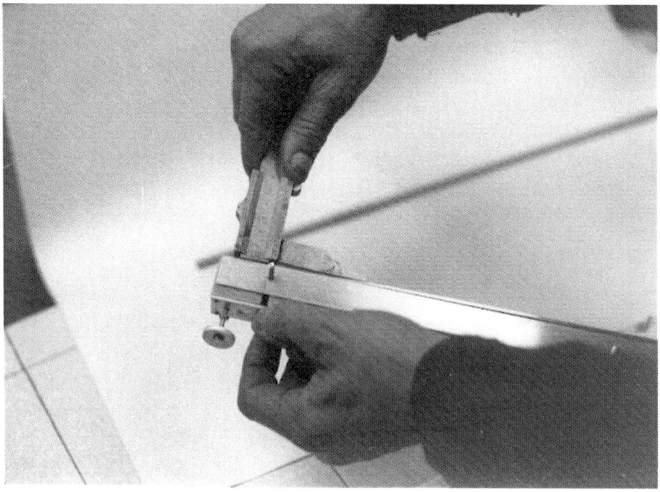

Sur l'effileuse, on règle à l'aide du pied à coulisse monté à l'envers, ou plus simplement avec un réglet, la largeur minimale de la baguette, au moyen de la vis (R). Distance entre la sole de travail et le haut de la cale d'épaisseur.

De la même manière, on règle la largeur maximale de la baguette, toujours à l'aide du pied à coulisse ou du réglet. Les deux réglages ci-dessus sont expliqués dessin 50, dans le texte, et aussi sur la photo à droite.

quelles vient se fixer à l'aide d'écrous à oreilles une plaque de maintien. Comme son nom l'indique, cette plaque sert à maintenir les baguettes à usiner.

Si j'ai mis ces trois cales, ce n'est pas par hasard. En effet, les virures s'usinant par paire, et les moins épaisses ne descendant guère au-dessous du millimètre, cela représente bien les deux millimètres, soit l'épaisseur d'une cale. La suite se comprend tout seul, plus les virures seront épaisses, plus les cales devront l'être. On mettra alors la cale de 3 mm pour une paire de virures de 1,5 mm, ou bien encore deux de 2 mm, pour quatre millimètres, et ainsi de suite.

De plus, si vous désirez usiner la charpente d'un navire, vous aurez des épaisseurs peut-être jusqu'à 8mm. Dans ce cas, l'ensemble des cales ne sera pas de trop (voir usinage d'un barrot de pont, plus loin).

Il reste deux réglages, en général reconnaissables à leurs boutons rouges, situés aux extrémités de l'appareil. Ce sont les réglages pour établir la largeur des baguettes.

Par un système de vis (0,5 mm par tour), on déplace dans le sens vertical une vis à chaque extrémité de l'appareil, déterminant ainsi les largeurs mini et maxi de la paire de virures.

La plaque de maintien s'applique sur les bois à usiner et est fixée en place par trois écrous à oreilles. Cette plaque peut être positionnée dans ses boutonnières afin de ne pas gêner l'outil abrasif, et tout de même maintenir le bois. On peut donc ainsi usiner une courbe

Dessin 50

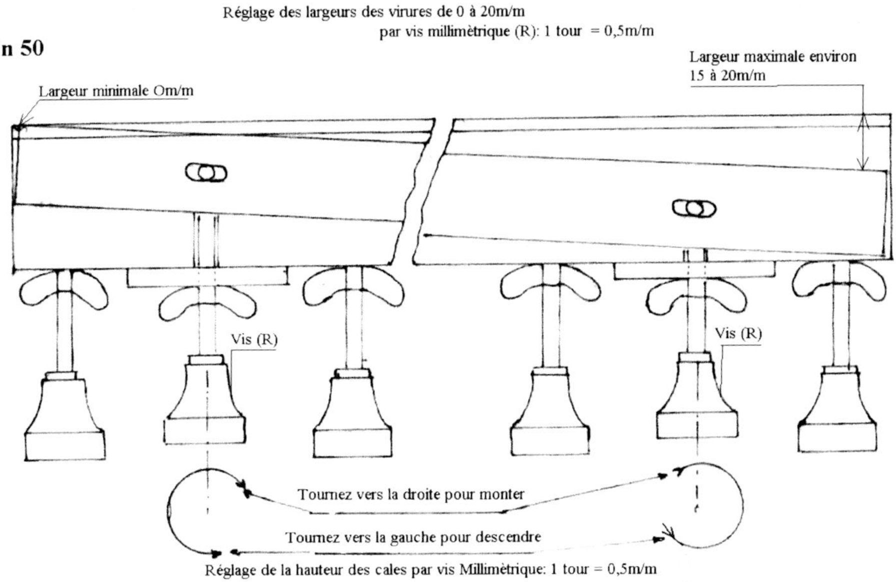

allant de zéro à 15 - 20 mm (le débattement des cales est de 15 mm, mais on peut surélever la sole flexible de 5 ou 6 mm).

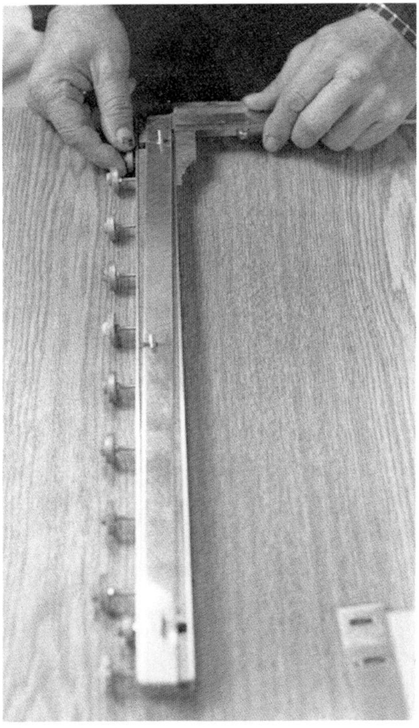

Et maintenant comment ça marche ?

Je vais vous l'expliquer de la façon la plus simple, avec les photos.
Les couples sont montés en place sur la quille, et maintenus par une lisse provisoire fixée avec des épingles ou un peu de double face et des élastiques. La lisse positionnée si possible sur la ligne exacte du plat-bord (cela permet de mieux définir le nombre de virures nécessaires au bordé).
Vous posez donc votre carcasse sur une feuille de papier suffisamment grande pour contenir la longueur de la maquette, et sur laquelle vous aurez tracé un trait au crayon ou à l'encre (A). Ce sera la ligne de base de la quille.
On voit aussi cette ligne A sur les photos, mais la lettre n'y figure pas.

Illustration du dessin 50, on voit très bien le biais de la cale d'épaisseur du plus large au moins large. Sur cette photo, il n'y aura plus qu'à régler la courbe au moyen des mollettes agissant sur la sole flexible.

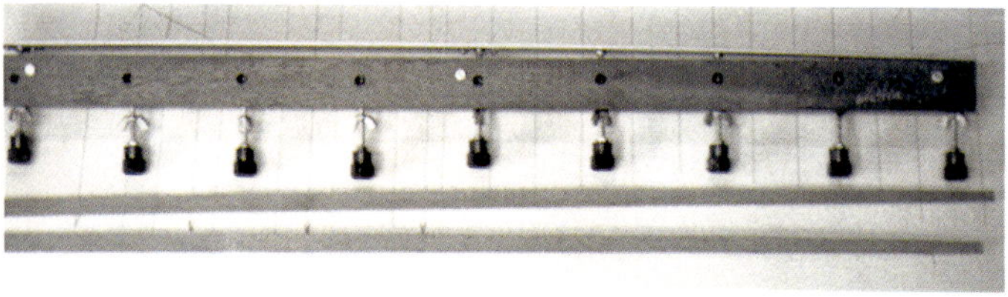

On voit très bien sur cette photo la courbe établie par la sole flexible, ainsi que la paire de virures usinées (au-dessous de l'appareil).

A l'aide d'une équerre, on marque d'un point, à l'encre ou au crayon, la base de chaque couple.
Puis, avec une équerre à dessin, on trace les lignes à l'équerre de la ligne de base sur une longueur approximativement plus longue que le développé du maître-couple. Maintenant que vous avez une ligne correspondant à chacun de vos couples, il va falloir en mesurer le développé.
Vous prenez un mètre de couturière, et vous mesurez exactement la distance comprise entre le fond de la râblure et le dessus du plat-bord.
Vous reportez chaque longueur mesurée par un point sur la ligne correspondant au couple.

Projection à l'équerre de la quille, des lignes qui représentent le développé des couples. On s'assure avant que ceux-ci sont eux-mêmes d'équerre.

Il vous suffit de relier tous ces points (en une ligne) qui formeront les courbes avant et arrière (photo ci-dessus, et dessins 51 et 52).
Une baguette à dessiner vos plans vous aidera à établir une ligne plus gracieuse que celle des photos. Vous avez ainsi votre développé des couples.
Il vous faut maintenant obtenir le développé longitudinal de la courbe (nous allons étudier simplement la courbe de proue afin de ne pas se perdre).
Pour le développé de la courbe de proue, on opère de la même façon que pour les couples, avec le mètre de couturière.
On reporte la dimension sur un second trait parallèle à celui de la quille (B).

Tracé avec une équerre du développé des couples.

On s'aperçoit alors que cette longueur dépasse largement le trait marquant le fond de la râblure d'étrave (voir photos et dessin 52).
Cela représente la longueur que doit avoir votre baguette en partant d'un couple de référence (disons le maître-couple), et le fond de la râblure d'étrave.

Il faudra procéder de la même façon pour la poupe mais rassurez-vous, celle-ci est bien plus simple, et même souvent n'a pas besoin d'être effilée.

Continuons donc nos explications.

Vous avez votre courbe du développé des couples.

Il vous faut maintenant la diviser en autant de parties égales que vous désirez mettre de virures. Quand, sur la photo, vous voyez dix virures, il suffit de diviser chaque dimension de développé de couple par dix. Cela nous donne des chiffres très précis (trop peut être), mais il faut se référer à eux.

On reporte donc ces dimensions sur la ligne B, et on trace la courbe qui représente exactement celle de vos virures (voir aussi dessin 52).

Il ne vous reste plus qu'à poser votre effileuse sur la ligne droite (B), puis visser les mollettes afin que la sole flexible vienne épouser exactement la courbe que vous avez dessinée (dessin 53).

La mesure avec un mètre de couturière du développé d'un couple.

Report des différents développés des couples, sur les lignes les concernant. (Voir aussi les dessins 51 et 52).

Un détail toutefois, afin de ne pas se perdre, sur les photos j'ai choisi 10 virures de un centimètre de large, alors que sur le dessin j'en ai mis 13, non pas par hasard, mais on voit mieux les détails sur les photos, tandis que le dessin se rapproche davantage de la réalité. En effet, des virures de 4 mm au 1/72e, cela donne dans la réalité environ 29 cm , ce qui est déjà un peu trop grand, les bordés dépassant rarement les 20 cm de large. Alors, un centimètre, vous vous rendez compte de la largeur à l'échelle 1 !

Vous venez d'établir votre courbe. Reste à régler la largeur de vos baguettes.

Prenons la courbe des 10 baguettes. On voit qu'à l'extrémité de l'effileuse, la baguette fait 6 mm de large, tandis que vers le centre, elle doit faire 10 mm

Mesure, toujours avec le mètre de couturière, du développé de la courbe de proue (par exemple de l'étrave au maître-couple).

Mesurons donc 6 mm avec un réglet ou le pied à coulisse, entre le dessus de la sole déformable et la cale d'épaisseur. Il suffit pour cela de descendre (ou de monter), à l'aide de la mollette rouge, la vis qui supporte les cales. Vers le centre (et non à l'autre extrémité), mesurez et réglez de la même manière les 10 mm (photo ci-dessous). Toujours avec

Dessin 51

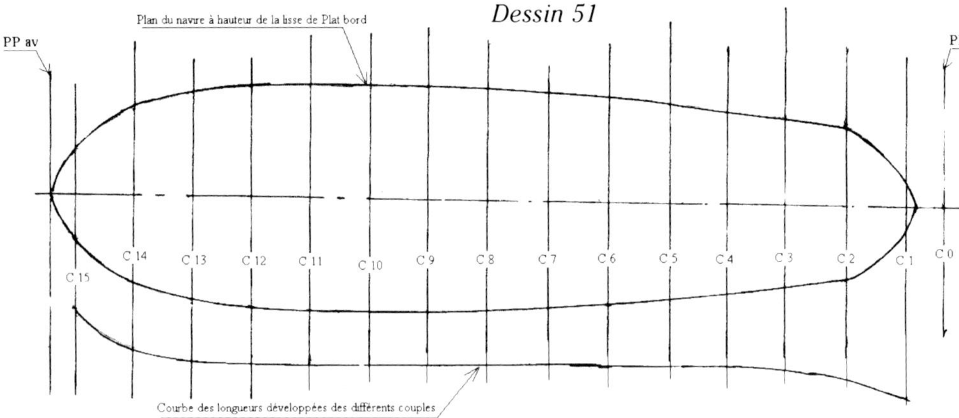

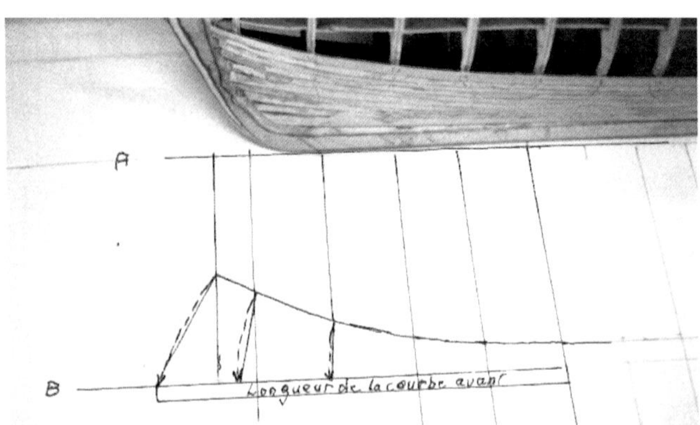

Reportez sur le dessin le développé de la courbe avant.

Dessin 52

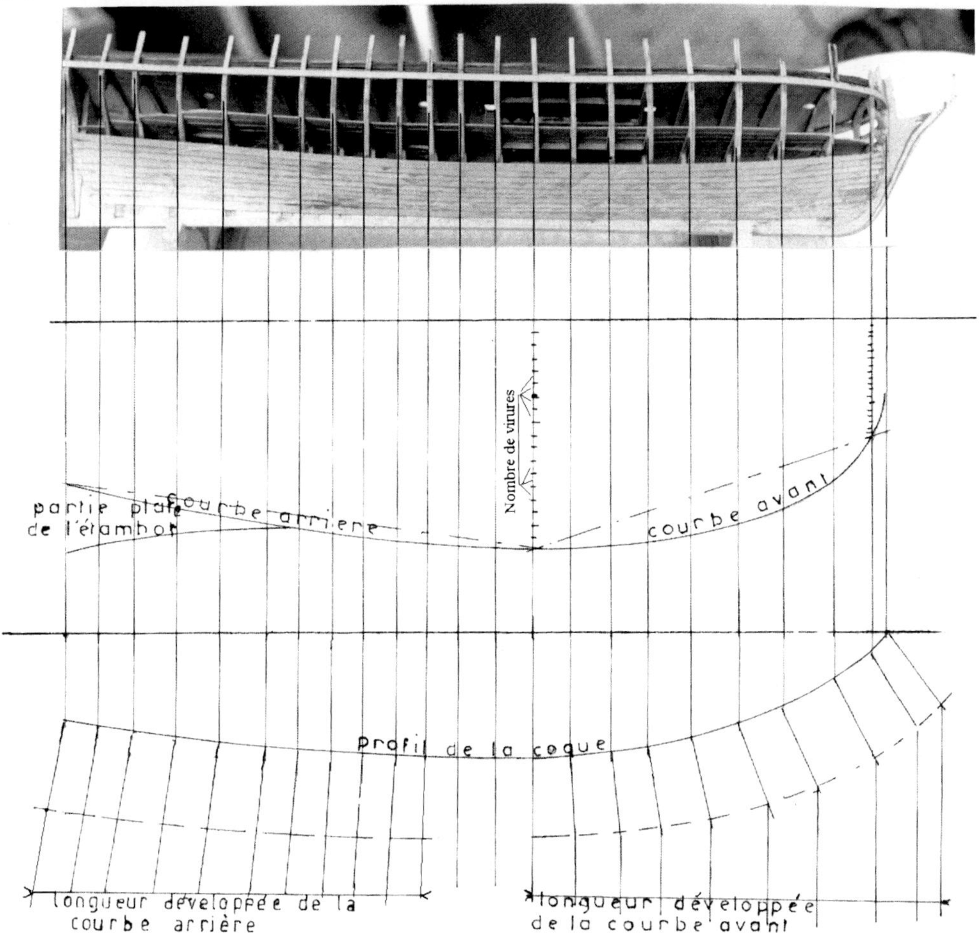

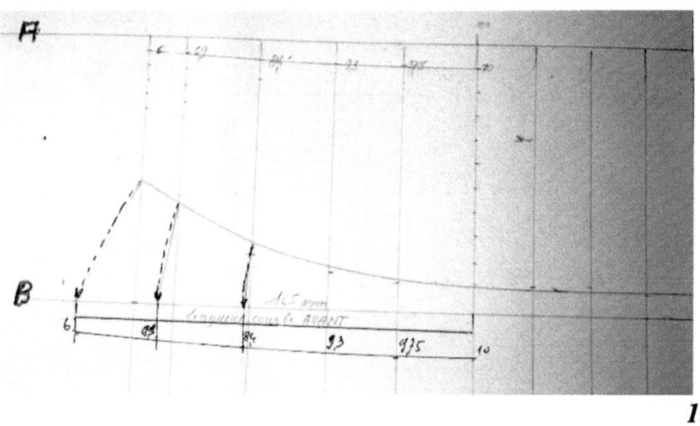

Division des différents développés des couples, en autant d'espaces que l'on désire de virures (ici 10). Puis le report de chaque largeur de baguette sur le développé longitudinal en bas de la photo. (voir aussi dessins 52 et 53).

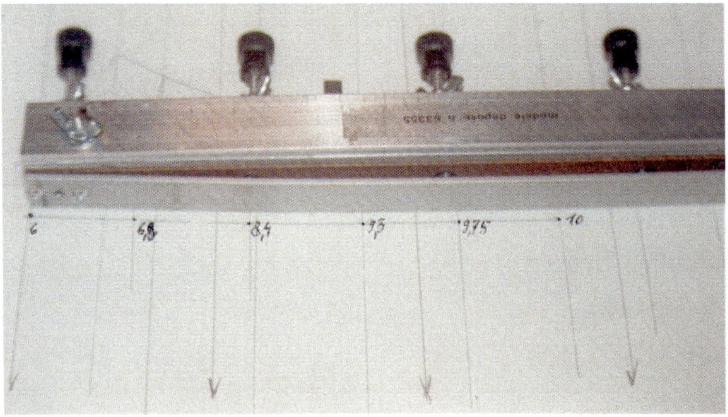

Sur la courbe dessinée, on place l'effileuse, et on règle la sole déformable jusqu'à épouser exactement celle-ci. On peut ensuite affiner les dimensions avec un pied à coulisse (voir aussi dessin 53).

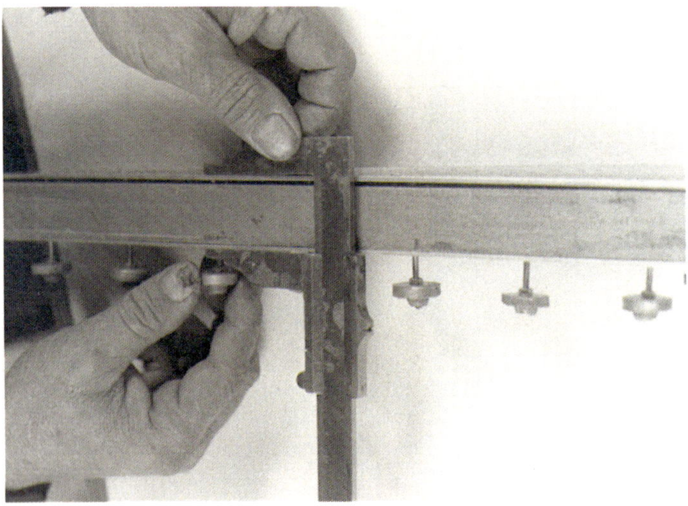

Réglage de la courbe des virures, avec vérification au pied à coulisse pour plus de précision.

votre pied à coulisse, vérifiez bien que les dimensions soient bonnes.
Vous n'avez plus qu'à mettre votre paire de virures, les maintenir à l'aide de la plaque de maintien serrée par les trois écrous à oreilles, et raboter (ou poncer) le surplus. Vous pouvez en profiter pour les chanfreiner. Vos virures sont effilées.
Quelques petits détails qui ont leur importance. Dans bien des cas, la courbe de proue ne dépasse pas 20 cm.
Comme l'appareil fait 48 cm de long, rien ne vous empêche d'établir la courbe de poupe sur l'autre moi-

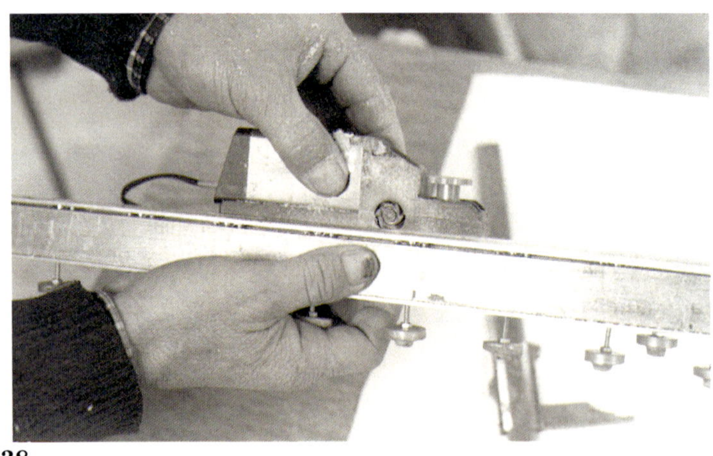

La courbe est établie, la paire de baguettes en place, il ne reste plus qu'à enlever ce qui dépasse. Au rabot ou à la ponceuse, peu importe.

Dessin 53

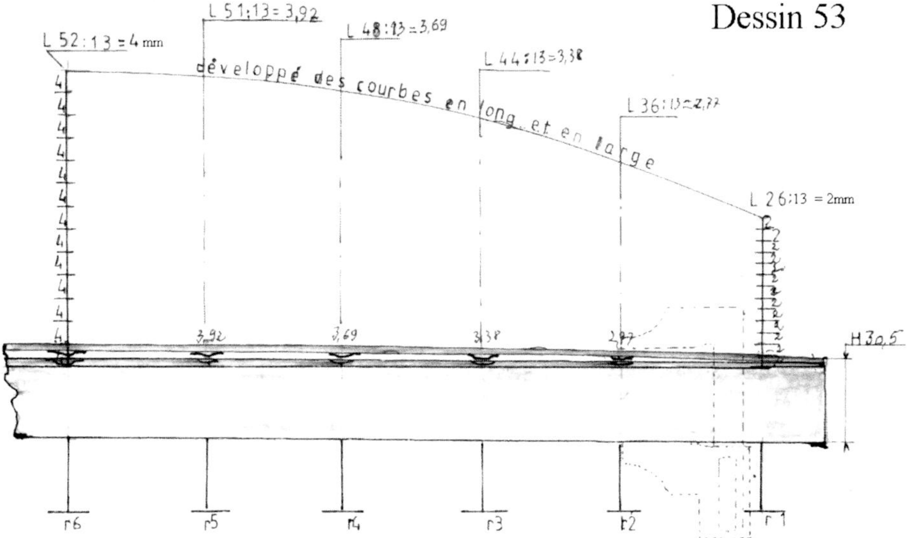

La longueur du "développé " du demi Maître couple, est ici de 52mm.
Nous avons pris des baguettes de 4mm de large. Nous avons donc: 52 / 4 = 13 baguettes.
A la proue (couple r1), le "développé" ne fait que 26mm. Donc 26 / 13 (baguettes) = 2mm.
Les largeurs des couples intermédiaires se mesurent de la même façon.
Les dimensions obtenues sont ensuites reportées et réglées sur "L'Effileuse".
Il ne restera plus qu'à raboter ou poncer les baguettes pour les usiner à la forme.

tié de l'effileuse.
Ensuite, ne préparez pas trop de virures d'avance, car malgré des cotes bien précises, il arrive bien souvent que l'on soit obligé de rectifier la courbe.
Ce n'est donc pas un travail rapide que je vous propose, mais un travail propre. Vous pourrez avec fierté exposer une coque simplement teintée sans avoir peur.
J'ajoute à ceci que, malgré les mauvaises habitudes de nombreux modélistes, on n'établit jamais de virures qui vont de la râblure de proue à la râblure de poupe. Tout simplement parce qu'il est très difficile d'obtenir la longueur exacte, on opère toujours en deux ou trois longueurs.
D'ailleurs, dans la réalité, les virures dépassent rarement les huit mètres, ce qui au 1/75e représente un peu plus de dix centimètres. De plus en

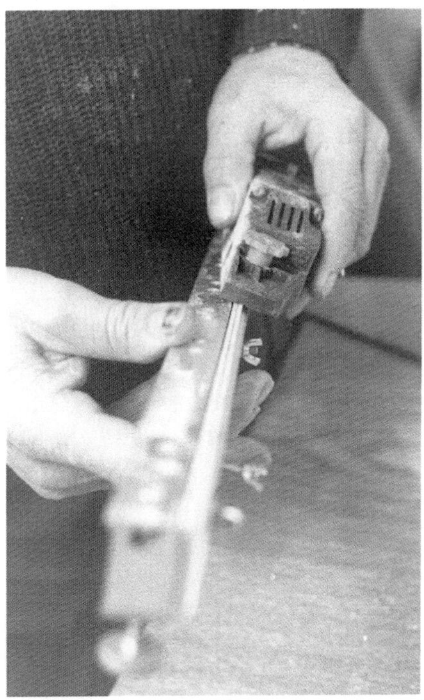

On distingue très bien la paire de baguettes, on peut aussi les chanfreiner car souvent sur la coque ces baguettes sont en biais.

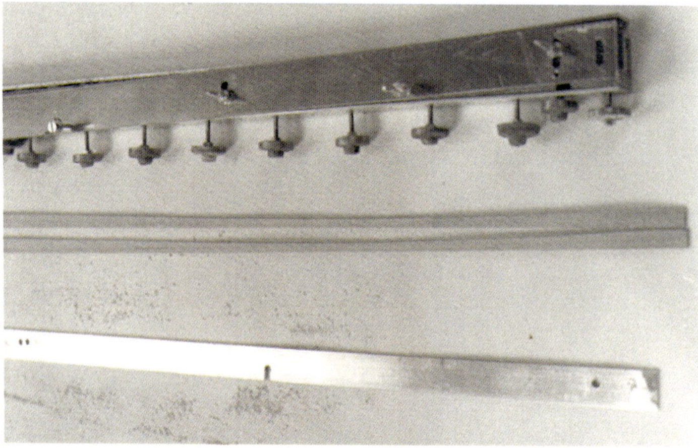

Ssur cette photo, la courbe établie par la sole flexible, ainsi que la paire de virures usinées (au-dessous de l'appareil) pour du charpentage concave. En l'occurrence pour la tonture du pont de la Réale de France.

ce qui nous concerne, si la courbe de proue représente un tiers de la longueur du navire, celle de poupe, un autre tiers, le troisième tiers étant au centre est donc composé de virures parallèles.

On peut donc sans aucun problème préparer des bordés pour une maquette d'un mètre cinquante, ce qui est déjà une belle bête.

Il faut toujours mettre deux demi-virures, se raccordant en biseau (ou en coupe d'équerre) sur un couple. Et pour éviter ce qu'on appelle le coup de sabre, alterner les raccords sur l'un ou sur l'autre couple voisin du raccordement.

La baguette mise en place, on vérifie les diverses dimensions au pied à coulisse afin d'être sûr de ne pas se tromper.

Il faut aussi ne pas oublier de présenter la virure usinée à sa place, la partie usinée au-dessus, car en général lorsqu'on courbe une baguette sur une proue de navire, l'extrémité de celle-ci demande toujours à remonter. Mais il faut vérifier avant. Peut être aussi donner un petit coup de ponçage à la main.

Surtout, ne cintrez pas vos virures avant d'être sûr qu'elles collent bien. Vous pourrez le faire après comme indiqué au chapitre 20.

Dans certains cas vicieux, vous serez même obligé d'établir sur la maquette même, un gabarit en bristol qui ne formera pas forcément une courbe, mais un genre de zig-zag que vous pourrez reproduire sur l'effileuse avant d'usiner les bois.

L'utilité de l'effileuse ne s'arrête pas là. On peut usiner concave, très utile pour établir une tonture de pont régulière. Souvent les poutres longitudinales de charpente d'un navire sont concaves, et très difficiles à usiner régulièrement à la main.

On peut aussi raboter le dessus d'un couple, ou simplement d'une baguette pour former le barrot d'un pont. On peut ainsi obtenir des arrondis plus ou moins accentués par la forme du pont.

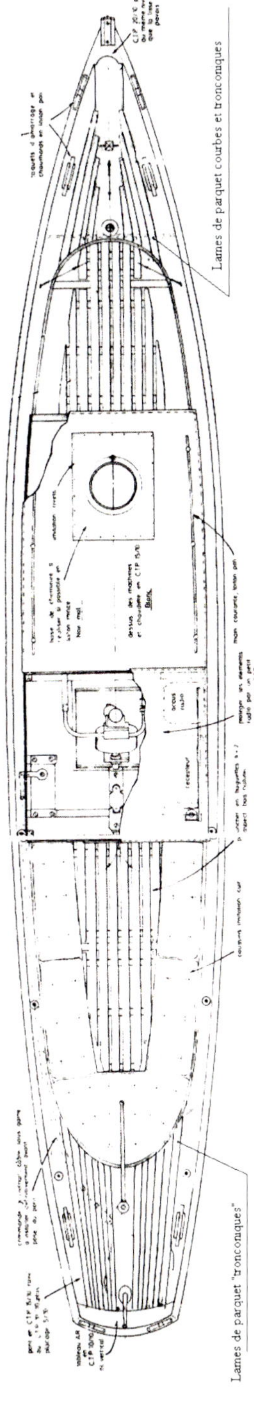

Dessin 54

On peut aussi avec "l'Effileuse", usiner des lames de parquet courbes et d'une largeur décroissante. comme ici dans le dessin du pont de ce navire.

Une autre application tout aussi difficile, est l'établissement du bouge du pont. Par expérience, j'ai rarement vu un plancher de pont portant sur tous les barrots. Il y en a toujours un ou deux qui sont trop bas, ou ce qui est plus difficile à rectifier, trop haut.

Page précédente, la photo montre le rabotage du bouge d'un pont. Il suffira de rectifier légèrement la courbe de l'effileuse à chaque barrot pour obtenir un galbe parfait.

J'allais aussi oublier que l'effileuse est particulièrement bien adaptée à l'usinage des lames de parquet courbes (dessin54), très utile pour la marine de plaisance.

J'espère qu'avec l'aide des photos et des dessins, l'utilisation de cet outil vous deviendra familier, au point que vous ne pourrez plus vous en passer.

Si quelques points vous semblent encore un peu obscurs, n'hésitez pas à faire un essai, cela vous fera la main.

Chapitre 24

Les caillebotis

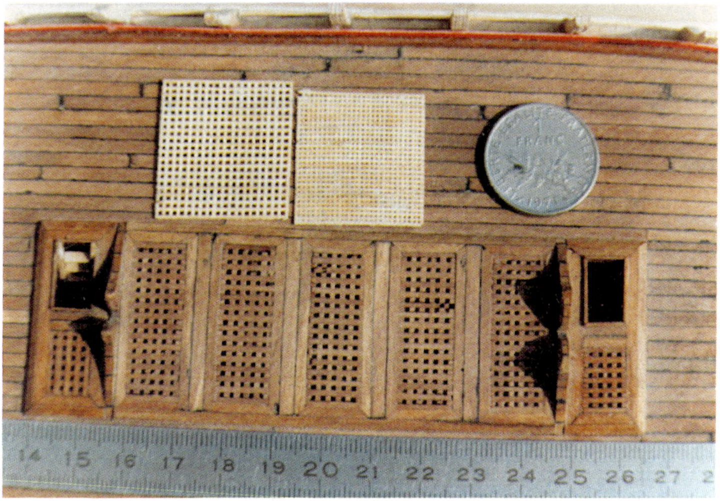

Au dessus des caillebotis en poirier de la Flore au 1/75e, on voit les deux plaquettes de caillebotis, l'une au 1/100e, l'autre au 1/150e, mais pouvant être crédible jusqu'au 1/200e.

Un autre problème délicat dans la construction de navires anciens, est la confection des caillebotis. Il y a toujours la solution de les acheter tout faits, mais cela est assez coûteux. De plus, on ne trouve pas toujours la dimension des mailles correspondant au modèle que l'on construit.

Autrefois, ils étaient fabriqués en bois, de forme carré de 3 à 4 pouces, entaillés à mi-bois, en créneaux équidistants, en principe de la même dimension que l'épaisseur des bois. Ce sont ces vides entre les bois que l'on appelle des mailles. En partant de ces chiffres, disons que des caillebotis étaient composés de bois carrés de 80 mm environ.

Pour une maquette au 1/75e, cela donne des bois de 1mm au carré, entaillés à mi-bois.

Pour obtenir un résultat propre et sans bavure, il vous faut opter comme bois du buis, ou un bois dur. J'en ai usiné en poirier, et cela donne un très bon résultat, car la coupe des créneaux est franche et sans bavure.

Vous prenez donc une planchette de buis (ou autre) de 5 mm d'épaisseur, et vous sciez une baguette d'un peu plus de un millimètre d'épaisseur que vous raboterez à 1 mm pile avec la petite raboteuse de précision.

Il vous suffira de scier de nouveau cette baguette de 5 x 1 mm en baguettes de 1 x 1 mm. Mais ça, ce n'est pas facile, car à la scie circulaire normale, vous allez systématiquement casser la baguette. Un millimètre c'est trop petit pour une scie ordinaire.

Je vous propose donc un petit montage sur un tour Unimat 1, mais on peut extrapoler à toutes autres machines suffisamment précises.

Le bon usinage des créneaux n'est pas uniquement lié à la machine. Il est aussi et surtout fonction de la lame de scie.

Il faut des lames de fraises scies de 0,5 à 2 mm d'épaisseur et de 20 à 60 mm de Ø, ainsi

Sciage de baguettes de 1,5 mm de large dans une planchette de buis de 5 mm d'épaisseur, à la scie circulaire.

Rabotage de la baguette que l'on vient de scier à 1,5 mm, afin de la mettre à 1 mm pile d'épaisseur.

que des caillebotis tout montés ou à monter, des baguettes crénelées prêtes à l'emploi, (mais peut-être pas pour des échelles au 1/100e ou au 1/150e).
Cela dit, sur l'étau de mon petit tour, j'ai collé avec du double face deux petites planchettes. L'une sur les coulisses de l'étau, l'autre sur le mors.
(voir photo).
La lame de scie est une lame en carbure de tungstène de 0,5 mm d'épaisseur, et 50 mm de Ø. Une flèche gravée sur les photos indique le sens de rotation.
Rassurez-vous, des fraises scies en acier rapide font aussi parfaitement l'affaire, et coûtent dix fois moins chères que celles en carbure.
A l'aide de la table croisée du petit tour, on approche la scie à 1 mm du bord de la planchette verticale.
On descend ensuite la lame, jusqu'à entamer un peu la planchette horizontale.
Vous faites tourner à vide l'ensemble afin qu'il fasse sa place.
Vous n'avez plus qu'à passer votre baguette, la découpe se fera toute seule et sans casse.

Petit montage sur tour Unimat 1 de deux petites planchettes, collées avec du double face sur l'étau, afin de servir de guide à la baguette de 5 x 1 mm que l'on va débiter en baguettes de 1 x 1 mm.

Le montage pour débiter les baguettes de 1 x 1 mm, vue grossie. On voit ici très bien les planchettes servant de guide, collées à l'étau par du double face. La flèche sur la lame de scie indique le sens de rotation.

Ce système est aussi valable pour des baguettes de 0,5 mm au carré. C'est d'ailleurs avec ce montage que j'ai réussi la plaquette de caillebotis que l'on voit au centre sur la photo d'ouverture.

Lorsque vous jugez que vous avez suffisamment de baguettes, coupez-les à une longueur maxi de 40 mm (le chariot du tour Unimat 1 n'ayant que 50 mm de course). Personnellement, pour une question de facilité de fabrication, j'ai opté pour 30 mm. Pour

Les petits morceaux de baguettes de buis coupés à 30 mm (c'est le débattement du tour Unimat 1) collés à la colle de bureau Rubafix. Il est très important de ne coller qu'avec de la colle se dissolvant dans l'eau chaude. Ils sont collés sur du balsa plus léger (explications dans le texte).

des bois de 1 mm au carré, cela représente des caillebotis à l'échelle comprise entre 1/75e et 1/87e, c'est-à-dire que votre plateau de caillebotis fait, à l'échelle 1, entre 2,25 et 2,60 mètres au carré. Si en plus vous usinez des baguettes de 0,5 mm au carré, cela représente un panneau de 4,5 mètres de côté à l'échelle du 1/150e.

Cela permet de tailler dedans car dans la réalité, ceux-ci étaient bien loin de ces dimensions. Revenons donc à notre sujet.

Maintenant que vous avez vos petits morceaux de baguette, il va vous falloir usiner les créneaux.

Vous allez avoir besoin de petits rectangles de balsa d'environ 1 cm d'épaisseur, 30 ou 40 mm de long, et une vingtaine de millimètres de large (photo ci-contre), taillés dans une planchette. Sur ces petits morceaux de balsa, vous allez coller vos petits bouts de baguette, en ayant soin de les coller aussi entre eux avec de la colle Rubafix, ou une colle similaire de bureau. De toutes façons, il faut une colle qui a la particularité de se dissoudre dans l'eau chaude. En effet, l'un des secrets de la fabrication réside dans le fait que les baguettes sont usinées solidairement. Or, la colle est le seul moyen de les maintenir sans qu'elles puissent bouger.

Mais il faut aussi pouvoir les décoller après les avoir usinées, et le balsa étant plus léger que le buis ou le poirier, les petits blocs se retrouvent automatiquement la tête en bas, c'est-à-dire les baguettes plus lourdes dessous, le balsa plus léger flottant dessus.

Après séchage, les petits morceaux de balsa sur lesquels sont collées les baguettes de buis de 1 x 1 mm, sont passés sous la raboteuse afin d'avoir une surface parfaitement plane, éliminant ainsi les petites différences d'épaisseur des dites baguettes.

L'eau chaude décollant les baguettes, celles-ci tombent au fond de la casserole (pour le buis), ou sont faciles à enlever à la main, la colle étant dissoute, pour des bois un peu plus légers comme le poirier.

Nous voyons aussi sur cette photo du haut, que subsistent des petites différences de hauteur dans les baguettes collées, malgré la précision du sciage.

Aussi, lorsque la colle est sèche, il faut raboter ces petits blocs,

afin qu'ils soient plans, les baguettes auront ainsi toutes la même hauteur.
Il suffit pour cela de les passer sous la petite raboteuse, en se servant de deux petits bouts de bois (ou tout autre chose), pour maintenir en place et pousser sur ces petits blocs sans se faire couper les doigts.
Si vous avez plusieurs blocs à raboter, ne touchez pas au réglage de la raboteuse, et passez-les tous, ils seront ainsi exactement de la même dimension.
Il ne vous reste plus qu'à mettre les blocs chacun leur tour dans l'étau du petit tour, afin d'usiner les créneaux.

Dessin 55

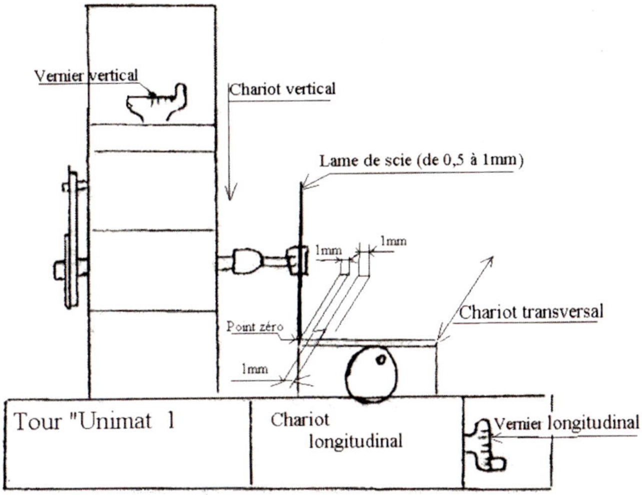

Lorsque le premier bloc est en place, descendez la lame de scie (arrêtée) sur le bloc. Posez sur celui-ci une feuille de papier à cigarette, et descendez la lame de scie, doucement, en la faisant tourner à la main, jusqu'à ce qu'une dent accroche le papier.
C'est bon, vous êtes au point zéro (voir dessin).
Vérifiez que votre bloc est bien positionné en longueur et en largeur, en faisant aller en avant et en arrière le chariot longitudinal et transversal, le papier à cigarette doit accrocher partout de la même façon. La vérification terminée, amenez votre lame de scie à l'extrémité gauche du bloc. Abaissez votre lame de scie tout d'abord de 0,2 mm, afin de vérifier que c'est bon, et faites la passe.
Si tout va bien, descendez alors jusqu'à 0,3 mm d'abord. Remettez en route, et faites la passe en faisant reculer le chariot

Après le petit coup de rabotage, les petits blocs sont fixés sur l'étau. On descend doucement la scie dessus. Une feuille de papier à cigarette est posée sur le bloc, et on fait tourner la scie à la main tout en la descendant. Lorsque les dents déplacent le papier, c'est que l'on se trouve au point zéro. On peut donc descendre la scie de 5/10e (en deux ou trois fois, ou 1 mm en plusieurs fois, les explications sont données dans le texte).

Trois blocs ont été passés sous la scie. On voit très bien les tranchées régulières, ici profondes de 5/10e.

transversal. Revenez au point de départ, avancez le chariot longitudinal de 2 mm, pour faire la seconde passe. Ces deux millimètres sont très importants, car pour usiner des créneaux tous les millimètres, il faut avancer la lame de deux millimètres (l'épaisseur du créneau, plus l'épaisseur de la lame). Faites de la même manière vos quinze passes sur les 30 mm du bloc.
Revenez au point de départ, faites une seconde passe, de deux dixièmes, voire trois dixièmes supplémentaires, ce qui devrait cette fois nous amener à 0,5 mm, même un peu plus (profondeur de créneau

Les baguettes sont crénelées. Il a suffi de plonger les blocs dans l'eau chaude, le balsa étant plus léger que le buis, il se retrouve à flotter, tandis que le buis se trouve dessous. Dans l'eau chaude, les baguettes se décollent toute seules, et tombent au fond de la casserole.

Le commencement de la construction du caillebotis. Ici, c'est un peu petit, car ce sont des baguettes crénelées de 0,5 mm de maille, pour un caillebotis à l'échelle du 1/150e (le réglet donne l'échelle).

suffisante, mais nécessaire pour un emboîtement à mi-bois, car il faut un peu de jeu).

Pourquoi faire deux ou trois passes me direz-vous ? C'est simple : pour éviter que la scie ne casse les créneaux.

A ce sujet, si l'on emploie une fraise scie de 1 mm d'épaisseur, réduisez la profondeur de vos passes à 0,2 mm, et faites quatre passes. Cela évitera la casse des créneaux par arrachement du bois. C'est pour cette raison que je préfère des lames de 0,5 mm d'épaisseur, on peut plus facilement usiner deux passes jointives pour obtenir un créneau de 1 mm de large. Il y a beaucoup moins de risques de casse.

Bien sûr, cela représente plus de travail. Mais un modéliste n'est pas à compter les minutes. Sur votre lancée, usinez vos trois ou quatre blocs, car pendant que votre machine est réglée, servez-vous en. Peut être que le lendemain vous aurez oublié les gestes, simples certes, mais c'est souvent comme ça que l'on se trompe.

Vous obtenez alors des blocs crénelés, qu'il suffira de plonger dans l'eau chaude pour que les baguettes se décollent, et donnent ce que représente la photo (ci-contre).

La mise n place des baguettes crénelées. Souvent, pour faciliter le montage, on incruste une baguette sur deux ou trois. Il est plus facile alors d'incruster les baguettes de l'intérieur, car les créneaux sont mieux en place.

Les créneaux des baguettes ne s'emmanchent pas toujours bien à fond. Aussi, l'aide d'une petite pince plate est fort utile. On peut aussi les tasser en appuyant fermement sur le caillebotis avec une cale en bois.

Il ne vous reste plus qu'à emboîter ces baguettes crénelées les unes dans les autres. Commencez par l'extérieur (ou presque), et incrustez vos baguettes une sur deux, ou trois (simplement pour faciliter l'incrustation). Une petite pince à bec plat est bien utile, car souvent les baguettes résistent à leur incrustation.

Une plaquette de caillebotis terminée, elle est construite pour une maquette à l'échelle 1/100ᵉ. On voit sa taille par rapport à la boîte d'allumettes.

Cela d'ailleurs va devenir de plus en plus dur au fur et à mesure que vous mettrez vos baguettes.
Une fois l'emboîtage terminé, il sera utile que vous fassiez une pression avec un morceau de bois bien plan, afin de terminer l'emboîtage.
Une ou deux petites gouttes de colle Rubafix, ou mieux encore, une goutte de cette colle posée sur un petit morceau de bois dont on va se servir comme d'un balai pour la répartir sur toute la surface du panneau, sans obstruer les mailles. Ce sera suffisant.
Reste à passer un bon coup de ponçage, pour éliminer les petits défauts.
Il existe aussi un autre système de fabrication. Il est basé sur le même principe, sauf qu'au lieu de créneler les baguettes à 0,5 mm de profondeur, on fait des créneaux de 1 mm de profondeur dans des baguettes de 1,5 ou 2 mm x 1 mm.
On a plus alors qu'à mettre des baguettes carrées de 1 x 1 mm dans les créneaux, et le tour est joué.
Attention toutefois à respecter le maillage qui risque d'être plus difficile à maintenir, car rien n'empêche les baguettes crénelées de glisser sur les baguettes carrées, et de se toucher. En prenant son temps, on y arrive, cela demande effectivement moitié moins de baguettes crénelées, ce qui peut présenter un avantage.
En mettant ce genre de caillebotis à l'envers, on ne se rend pas compte qu'ils sont faux. Les 0,5 ou le 1 mm restants, étant dessous... on ne les voit pas.

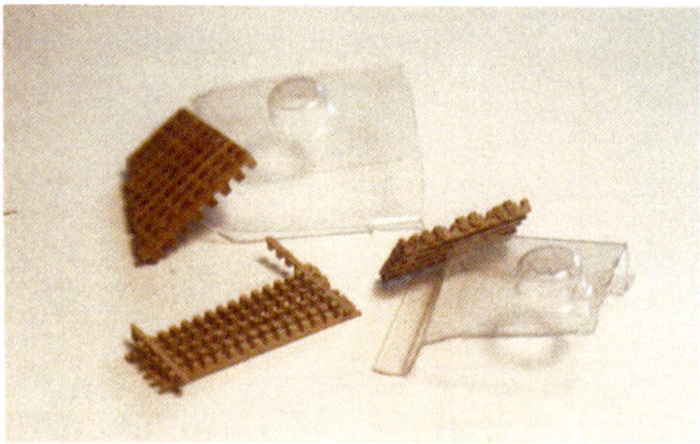

Un autre système de fabrication des caillebotis, consiste à ne créneler que la moitié des baguettes sur 1 mm de profondeur, et d'incruster dans ces créneaux des baguettes carrées de 1 x 1 mm. On voit sur la photo le résultat recto et verso.

Chapitre 25

Nécessaire pour la soudure à l'étain
La mise au droit d'un fil de fer

Avant d'ouvrir les chapitres suivants sur la fabrication des escaliers et des rambardes, il nous faut ouvrir une petite parenthèse sur le matériel nécessaire pour obtenir de bonnes soudures à l'étain.
Nous allons décomposer ce chapitre en trois paragraphes différents.
1°) Les fers à souder.
2°) L'étain.
3°) L'eau à souder.
4°) La mise au droit d'un fil de fer (ou de cuivre) et son étamage.

Les fers à souder

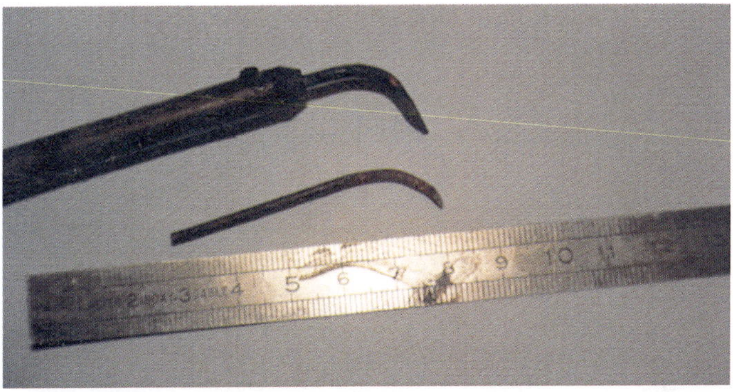

Fer à souder de 60 Watts. En-dessous, la panne fabriquée avec un morceau de fil électrique de 2 mm de Ø pour le petit fer de 15 Watts. On voit nettement la pointe façonnée pour les microsoudures. Le réglet donne l'échelle.

Vous pouvez vous procurer dans n'importe quelle grande surface un fer à souder électrique. Il y en a de toutes les puissances, de 10 à 500 Watts. Pour nous, modélistes, un fer à souder de 100 Watts est déjà un monstre.
J'en possède personnellement trois ou quatre de 10 à 60 Watts pour le plus gros, et cela suffit largement à mes besoins. Une petite précision toutefois : un fer à souder de 100 Watts ne chauffera pas dix fois plus qu'un fer de 10 Watts, à moins de posséder une station réglable (très chère à l'achat). Tous les fers sont réglés pour chauffer à la même température, environ 200°, simplement le plus gros sera capable de souder des pièces plus importantes que le plus petit.
Un petit truc toutefois pour éviter l'achat d'un second fer : il vous suffit d'enfoncer un morceau de gros fil électrique en cuivre rouge dans un tube, qui lui-même pourra s'emmancher à la place de la grosse panne. Vu le prix (une dizaine d'euros, ou un peu plus), il vaut mieux en acheter un de la puissance convenable.
Ainsi, pour les petites rambardes dans les chapitres suivants, j'ai pratiquement toujours

utilisé un petit fer de 15 Watts. J'ai même été obligé pour certaines micro-soudures de limer la panne faite d'un morceau de fil électrique de 2 mm de Ø, afin d'obtenir une pointe de 1 mm sur 0,5 mm.

L'étain

Tout le monde connaît les baguettes d'étain dont se servent les couvreurs pour souder les gouttières. On est souvent tenté d'en acheter, car elles sont bien moins chères que l'étain en bobines. C'est souvent le départ d'ennuis, car cet étain n'est pas assez fluide pour de fines soudures.
Même les bobines de soudure vendues en grande surface ne sont encore pas assez fluides, et surtout le diamètre du fil est bien trop important pour les toutes petites opérations (on ne trouve pas moins de 1,5 mm de Ø).
Il existe des bobines de fil de soudure contenant 62% d'étain, 36% de plomb, et 2% d'argent, d'une grosseur de 5 à 7/10e pour moins de trois euros.
C'est avec cet alliage que j'ai pu réaliser des rambardes sans que l'on distingue les soudures (voir photos des chapitres sur les rambardes).

L'eau à souder

Elle est indispensable, malgré l'âme décapante des fils de soudure.
Très souvent en effet, les pièces que l'on désire souder ne sont pas toujours propres et suffisamment décapées pour que la soudure prenne. Aussi, passe-t-on toujours un peu d'eau à souder avec un petit pinceau avant l'opération.
La préparation de cette eau est simple : un ramequin en verre d'une contenance d'environ 150 cm^3, dans lequel on versera 75 cm^3 d'acide chlorhydrique, et 40 grammes de zinc coupés en très petits morceaux, vous donneront environ 30cm^3 d'eau à souder.
Vous trouverez l'acide chlorhydrique dans n'importe quelle grande surface de bricolage.
Vous pourrez récupérer du zinc sur un morceau de vieille gouttière, que vous couperez en petits bouts d'à peine 1 cm^2. C'est très important.
Plus les morceaux seront petits, plus la préparation se fera vite.

***Préparation de l'eau à souder.
Le ramequin contenant deux ou trois petits morceaux de zinc se décomposant dans l'acide chlorhydrique. Il est évident que cette opération se fait à l'air libre.***

Attention, il y a un petit savoir faire à respecter.
En tout premier lieu, cette préparation doit impérativement se faire à l'air libre, dehors dans le jardin, car ce qui va sortir de la réaction est de l'hydrogène pur.
Donc dangereux à respirer, très inflammable et aussi, les vapeurs en se déposant sur des outils ou des ferrures, risquent de les oxyder.
Versez d'abord dans le ramequin les 75 cm^3 d'acide.

Le lendemain, après dissolution et saturation complète du zinc dans l'acide, on récupère le liquide.
Un petit entonnoir avec un morceau de papier filtre permet d'obtenir une eau à souder pure et claire.

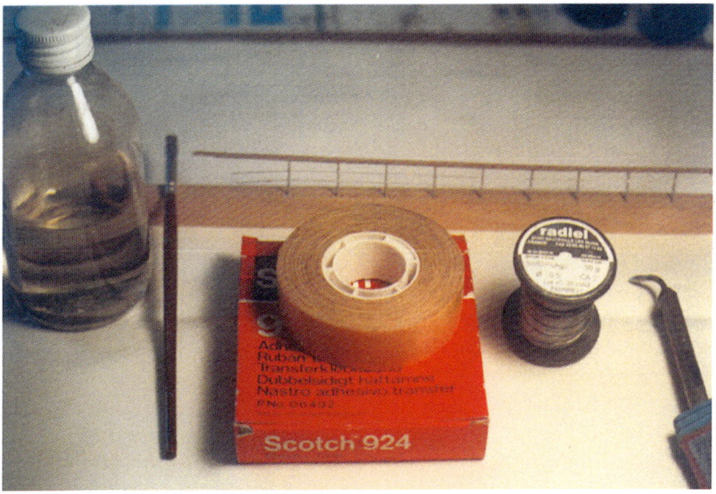

A gauche sur la photo, le flacon d'eau à souder, à côté le pinceau pour l'étaler. Au fond, une rambarde terminée.
Au centre, de la colle transfert et du fil d'étain à l'argent.
A droite, le petit fer de 15 Watts pour les micro-soudures.

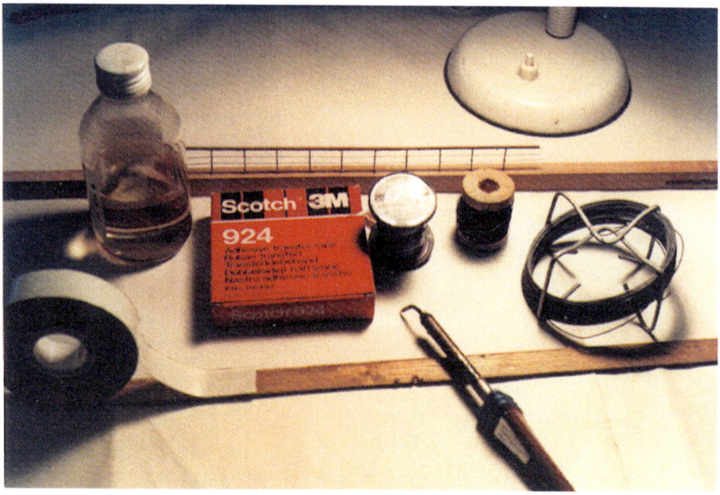

A peu près la même chose que la photo précédente, en plus on y voit la bobine et le rouleau de fil de fer. On voit aussi l'accrochage de la colle transfert sur une baguette. Ce genre de colle est indispensable à la fabrication des rambardes, et aussi dans une moindre mesure pour la construction des escaliers.

Mettez un petit bout de zinc. Une vive effervescence va en résulter.
Attendez que ça se calme avant d'en mettre un second.
L'opération qui consiste à introduire dans l'acide les 40 g de zinc demande bien une bonne demi-heure. Allez doucement, et n'approchez pas votre nez dessus.
De temps en temps, lorsque vous mettez le zinc, tâtez le verre afin qu'il ne devienne pas trop chaud, la chaleur de la réaction pourrait le faire éclater.
Lorsque tout est redevenu calme, laissez finir la réaction qui va durer au ralenti 5 à 6 heures. Au bout de ce temps, il va rester dans le ramequin un liquide clair et des morceaux de zinc non dissous.
Le mélange est saturé. L'eau à souder est prête.
Un petit morceau de papier filtre mit dans un petit entonnoir, vous aidera à verser votre eau dans une bouteille avec un bouchon qui se visse.
Vous pourrez garder ainsi des années votre eau à souder.
Sur les photos, on voit très bien (de gauche à droite), la bouteille d'eau à souder, le pinceau servant à en mettre sur les pièces.
Au centre, un rouleau de colle transfert (nous verrons son utilité au chapitre suivant).
A côté, la bobine de soudure dont le fil fait 0,5 mm de Ø.
A l'extrême droite, le petit fer de 15 Watts, dont la panne a été limée afin d'obtenir des soudures très fines.

La mise au droit d'un fil de fer

Lorsqu'on fabrique des rambardes, le tout premier problème auquel on est confronté, est le stock de fils de fer bien droits, et aussi faciles à souder.
Les fils de fer ou de cuivre que j'emploie couvrent l'ensemble des échelles comprises entre le 1/50e et le 1/150e.
Seul les écartements des chandeliers, des filières et de la main courante feront la différence.

Dessin *56*

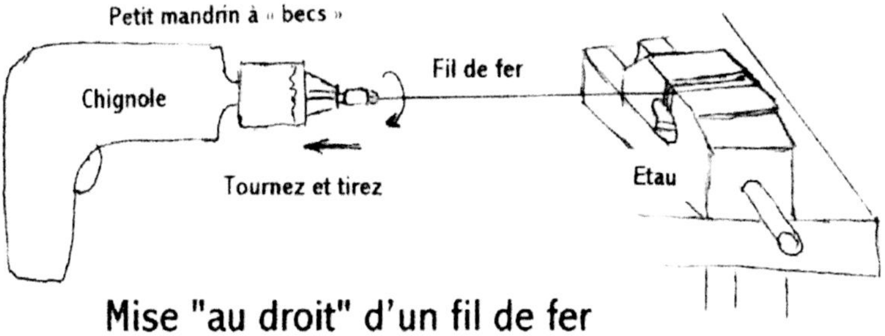

Mise "au droit" d'un fil de fer

Pour tout cela, j'emploie uniquement du fil de fer de 8 à 10/10e, et 5/10e provenant de rouleaux achetés en grande surface. On les trouve généralement au rayon jardinage.
Il m'arrive aussi d'employer, pour les très petites échelles, de l'ordre du 1/200e, des brins de fil électrique en cuivre de 2/10e de Ø.
Ces fils de fer, il faut les mettre parfaitement droits, qu'ils soient faciles à déplacer sans qu'ils ne se tordent.
Il faut donc couper des longueurs de 60 cm maxi, que l'on va rigidifier, et ensuite les couper en deux.
En effet, pour les petits fils de 2/10e, ne pas dépasser les 20 cm si l'on désire conserver une tige bien droite. Les fils plus gros (8 à 10/10e), sont réduits à 30 cm. Ils seront bien assez longs pour des rambardes, et plus faciles à déplacer sans qu'ils se tordent.
Pour rigidifier les fils de fer, il suffit pour cela de serrer une extrémité de celui-ci dans un étau.
L'autre extrémité sera serrée dans le mandrin d'une chignole (ou pour le fil de 5/10e, dans un petit mandrin à bec, lui-même fixé sur la chignole).
On tire sur le fil pour le tendre, et on fait tourner la chignole de deux à cinq secondes.
C'est tout, il n'y a plus qu'à desserrer le mandrin délicatement, en extraire le fil maintenant bien droit et bien rigide, et bien sûr l'enlever de l'étau.
Pour les petits fils plus fins (2/10e), c'est encore plus simple.
On remplace la chignole par une pince, et on tire simplement dessus, afin de l'allonger d'environ un centimètre.
Lorsqu'on lâchera le fil de la pince, celui-ci restera parfaitement droit.
Attention, car au moindre faux geste, on va le plier. Posez-le donc délicatement sur le chantier de fabrication des rambardes, afin de le souder en place.
Maintenant que nous avons nos fils de fer bien droits, reste à les étamer, afin de pouvoir les souder plus facilement. Cet étamage servira de protection contre la rouille, et n'empêchera pas leur peinture.

L'étamage

Rien de plus simple. Vous posez votre fil de fer sur une planchette en bois, ou sur une brique réfractaire et, avec un pinceau, vous le badigeonnez d'eau à souder sur cinq ou six centimètres.
Il ne reste plus qu'à passer le fer à souder sur la panne. On aura cueilli une goutte de soudure sur la bobine que l'on étalera en une couche la plus mince possible, mais couvrant la totalité du fil humecté d'eau à souder.
Si par hasard un endroit ne prenait pas la soudure, passez avec le pinceau un peu d'eau

à souder, et recommencez à déposer de la soudure avec le fer.
Pour ce travail, un fer à souder de 60 Watts est bien utile, car il couvre plus rapidement la surface à étamer.
Surtout, n'oubliez pas de faire tourner votre fil afin de l'étamer partout.
Si vous avez pris comme table de travail une planchette en bois, celle-ci va s'imbiber d'eau à souder, et vous aidera à l'étamage en humectant votre fil par en-dessous.
Une précaution particulière pour les très petits fils 2/10e.
Ne faites pas d'aller et retour sur eux avec votre fer. Caressez toujours le fil dans le même sens. En partant du point où on le maintient vers son extrémité libre, sinon le retour en arrière du fer à souder, ferait plier le fil et tout serait à recommencer.
Vous voila prêt et outillé pour construire rambardes et escaliers.

Chapitre 26

Fabrication des rambardes

La rambarde terminée avec sa main courante en bois teinté acajou, et collée sur le fil de fer avec de la colle contact (genre Pattex).

Ce chapitre est consacré à deux éléments inévitablement présents sur chaque maquette de navire, je veux parler des rambardes et aussi des escaliers.
Il y a bien des années, j'avais construit une maquette de bateau du Mississipi.
L'ensemble de ses trois ponts étaient ceinturés par des rambardes en fer forgé, surmontées par une main courante en bois.
Les rambardes du pont inférieur avaient la particularité d'être équipées d'un grillage ajouré, sans doute pour la sécurité des passagers, surtout des enfants, ou des volailles embarquées.
A propos de rambardes, il ne faut pas les confondre avec le pavois, ou le bastingage, qui désignent des choses totalement différentes. En effet, le pavois ou le bastingage représente sur un navire une partie pleine, c'est le prolongement de la coque au-dessus du pont.
Les rambardes (appelées rambades au 18e siècle), ne sont composées que de poteaux verticaux appelés chandeliers. Ils sont reliés par une main courante en fer ou en bois, parfois les deux, avec souvent des barres intermédiaires pour solidifier l'ensemble (les filières).
Ces rambardes (ou rambades) étaient couvertes de planches avant un combat, et portaient à ce moment-là le nom de pavois ou de bastingage.
Mais revenons à mon Mississipi. J'avais à cette époque résolu le problème de leur fabrication, en soudant en biais du grillage métallique très fin (grillage pour garde manger), à du fil de fer bien droit. Ce fil de fer représentait à la fois les chandeliers, et servait de support à la main courante. J'avais soudé l'ensemble l'un sur l'autre.
Si, vue de loin, cela pouvait passer, vu de près, on s'apercevait vite qu'il y avait un entassement de fil de fer et de grillage superposés, et décalés, qui n'avait rien de réel.
Dans le même ordre d'idée, les fils de fer qui formaient les barres intermédiaires (ou filières), et se trouvaient collées sur le côté des chandeliers, cela faisait bizarre.
J'avais tenté de couper ces filières en petits morceaux, afin de les souder entre chaque chandelier, pour donner l'impression que celles-ci passaient bien au centre de ceux-ci.
Mais c'était long, difficile, et surtout très fragile. Aussi, j'avais laissé tomber.
J'ai longtemps cherché comment concilier filières bien droites, incorporées aux chandeliers.
Un ensemble facile à fabriquer, et suffisamment solide pour être déplacé sans risque.
Les solutions de rechange que j'ai pu voir, tel le rhodoïd imprimé, donnent une impres-

sion irréelle à des maquettes qui pourraient être belles. Les rambardes en découpe chimique existent bien, mais en plus d'être plus ou moins bien proportionnées par rapport à l'échelle, elles coûtent horriblement chères, et il y en a souvent plusieurs mètres sur une maquette.
Je viens donc suggérer un compromis acceptable, en incorporant les filières intermédiaires dans la moitié de l'épaisseur des chandeliers.
Les dimensions des fils de fer que j'ai employées dans la suite de l'article, couvrent une échelle du 1/70e au 1/150e, selon l'espacement des filières et des chandeliers, sans poser de gros problèmes de proportions. Le modèle que j'ai fabriqué correspond à une fourchette comprise entre 1/50e et 1/80e.
J'ai employé du fil de fer de 8 à 10/10e pour la main courante et les chandeliers.
Du fil de fer de 5 /10e pour les filières intermédiaires. Ces fils de fer sont issus de rouleaux et de bobines achetés en grande surface. Nous avons vu au chapitre précédent comment rigidifier et mettre au droit un fil de fer. Pour le petit fil de 5/10e, une pince est comme nous l'avons vue simplement nécessaire. Maintenant que vous avez vos tiges de fer bien droites, il vous faut usiner vos chandeliers.
Tout d'abord, vous déterminez l'espace compris entre la main courante et les filières (ou tubes) intermédiaires.
Supposons que notre rambarde fasse un mètre de haut, à l'échelle du 1/72e, cela donne 14 mm. Enlevons tout de suite les 8 à 10/10e de la main courante, reste 13 mm. Il faut aussi retrancher les deux fois 0,5 mm (l'épaisseur des meules), il reste 12 mm qui, divisés par trois espaces, nous donne 4 mm.
Sur le dessin sont marqués deux petits "e", entre la butée, le premier disque à tronçonner, et aussi entre les deux disques. Ces petits "e" doivent donc faire 4 mm.
C'est en descendant doucement l'ensemble des deux meules que nous allons faire une tranchée de la moitié de l'épaisseur du chandelier.
Mais avant, il faut fraiser dans un petit morceau de bois dur (buis, ou autre), un passage guide de 1 mm de large, et 1/2 mm de profondeur. Ce passage guide est usiné avec les deux meulettes de 0,5 mm accolées (voir dessin "bois guide" et photos).
C'est dans ce passage que l'on posera le fil de fer, afin d'en faire un chandelier. C'est la

Usinage des « gorges » dans un "Chandelier"

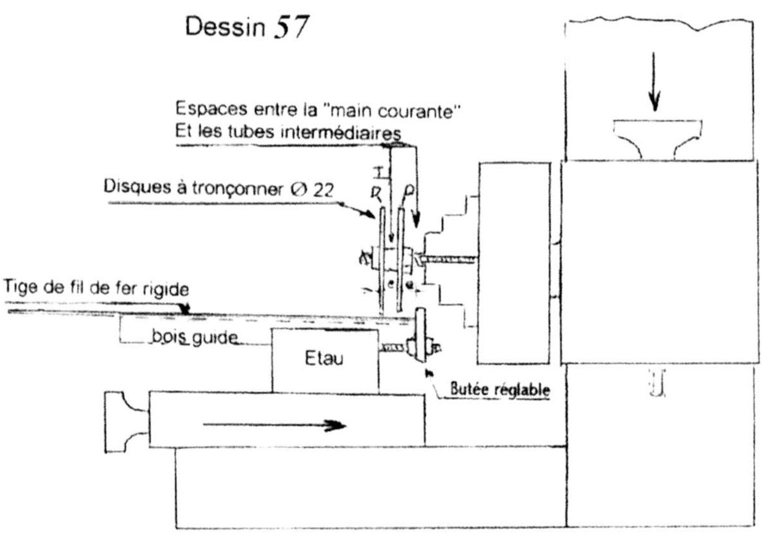

Ici, sur tour Unimat 1, la mise au même diamètre des deux meulettes, à l'aide d'une pierre à rectifier les meules. On voit aussi, pris dans l'étau, le petit morceau de bois dur dans lequel on a fraisé une tranchée guide, qui servira à maintenir en place le fil de fer à usiner.

Toujours sur tour Unimat 1, on voit très bien le fil de fer maintenu dans la tranchée guide par un doigt, tandis qu'avec l'autre main, on descend les meulettes pour usiner les gorges du chandelier. On voit aussi, fixée à l'étau, la vis et le petit fer plat sur lequel vient buter la base des chandeliers, afin que les entailles de ceux-ci soient toutes de même hauteur.

raison pour laquelle la tranchée ne doit pas avoir plus de 5 à 6 dixièmes de millimètre de profondeur.

Les petits disques à tronçonner de 22 mm de Ø, et 0,5 mm d'épaisseur, sont emmanchés

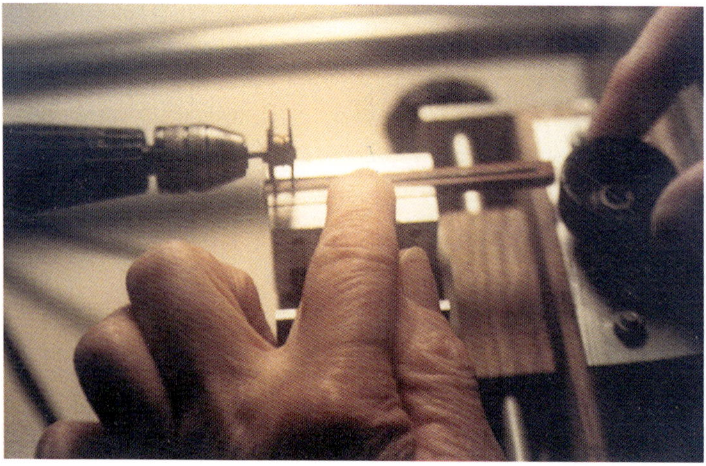

Exactement la même chose que sur la photo précédente, mais avec un ensemble Maxicraft et ma table croisée. On distingue mieux l'écartement entre les deux meulettes (qui se trouve être l'espace entre les deux filières de la rambarde). Un doigt qui tient le fil, tandis que l'autre main remonte la tige à usiner en tournant la mollette de la table croisée.

sur une vis de 2 mm de Ø, et 20 mm de long. Des rondelles larges de 2 ou 3 mm, servent à définir l'écartement exact de 4 mm entre les filières (en en empilant quatre ou cinq). Il faut, de plus, en mettre une de chaque côté à l'extérieur, avant de serrer l'écrou qui va maintenir les meulettes, afin que le serrage de l'ensemble ne les fassent pas éclater.

Nous voici avec notre outil double meule. Il ne reste plus qu'à le mettre dans un mandrin. Sur les photos page précédente, l'outil est monté sur un tour Unimat 1, sur une perceuse Maxicraft elle même montée sur sa colonne de perçage, et équipée de ma petite table croisée. Sur cette table croisée, est montée une petite cornière qui supporte un petit étau dont la fabrication est indiquée au chapitre 13.

Dans un cas comme dans l'autre, le but est de régler la distance des meules à 4 mm de la butée réglable, ou simplement d'un morceau de tôle pliée, et serrée dans l'étau. Lorsque tout est en place, il reste une opération obligatoire, mettre les meules exactement au même diamètre. Pour cela, il faut une pierre à rectifier les meules. Je vous donne, à la fin de l'ouvrage, l'adresse où l'on peut se procurer tout le matériel nécessaire.

Mettez en route les meules, et avec précaution, passez la pierre afin que les deux meulettes soient exactement au même diamètre. C'est indispensable, car autrement, vous risqueriez de tronçonner complètement le fil de fer,

Surfaçage de l'extrémité du fil de fer à la meule douce. On le fait à chaque extrémité, ce qui permet d'usiner deux chandeliers en même temps. En effet, il faut impérativement que le haut de ceux-ci soit parfaitement plan, afin que la soudure que l'on va faire soit plus solide, et aussi plus facile à réaliser.

Inversement à l'extrémité supérieure du chandelier. La base devra être appointée afin de permettre un enfoncement plus facile dans la coque. J'ai pris ici un morceau de fil de fer plus long qu'un chandelier, simplement pour qu'on voit l'opération qui aurait autrement été entièrement cachée par les doigts.

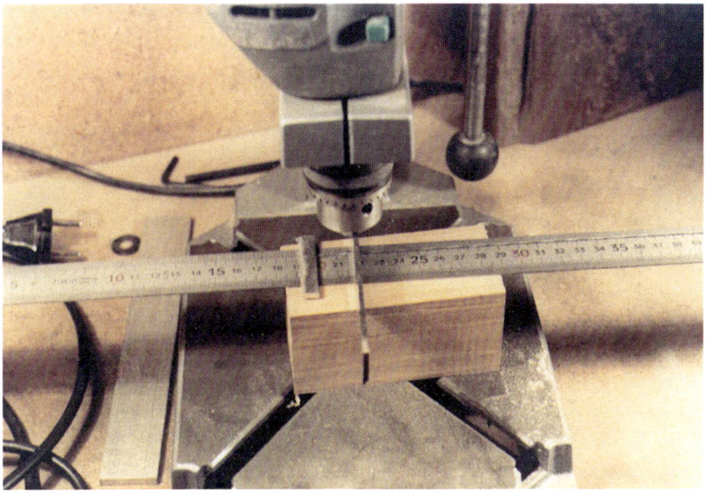

Sur un ensemble perceuse à colonne, une lame de (gros) cutter, ou comme ici un fer de raboteuse, fixé entre les mors du mandrin, va servir de massicot pour trancher à longueur exacte les chandeliers. Une bonne règle plate en acier, sur laquelle on colle avec du double face une butée et, elle-même, collée de la même façon sur un morceau de bois, sert à trancher le fil de fer.

ou ne pas le marquer du tout, sur l'une ou l'autre des encoches.
Votre outil à usiner les chandeliers est maintenant opérationnel, reste à l'utiliser.

La même chose que la photo précédente, vue de plus près. On distingue mieux le repère de longueur (ici 18mm) sur la règle plate. On se rend aussi mieux compte de la fixation de la lame d'acier servant de massicot dans le mandrin de la chignole.

Avant d'usiner les encoches, surfacez les deux extrémités de votre morceau de fil de fer rigide à la meule, afin que le sommet du futur chandelier colle bien à la main courante. La soudure n'en sera que plus facile et plus solide.

Faites vos encoches sur une profondeur de 4 à 5 dixièmes (on voit parfaitement le résultat sur la photo ci-dessous) à chaque extrémité de votre fil de fer, cela vous permet de fabriquer deux chandeliers d'un coup. Les molettes graduées des tables mobiles vous permettent cette précision. Lorsque cela est fait, il ne reste plus qu'à les couper à la longueur.

Pour toutes ces coupes qui doivent être précises, il vous faut un massicot. Comme cela

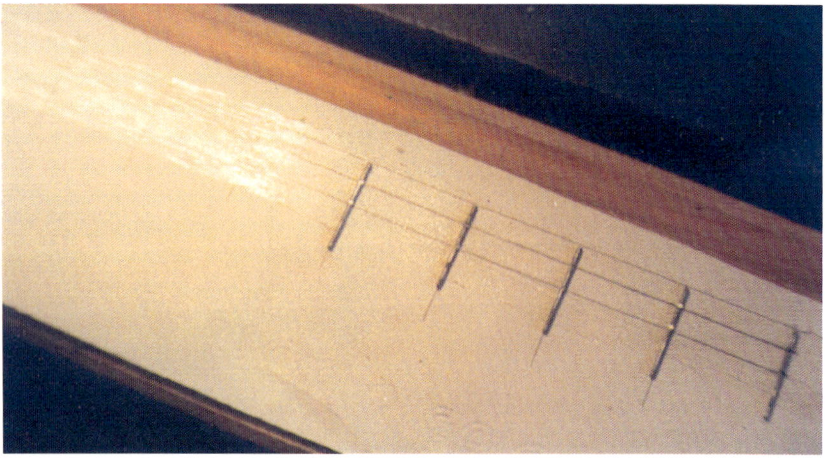

La pose des chandeliers sur le chantier. On distingue nettement les gorges faites par les deux meulettes, et qui sont exactement positionnées sur les traits du dessin (en principe, on commence par poser la main courante, et l'on fait buter les chandeliers sur elle). Le blanc que l'on voit sur la partie gauche est de la colle transfert. On en distingue aussi un peu à droite. De toutes façons, on colle toutes les pièces dessus. Elle est indispensable pour maintenir l'ensemble en place pour la soudure.

coûte cher, nous allons en bidouiller un de fortune. Fixez avec du double face un réglet (ou une règle en acier) sur un morceau de bois serré dans un étau, lui-même fixé sur une perceuse à colonne. Dans le mandrin de la perceuse, serrez à la main, entre les trois mors, une lame de raboteuse, voire une lame de cutter (mais elle risque de casser si on la serre par le milieu, il faut la serrer sur un côté). Pile sur une division, collez avec un petit morceau de double face une petite butée en alu.

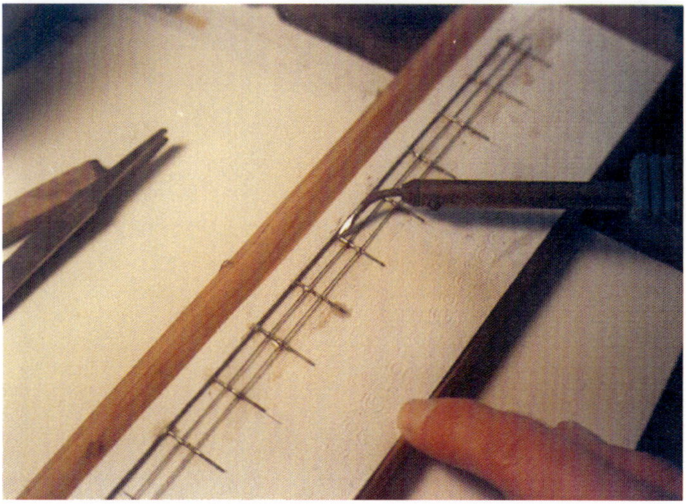

Soudure de la rambarde, main courante et filières, avec un petit fer de 15 Watts.

Positionnez votre lame coupante à 18 mm par exemple, cela fera 4mm à enfoncer dans la coque. 14 mm de rambarde, plus les 4 mm à enfoncer.
Tranchez vos deux chandeliers, un à chaque extrémité du morceau de fil de fer, et passez l'extrémité basse sur la meule, afin de les appointer.
L'appointage des chandeliers, bien qu'il n'ait pas été effectué sur les photos est **obligatoire**, car sans cela, vous aurez les pires difficultés à enfoncer votre rambarde dans la coque de votre maquette.
Une autre combine consiste à préparer une petite baguette en métal ou en bois avec les trous des chandeliers percés en place. Vous les introduirez au moment des soudures, vous aurez ainsi une rambarde avec un marche-pied. Vous pouvez aussi, bien entendu, souder un fil de fer qui servira de base (ou, lui aussi, de marche-pied).
Lorsque vous aurez préparé suffisamment de chandeliers pour faire une ou plusieurs lon-

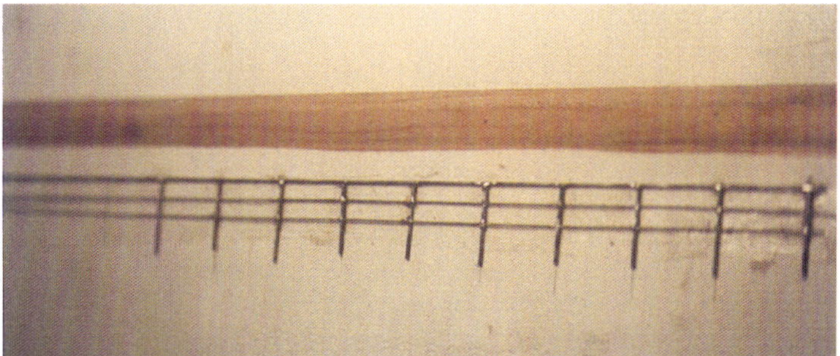

Un exemple de rambarde qui a été soudée avec de la soudure bon marché. Les grosses bulles d'étain sont fort disgracieuses. J'ai donc été obligé d'en refaire une autre avec de la soudure plus fluide.

Après soudure, séparation de la rambarde de la colle transfert, à l'aide d'un pinceau imbibé d'essence. En laissant sécher la colle après l'enlèvement de la rambarde, celle-ci peut resservir deux ou trois fois.

Ce qu'il faut faire, et ne pas faire. Tenter de sectionner les fils qui dépassent de la rambarde sur du bois. Il faut impérativement poser la rambarde sur une règle plate en acier afin d'obtenir une coupe franche. Sur le bois, la rambarde serait déformée, sans être forcément tranchée.

gueurs de rambardes, il vous faut préparer un chantier de construction. Celui-ci est composé d'une feuille de papier à dessin collée sur une planchette, avec de la colle blanche.

On dessine alors la rambarde, et sur le dessin, on étale une bande de colle transfert de 19 mm de large (on la voit très bien à gauche et à l'extrême droite, photo ci-contre à gauche). Il ne reste plus qu'à poser délicatement tout d'abord le fil de fer de la main courante, exactement sur le trait de crayon. C'est très important de commencer par lui car, on pourra faire butter plus facilement le sommet des chandeliers, et par conséquent faciliter la soudure.

Lorsque les chandeliers sont posés, et les encoches bien orientées vers le haut, (pour une bonne position des encoches, il suffit en mettant le chandelier en place, de coincer un ongle dans une de celles-ci, votre ongle vous indiquera si elle est bien positionnée), vous n'avez plus qu'à poser les filières dans les dites encoches.

Il n'y a plus qu'à souder. Un petit fer de 15 Watts est suffisant, et même évite le dessoudage que provoquerait un fer plus puissant. Ici se situe un autre point primordial : le choix de la soudure. Sur les photos, page précédente, on distingue parfaitement les excès d'étain provoqués par l'emploi de soudure bon marché. On se rend compte de la différence avec la photo à droite en bas, où j'ai refait une rambarde avec de la soudure à 62% de Sn et 2% d'argent. Les surplus de soudure n'existent plus. J'ai conservé exprès ces clichés afin que l'on puisse se rendre compte de la différence et, comme me disait un ami qui m'avait vu piétiner pour trouver une solution, "il n'y a pas photo" !

Un morceau de bois est censé représenter la coque de la maquette. Après avoir repéré l'emplacement des chandeliers, on perce à 1 mm, et on allonge le trou de droite à gauche, afin de supprimer la légère erreur qui existe toujours, et faciliter ainsi la pose des rambardes. On peut aussi souder une base en fil de fer, ou fabriquer un support dans une petite baguette.

Lorsque vous avez terminé vos soudures, il faut décoller la rambarde de la colle transfert. Il suffit de mettre un peu d'essence dans un verre, et avec un pinceau fin imbibé, le passer sous la rambarde en donnant à la soulever. Un petit nettoyage de finition sera nécessaire afin de finir d'enlever la colle. Votre chantier peut resservir sans apport de colle nouvelle trois ou quatre fois. Après, il faudra remettre une autre couche de colle transfert. Il vous reste à couper les petits bouts de fil qui dépassent à chaque extrémité, à l'aide de votre perceuse massicot (n'oubliez pas de mettre la règle en acier, non seulement cela ne couperait pas, mais vous détériorerez votre rambarde).

Vous pouvez, après la finition, peindre, cuivrer ou argenter votre rambarde. Des kits à cet effet sont vendus par "Métivier Modélisme". Pour mettre en place la rambarde sur votre maquette, présentez-la à la place qu'elle doit occuper, marquez l'emplacement des chandeliers le plus exactement possible, et percez un avant trou de 1 mm, en penchant un peu la perceuse de gauche à droite, afin de donner un peu d'entrée. L'affûtage en pointe des chandeliers faisant le reste. Une goutte de Super Glue, et le tour est joué.

Cette rambarde peut être surmontée d'une main courante en bois. Une baguette de poirier de 1 mm x 1,5 mm, débitée à la scie circulaire, et mise à la cote avec ma petite raboteuse de précision fera l'affaire.

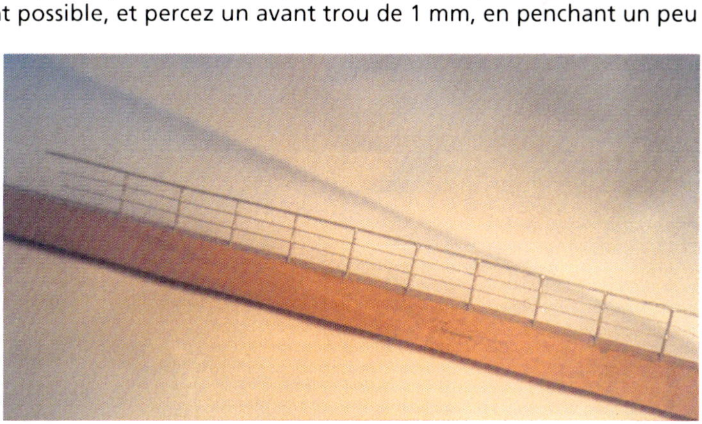

La rambarde terminée et montée en place. On voit nettement que la soudure n'est pas la même, car il n'y a pratiquement pas de gouttes d'étain disgracieuses.

Fraisage avec une meulette de la tranchée (en principe il faut accoler deux meulettes afin d'obtenir une tranchée de 1mm de large) dans une baguette de poirier de 1 x 1,5 mm.La baguette sera collée dans l'autre sens, sur le fil de fer soudé, afin de servir de main courante en bois. Un peu de teinte acajou pour faire plus réel.

Juste une petite tranchée de 1 mm faite avec deux meulettes accolées est pratiquée avec le petit tour Unimat, ou le montage Maxicraft. Un peu de colle contact, Pattex ou autre, on colle la main courante sur le fil supérieur de la rambarde. Pour des échelles plus petites, un léger liston en placage de poirier 6/10e x 1 mm, découpé au cutter, fait parfaitement l'affaire, et est collé sans tranchée. Ceci fera l'objet du prochain chapitre.
Je pense vous avoir expliqué le plus clairement possible comment réussir facilement de belles rambardes, car en fait c'est très facile, après un essai bien sûr. Mais quelle réalité par rapport aux factices en plastique transparent.

Chapitre 27

Rambardes et escaliers métalliques jusqu'au 1/200^e

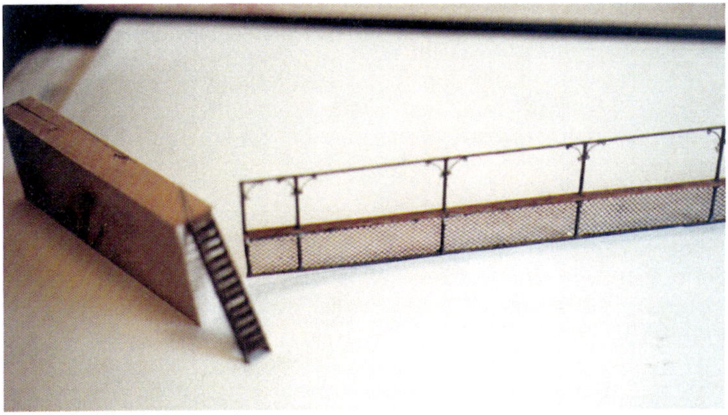

Sur cette photo, on voit une partie des rambardes du Mississipi avec la base en grillage pour garde-manger, et les volutes type 19e. A côté, un escalier construit selon le principe que nous allons voir plus loin.

Il y a déjà quelques années, un de mes amis de Québec, M. André Dion, me posait la question : - Est-il possible de fabriquer des rambardes et des escaliers en métal, à l'échelle de 1/200e ? Il me posait cette question, parce qu'il construisait le *Titanic*.
Il est vrai que j'avais vu dans un musée, un vaisseau de guerre moderne, dont les rambardes avaient été faites en les dessinant à l'encre de Chine sur du plastique transparent. Ces petits listons en plastique étaient collés verticalement sur le bord des ponts.
Cela donnait un air étrange et irréel du plus mauvais goût. Pourtant, ce navire était exposé. Ce qui n'arrangeait rien, c'est qu'il était éclairé par des lampes, aussi, la lumière se réfléchissant sur le plastique, cela faisait bizarre... Je me suis mis à la tâche pour trouver autre chose. Il me fallait d'abord collecter les matériaux nécessaires à cette fabrication.
J'ai trouvé du fil de fer pour attacher les fleurs, d'un diamètre de 4/10e, en bobines de 20mètres, ainsi que du fil de laiton de même dimension, et aussi du fil de fer plus gros, du 8 puis du 10/10e.
Pour les filières intermédiaires, je n'ai pas trouvé mieux que du fil électrique, mais là on descendait à 2/10e.
Que ce soit du fil simple pour modèle réduit, ou un morceau de fil électrique souple composé d'une douzaine de brins, ils n'étaient pas plus rigides l'un que l'autre.
J'ai donc opté pour le morceau de fil souple, dénudé sur trente centimètres.
Cela m'a donné un stock de filières d'avance, après les avoir étamées (chapitre 25).
Si la technique de fabrication était la même que pour des rambardes à une échelle plus grande, les difficultés s'accumulaient pour le 1/200e.
Après plusieurs échecs, j'ai renoncé aux tranchées pour le passage des filières dans les chandeliers.

Le problème pour les rambardes du *Titanic*, se trouvait être dans les quatre filières qui la composaient. En effet, au 1/200e, une rambarde de un mètre de haut ne représente plus que 5 mm. Les cinq espaces résultant des quatre filières ne font plus qu'un millimètre. Si l'on enlève en plus les quatre fois 2/10e des fils, il ne reste plus que 4,2 mm pour eux. Soit 0,8 mm entre chaque filière.
J'ai décidé de tenter l'aventure avec du fil de fer 5/10e pour les chandeliers et la main courante, et le 2/10e pour les filières.
Je tronçonnais donc les chandeliers à 7,5 mm (2,5 mm étant destinés à être enfoncés dans le pont) Pour l'usinage en pointe de leur base, j'ai été obligé de les introduire dans un petit mandrin à bec, pour pouvoir les tenir.
Le dessin des rambardes fut donc facile, du bristol quadrillé en carrés de 5 mm était parfait, je n'ai eu qu'à marquer au crayon chaque millimètre. La feuille de bristol collée sur une planchette de balsa formait mon chantier. Encore une fois, la colle transfert est venue à mon secours.

Colle transfert

J'ouvre ici une petite parenthèse pour parler un peu de cette fameuse colle transfert.
Elle est fabriquée par la société Scotch 3M. Il en existe plusieurs références. Celle utilisée est numérotée 924. C'est un rouleau de colle isolé par un papier anti-adhésif, il fait 19 mm de large, et 33 mètres de long. C'est du double face, un peu à la façon de celui dont on se sert pour coller les moquettes.
Il a toutefois une grande différence avec celui-ci. Ce double face-là ne fait qu'à peine 1/10e de millimètre d'épaisseur. Certains numéros descendent même jusqu'à une épaisseur de 2/100e.
Il a, de plus, un avantage non négligeable : il est transparent, ce qui permet d'en poser sur des dessins, et de coller dessus la pièce à son endroit exact. Autre avantage non négligeable, lorsque le travail d'assemblage est terminé, on peut décoller la pièce avec de l'essence, ou même de l'acétone, et s'en resservir encore 2 à 3 fois.
Une autre utilisation consiste à la coller sur une petite lisse, et à l'aide d'un X-Acto ou d'un bistouri, et couper la bande de colle transfert avec son papier en fines languettes de la largeur de la lisse.
Collez-en plusieurs longueurs bout à bout, cela économisera le rouleau. Après avoir enlevé le papier protecteur, on colle cette lisse directement sur la coque du navire.
Pas de coulure de colle, pas de séchage à attendre (tout juste une épingle ou un poids pendant une heure). Ca tient et c'est invisible. J'ai même collé de la sorte des baguettes dorées de 2mm de large sur la coque du *Pourquoi Pas ?*.

Revenons donc à nos rambardes

La pose et le maintien des chandeliers étant ainsi assurés par la colle transfert, leurs soudures à la main courante ont été grandement facilitées. Restait à souder les filières.
Vu le faible diamètre des chandeliers, j'avais décidé de les souder directement dessus. Je pensais, et ce fut le cas, que l'on ne verrait pas le décalage de celles-ci par rapport au centre des chandeliers. Par contre, je n'avais pas prévu que la soudure d'une filière n'allait pas forcément se faire exactement à l'endroit désiré. Aussi, dès la troisième soudure, ma filière en fil électrique ne s'est pas trouvée droite et en ligne.
Il fallait inventer un outil pour pouvoir la tenir en place, sans empêcher la soudure.
J'ai fabriqué alors une fourchette. Le principe était simple. Collez ensemble à la

Dessin 58

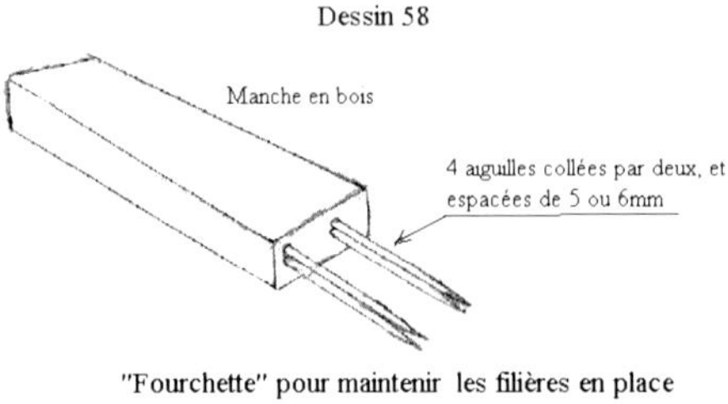

"Fourchette" pour maintenir les filières en place

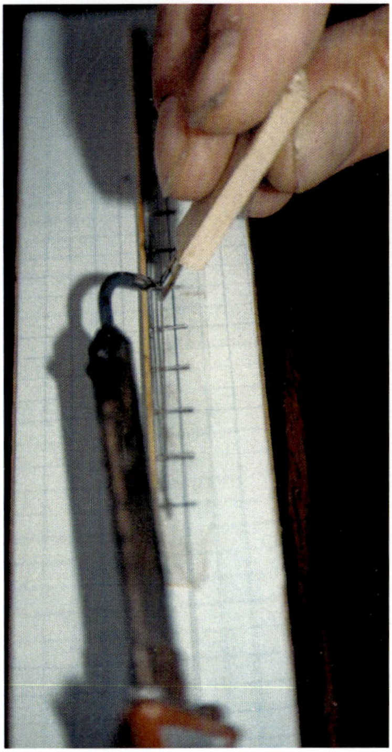

La soudure des petites rambardes au 1/200ᵉ. On remarque surtout la fourchette pour maintenir les fils à souder en place.

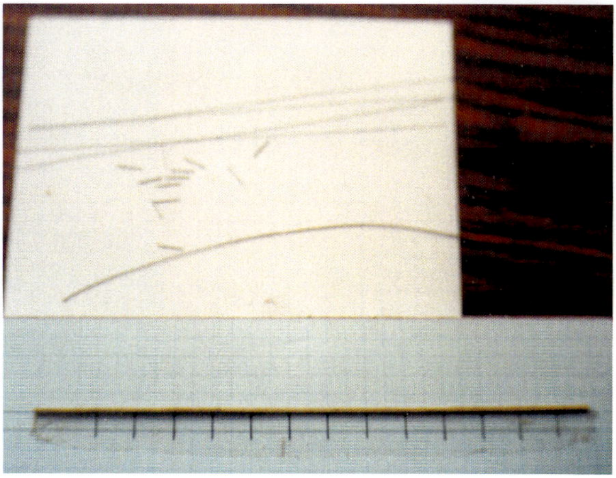

Après la soudure du fil supérieur des rambardes, et du collage de la main courante en bois, il reste à souder les filières (en arrière plan sur la photo). Ce qui est surtout important, c'est le bandeau de colle transfert posé sur le bristol sur lequel on a dessiné auparavant la rambarde. Cette colle transfert est indispensable pour maintenir en place les pièces à souder.

Super Glue (ou soudez-les à l'étain) deux épingles de bureau dont on coupe la tête. On les enfonce dans un petit morceau de balsa qui sert de manche. Deux autres épingles sont traitées de la même façon à 6 ou 7 mm des deux premières. L'outil est prêt.
Pour s'en servir, rien de plus simple.

Une ligne de rambarde à l'échelle 1/200ᵉ, avec une main courante en fer. Derrière, un escalier à la même échelle, avec sa rampe. Derrière, le réglet donne l'échelle.

La même chose que la photo précédente, mais la main courante est en poirier teinté acajou.

On le pose à cheval entre les deux pointes d'épingles, sur la filière de 2/10e en fil électrique, afin de l'emprisonner, puis à cheval aussi sur le chandelier que l'on va souder. La filière ainsi maintenue entre les deux jeux d'épingles, il ne reste plus qu'à poser le fer chaud sur ces fils déjà étamés, après avoir passé un petit coup de pinceau imbibé d'eau à souder.
C'est terminé, la filière est parfaitement soudée à sa place sur le chandelier. On passe à la soudure suivante, et la fourchette contribue largement à établir et respecter l'équidistance des fils.

Décollage de la rambarde
Lorsque votre rambarde est soudée, il faut la décoller du chantier. Elle est trop fragile pour la décoller comme au chapitre précédent.
Prenez un bac métallique de la longueur de votre rambarde (car certains plastiques fondent dans l'acétone). Mettez de l'acétone en quantité suffisante pour que le bristol et la rambarde soient immergés.
Petite précision : retournez l'ensemble, afin que la rambarde soit dessous et le bristol avec la colle transfert dessus. Attendez une dizaine de minutes.
Théoriquement, votre rambarde doit être tombée au fond du bac, sinon finissez de la détacher avec la pointe de votre X-Acto. Un petit coup de pinceau imbibé d'acétone pour finir d'enlever la colle, quelques instants pour le séchage, et rien n'empêche de la peindre. A ce propos, prenez un aérosol pour peindre, vous éviterez ainsi d'horribles surépaisseurs, voire des gouttes de peinture séchées.

Cintrage d'une rambarde
Il est certain qu'un navire, étant en général un ensemble de lignes courbes, les rambardes par ce fait seront elles aussi courbes.
Pour cintrer celles-ci sans les déformer, faites un gabarit en carton ondulé ou en balsa, le plus proche possible de la courbure de votre maquette.
Posez votre rambarde sur votre gabarit et, doucement avec vos doigts, lissez-la jusqu'à

obtenir la forme désirée.
Après présentation, il faut parfois rectifier le gabarit, mais si l'on veut une belle rambarde, il ne faut pas hésiter. Les pliages à l'équerre sont plus faciles à réaliser. De toutes façons, n'en fabriquez pas trop long d'un coup, car il va falloir les mettre en place.

Fixation des rambardes
On ne peut pas nier qu'à cette échelle, la mise en place de votre rambarde ne présente pas quelques difficultés. Tout d'abord, positionnez exactement celle-ci. Nous venons de voir que la mise en forme était primordiale. Lorsque cela est fait, pointez à l'aide d'une grosse aiguille ou d'une petite pointe bien affilée, l'endroit précis où vous devez percer pour emmancher chaque chandelier.
Une mini-perceuse et un foret de 0,5 mm, serviront à percer jusqu'à 3 mm de profondeur le bord de la coque. Comme dans le chapitre précédent, donnez de l'entrée au trou en inclinant, de droite à gauche la perceuse, cela facilitera l'introduction de la base du chandelier. Lorsque votre rambarde est en place, vérifiez son parallélisme, et si tout est en ordre. Mettez une goutte de Super Glue afin que celle-ci soit définitivement fixée.
Vous pouvez aussi, pour parfaire la finition selon le modèle, coller une minuscule main courante en bois : du placage d'acajou ou du placage de bois teinté acajou (ou chêne), de 6/10e d'épaisseur. Coupez-en au bistouri ou mieux encore, avec une lame de rasoir, un filet d'une largeur de 1 mm sur 10 ou 20 cm de long. On le collera à la Pattex sur le pavois en fil de fer. Je vous assure qu'à cinquante centimètres, on ne verra pas que les filières sont soudées derrière les chandeliers, ni que la main courante en bois est perchée sur du fil de fer. Esthétiquement, ce sera plus joli que du rhodoïd dessiné.

Les escaliers

Un escalier construit selon le principe que je vous décris.

J'ai longtemps tâtonné avant de réussir à mettre au point une technique pour la construction des escaliers. Surtout ceux en métal, car leurs limons (montants des escaliers) ne sont pas épais, ce qui exclut toute tentative de feuillure pour y glisser des marches. Je n'avais pas jusqu'à tout récemment, trouvé d'autre solution que celle que je vais vous décrire, et qui reste toujours valable, surtout pour des escaliers à une échelle ne dépassant pas le 1/72e.
Pour les échelles plus petites, j'ai trouvé une astuce plus facile à mettre en œuvre.
Revenons donc à notre méthode.

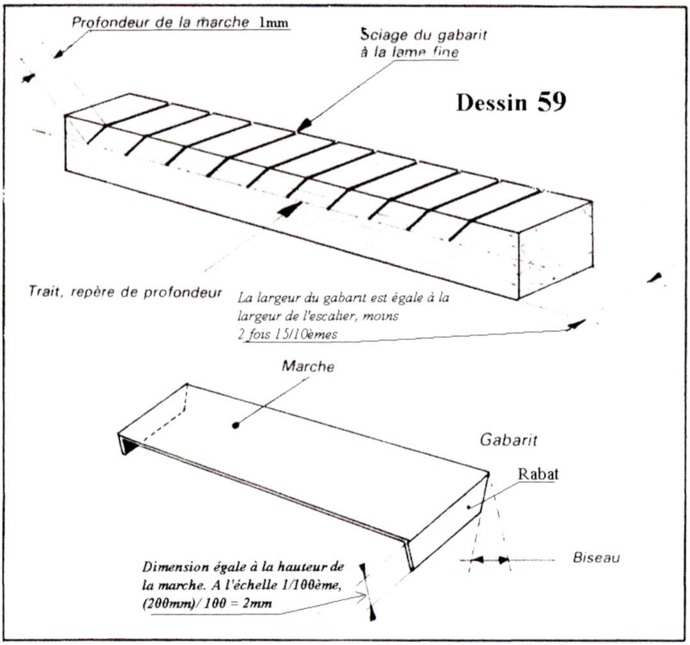

Il vous faut tout d'abord confectionner un ou des gabarits en bois dur, du buis par exemple. Ce ou ces gabarits seront usinés en fonction de la largeur des escaliers. De cette largeur, il faut retirer l'épaisseur des limons plus celle des deux rabats des marches.
Concrètement, un escalier dont les limons sont faits d'une bande de laiton de 1 mm d'épaisseur, les marches elles aussi en laiton de 2 à 5/10e. Il nous faudra retirer de sa largeur extérieure deux fois 1 mm, plus deux fois 0,2 ou 0,5 mm ; soit 2,5 à 3 mm en tout.
Si votre escalier fait 65 cm de large dans la réalité, au 1/72e, il fera 9 mm.
Pour le gabarit, il devra avoir une épaisseur de : 9 mm - 3 mm = 6 mm.
On voit sous une autre échelle, le rabotage d'une baguette qui va servir à usiner un gabarit avant que l'on scie les créneaux (photo ci-dessous).

Préparation à la raboteuse de la baguette de buis qui va servir de matrice pour le maintien des marches d'escalier (voir dessin 59). Ici on prépare une baguette de 2,8 mm pour un escalier de 3,4 mm (au 1/200e), ce qui à l'échelle 1 donne 68 cm de large.

La baguette à la dimension, est entaillée avec une petite scie fine, en biais, d'autant de créneaux qu'il y a de marches (dessin 59). Mais il faut tracer l'espacement des marches avant le sciage.

Avant de scier les créneaux, il va falloir déterminer leur espacement.
Généralement, la hauteur d'une marche avoisine toujours les 22 cm.
Au 1/72e, cela représente 3 mm. On va donc marquer au crayon un point tous les 3 mm.
Reste l'inclinaison que l'on relèvera sur le plan et que l'on reportera sur le rapporteur d'angle généralement fourni avec une scie à chantourner. Si vous n'avez qu'une petite scie archet, il vous faudra tracer la ligne à scier, et tenter de rester droit.
Il vous faudra ensuite débiter vos marches et vos limons (ou montants).

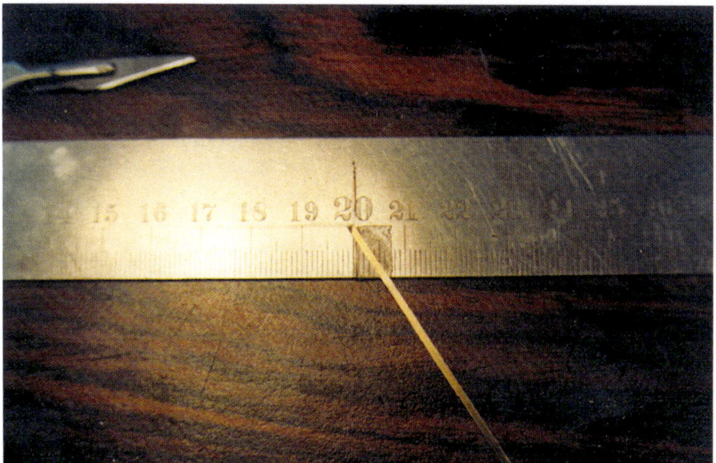

La coupe en biais, et à la dimension d'un montant d'escalier en laiton à l'échelle 1/87e. L'opération s'effectue sur la règle en acier, et la bande de laiton est maintenue en place par de la colle transfert.

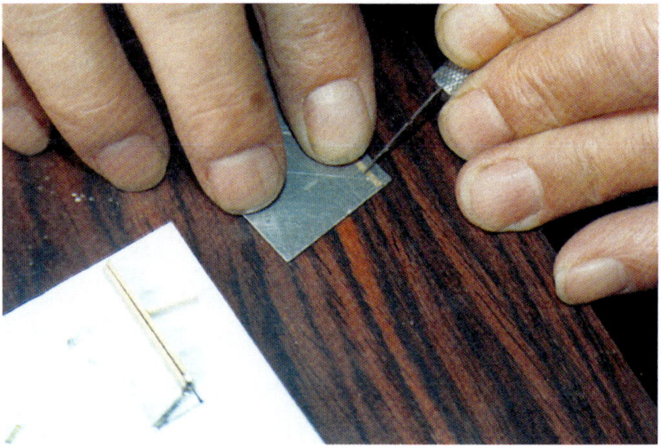

Coupe à la longueur (rabats des marches comprises) d'une marche d'escalier en laiton au 1/87e sur la règle en acier.

Les deux photos qui suivent donnent une idée pour la découpe d'un très petit escalier.
Reprenons notre dessin 59. A chaque extrémité de marche, il y a un rabat.
Ce rabat, je l'ai dimensionné de la hauteur d'une marche. De cette façon, il sera facile à souder, et les marches donneront l'impression d'être emboîtées dans les limons.
De plus, et c'est très important, si la hauteur des rabats correspond exactement à la hauteur d'une marche, vous n'aurez qu'à faire toucher le bas de ceux-ci sur le dessus de la marche précédente, pour obtenir une équidistance et un parallélisme exacts entre celles-ci. Encore faut-il que les rabats soient exactement semblables.
Nous allons voir cela un peu plus loin.
Nous avons vu que notre hauteur de marche au 1/72e était de 3 mm. Ajoutés au 6 mm du gabarit, nos marches devront être coupées à 12 mm. Je me dois d'ajouter que les limons et les marches sont taillés dans des bandes de laiton de 1 ou 2 mm de large ou en alu (en ce cas, il faudra coller, car pour l'instant la soudure alu n'est pas ou peu distribuée).
Pour obtenir ces bandes, il vous faut positionner une règle en acier sur votre tôle à découper à la largeur désirée. Avec un cutter assez fort, vous passez plusieurs fois celui-ci dans

Pliage d'un rabat d'une marche. Ici 1mm, soit l'épaisseur de la règle en acier. Le tournevis maintient la bande de laiton, tandis que le réglet plie le rabat.

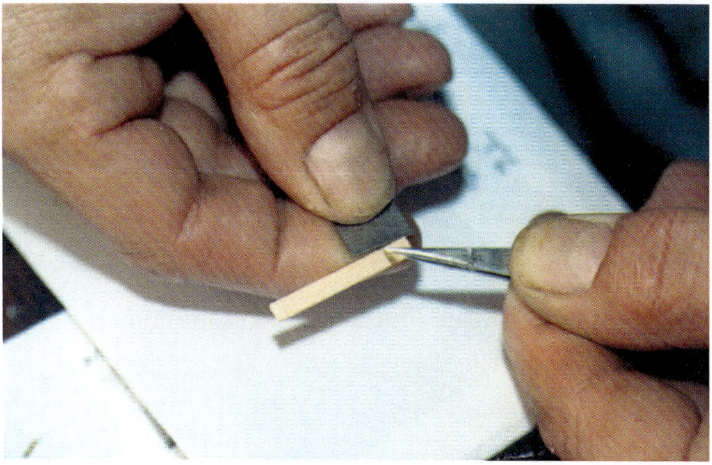

Pliage du second rabat de la marche d'escalier, une fois introduite dans son guide en biais du morceau de buis (dessin 59). Il y a aussi un autre moyen plus précis (voir dessins 60 et 61).

l'amorce de coupure que vous allez faire. Après une bonne dizaine de passages, vous pourrez plier et déplier votre tôle jusqu'à la rupture de la bande, elle sera parfaitement droite. L'utilisation d'une scie n'apportera jamais cette rectitude. Une autre façon plus simple consiste à acheter des bandes toutes prêtes.

Bref, nous avons nos limons, nous avons nos marches, reste à plier les rabats.

Sur la photo page précédente, on voit le rabat de 1 mm (l'épaisseur de la règle plate). Pour un rabat de 2,5 mm, il suffit de prendre un morceau de métal de 3 mm, et faire la même chose. C'est ici que se situe une amélioration capitale que j'ai apportée récemment.

En effet, sur la photo ci-dessus, on voit le pliage du second rabat après qu'il ait été introduit dans le gabarit (ou matrice). Cela représentait un inconvénient majeur lors du démoulage après soudure. En effet, l'escalier était fort difficile à extraire de la matrice (ou du gabarit). On le voit d'ailleurs très bien sur la photo ci-dessous, en bas, le bois est

Le petit escalier au 1/200e terminé. En dessous, la matrice ou gabarit en buis brûlé par la soudure. En haut, le réglet donne l'échelle.

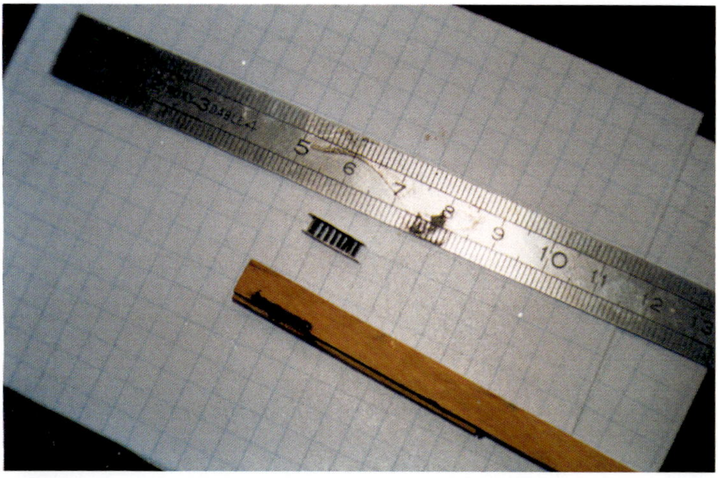

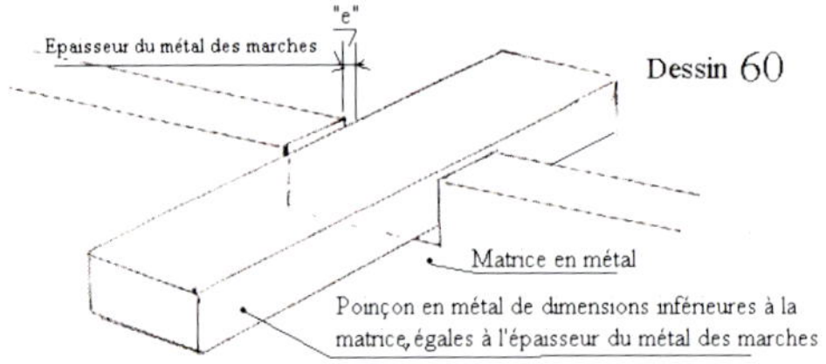

brûlé par la soudure qui coince l'escalier lors de l'extraction.

J'ai donc trouvé un autre système pour tailler des marches afin qu'elles soient exactement semblables en largeur, avec des rabats exactement semblables en hauteur. Les dessins 60 et 61 vous donnent la solution.

Dans un morceau de métal (de l'alu, c'est plus facile à travailler), vous découpez un créneau, exactement de la largeur extérieure de la marche, et de la hauteur elle aussi extérieure de celle-ci. Vous pouvez réaliser ce travail avec une simple scie à métaux et une lime. Il est évident qu'un fraisage est plus rapide et plus précis (dessin 60).

Il vous faut maintenant réaliser un poinçon qui va s'emmancher dans ce créneau. Un simple morceau d'alu que l'on va limer (ou fraiser) à la dimension exacte dudit créneau, diminué de deux fois l'épaisseur du métal qui va servir de marche en largeur, et d'une fois la même épaisseur en hauteur de la marche (toujours dessin 60). Vous prenez la bande de métal dans laquelle on va tailler les marches. Vous la posez sur le créneau, l'extrémité dépassant largement la profondeur de celui-ci.

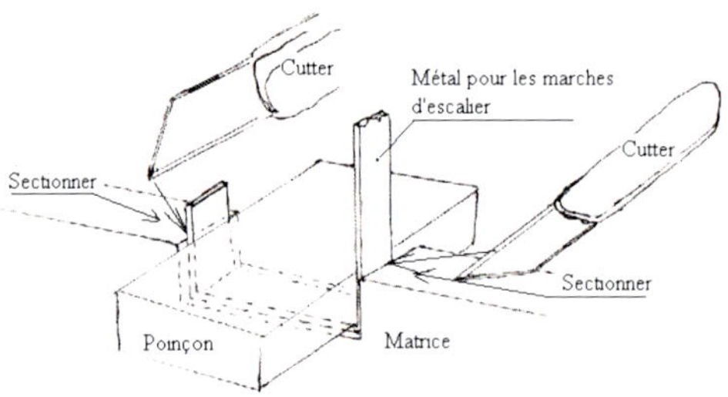

Dessin 61

Il vous suffit d'enfoncer à force le poinçon, et la marche va se trouver emboutie (dessin 61).

A l'aide d'un bon cutter, vous coupez d'un côté ce qui dépasse, de l'autre vous libérez en coupant au cutter votre bande de métal. De cette façon, vous êtes sûr que toutes vos marches auront la même largeur, et les rabats la même hauteur.

Il ne vous reste plus qu'à enlever votre marche de cette matrice, et faire les autres.

Un petit détail, pour faire plus réel, coupez, toujours avec votre cutter, un biseau (dessin

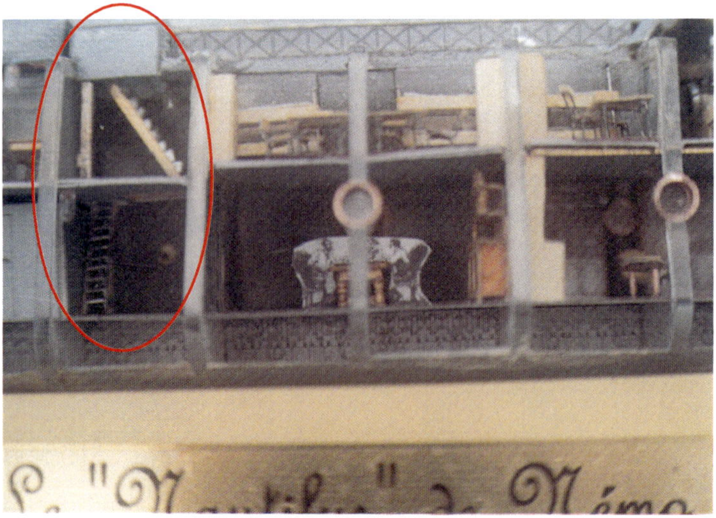

À gauche sur la photo, deux escaliers au 1/87e, dans la maquette du "Nautilus de Némo". En haut on voit très bien les marches taillées en biais, en bas, on distingue les marches vues de face.

59) sur le bord avant de votre marche. Nous avons maintenant nos marches et nos limons, nous avons vu leur découpe selon leur inclinaison.
Reste à les souder, ou à les coller. Pour que la soudure laisse apparaître toute la beauté du laiton, il ne faut étamer que l'intérieur des limons, et l'extérieur des rabats. Vous emmanchez vos marches dans les fentes du gabarit.
Vérifiez qu'elles soient bien alignées, posez dessus votre limon, face étamée dessous. Entre temps, vous aurez nettoyé votre fer à souder, afin qu'il ne reste plus d'étain sur la panne, ou prenez un autre fer dont la panne n'est pas étamée. Vous n'avez qu'à passer votre fer chaud sur le dessus du limon, en appuyant sur celui-ci avec un petit morceau de bois, la soudure va se faire toute seule. Il suffit de retourner l'ensemble, et souder de la même façon l'autre limon. En principe, si votre fer ne présente pas de trace d'étain, votre laiton apparaîtra net et propre. Juste un coup de chiffon avec un peu de miror, et votre escalier va resplendir.

Mes premiers essais pour le Titanic au 1/200e. Les défauts sont plus visibles.

Si par contre vous avez décidé de coller vos marches, ne vous servez surtout pas de votre gabarit. En effet, vos marches y resteraient collées.
Posez simplement votre premier limon sur un bout de colle transfert, elle-même collée sur un morceau de bois. Mettez un soupçon de colle Super Glue sur le rabat de votre marche, posez-la en place avec des brucelles, maintenez-la quelques secondes, le temps que la colle prenne. Faites la même chose pour chaque marche.
Lorsque l'ensemble des marches est collé, passez avec une allumette un peu de Super Glue sur l'ensemble des autres rabats (ceux qui sont dessus). Posez le second limon dessus, et laissez sécher. Votre escalier est terminé.
De ces deux solutions, la première convient mieux pour des échelles ne dépassant pas le 1/72e, la seconde convient mieux pour des échelles plus petites, tels les escaliers du *Nautilus* au 1/87e ou du *Titanic* au 1/200e.

Les échelles à barreaux ronds

Il existe aussi des échelles à barreaux ronds, elles sont souvent fixées aux parois verticales des superstructures.
Leur fabrication est plus simple.
Il suffit de percer à intervalles réguliers des trous pour y loger du fil de fer rond de 0,5 ou 1 mm, selon l'échelle, de les coller ou de les souder, puis de les araser avec un petit disque à tronçonner.
Pour faciliter le perçage à une équidistance exacte des trous des barreaux dans les montants de l'échelle, ma petite table croisée est plus qu'utile.
Elle permet de respecter ces équidistances au 1/10e près.

Fabrication d'une échelle à barreaux ronds. Après avoir percé les trous équidistants dans les montants, on met en place les barreaux en les enfonçant dans un bloc de balsa. Une petite cale en bois de dimension, permet de garder l'équidistance des montants pendant la soudure.

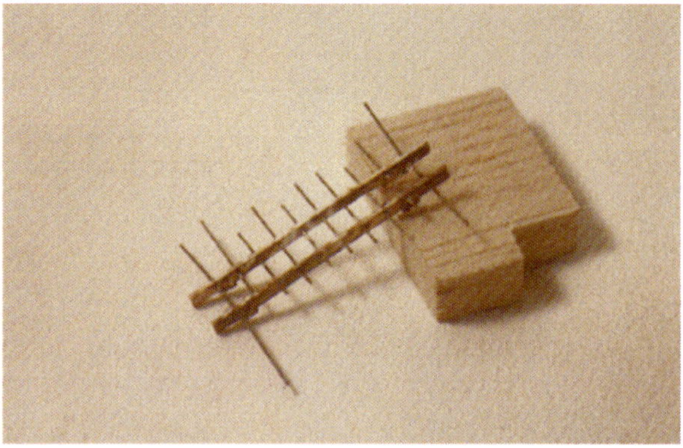

Après avoir soudé tous les barreaux, on extrait l'échelle du bloc de balsa. Il ne reste plus qu'à tronçonner les morceaux de fil de fer qui dépassent avec une petite meulette.

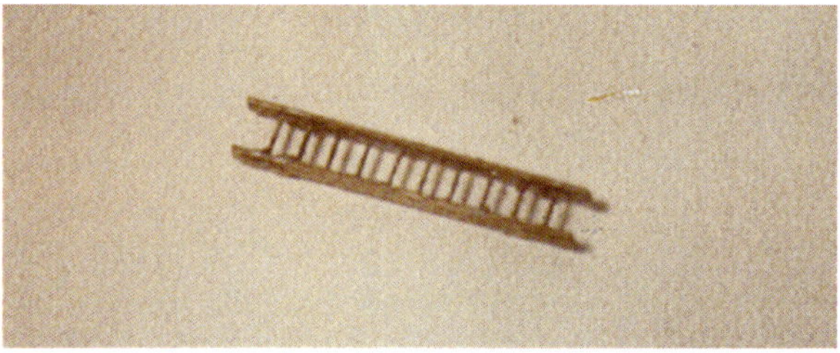

L'échelle est terminée, la soudure superflue a été enlevée par la meulette en même temps qu'elle sectionnait les fils de fer.

Sur la photo à droite, on voit, après le perçage des trous, l'emmanchement des morceaux de fil de fer dans les montants de l'échelle, et dans un bloc de balsa. On y voit aussi une petite cale en bois qui permet de respecter l'écartement des montants pendant la soudure. On soude de cette façon les deux extrémités, on enlève la cale pour souder les barreaux intermédiaires.

L'ensemble brut est terminé : après ébarbage à la meulette, l'échelle est totalement terminée.

Chapitre 28

Portes magnétiques

Pour maquettes de petite échelle

Deux portes montées entre deux couples d'un bateau. La barre de liaison horizontale du couple marque l'emplacement du plafond (ou du plancher pour l'étage supérieur).

Parmi les nombreuses difficultés rencontrées par le modéliste, il en est une qu'il n'est pas toujours évident de traiter, surtout à petite échelle, c'est le problème des portes.
On voudrait bien qu'elles s'ouvrent et se referment, mais souvent, on butte sur le problème des gonds, et surtout de la serrure.
Il y a nombre d'idées, toutes plus ou moins faciles à réaliser, mais qui donnent tout de même entière satisfaction. Je viens en proposer une autre, qui a pour mérite d'être d'une simplicité déroutante. Les photos réalisées pour illustrer cet article sont à une échelle inhabituelle en modélisme naval : le 1/87e, H O pour les trains. Si j'ai choisi cette échelle, c'est surtout parce qu'on y trouve très facilement des petits personnages destinés aux chemins de fer. De plus, si l'on réalise une porte au 1/87e, il sera toujours plus facile de la faire au 1/50e.
Pour cela, procurez-vous de la bande magnétique. Vous pouvez en trouver en récupération chez les frigoristes, les ferrailleurs, les magasins de bricolage. Il s'en trouve aussi dans les catalogues des maisons d'accessoires pour modélistes. En bandes jusqu'à 20 mm de large et 0,8 mm d'épaisseur, ce qui est largement suffisant pour un porte entière au 1/40e. De plus, l'épaisseur de 0,8 mm, évite le travail pas facile décrit ci-dessous.
Mais d'abord, regardez la photo page suivante sur laquelle figure le matériel nécessaire à la fabrication des portes.
Avec un cutter, vous pouvez réduire l'épaisseur d'une bande magnétique de 2 à 1 mm. Il suffit de mettre deux réglets en acier sur une planchette, inclure la bande magnétique au milieu, et couper en deux. Deux précautions sont nécessaires :
La première consistant en un morceau de bois que l'on appuie sur la bande pour la maintenir, et surtout servir de protection pour les doigts, au cas, fort probable, où le cutter glisserait.
Deuxièmement, passez sur la lame du cutter de la matière grasse (graisse, beurre, huile,

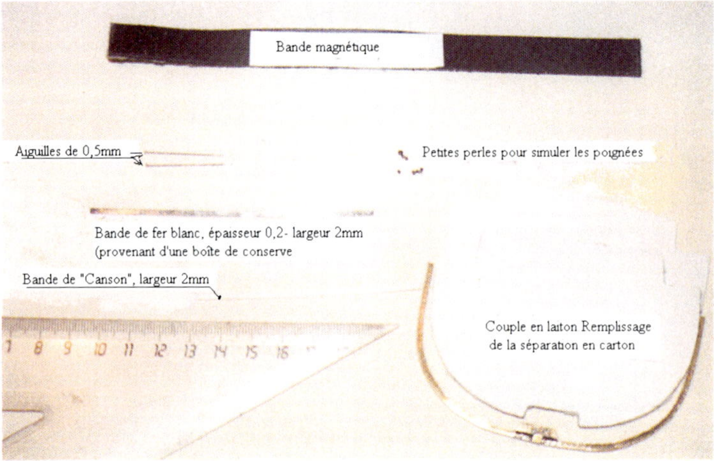

En haut, une bande magnétique de récupération, puis deux aiguilles de bureau en acier Ø 0,5 mm, long de 27 mm pour servir de gonds. Des petites perles en plastique de 1 mm de Ø pour les poignées de porte. Une bande en fer blanc découpée dans une boîte de conserve. Du papier Canson pour simuler les moulures. Le remplissage en carton d'un couple en laiton, n'est ici qu'à titre indicatif. L'équerre en bas n'est ici que pour donner l'échelle.

etc.) pour faciliter le découpage. On terminera par un coup de papier de verre posé sur une cale, ce qui fera disparaître les traces du cutter.

Vous obtenez ainsi une bande magnétique d'environ 1 mm d'épaisseur, ce qui pour une échelle de 1/87e est peut-être un peu fort, mais l'erreur reste raisonnable.

Il y a aussi, parmi les matières premières nécessaires, des petites bandes de fer blanc. On peut en récupérer partout (bidons d'huile vide, boîte de conserve, etc.). En général, ce fer blanc ne fait que 0,2 à 0,3 mm d'épaisseur. On découpe la boîte (ou le bidon) avec des cisailles à tôle ou une paire de gros ciseaux. On obtient ainsi une grande plaque.

Posez cette tôle sur une surface ferme (bois dur, alu ou plastique), maintenez-la fermement en place avec une règle en fer ou en alu. Avec un gros cutter (cutter pour moquette), faites plusieurs passes sur la tôle, le long de la règle (dessin 62).

DESSIN 62

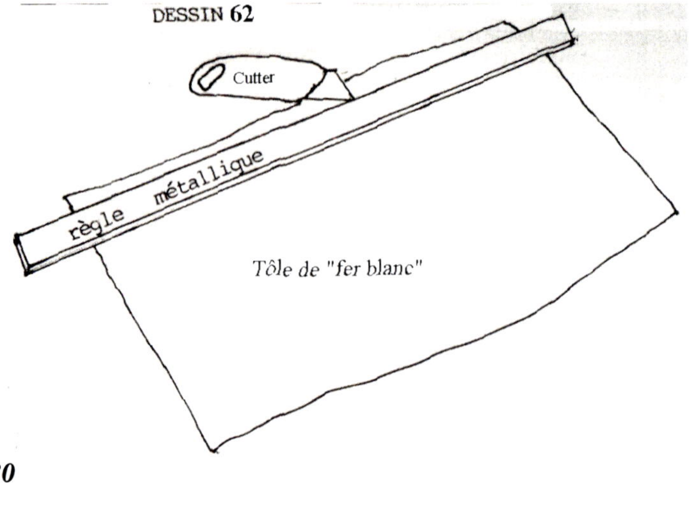

A l'aide de pinces, pliez et dépliez la petite bande de tôle jusqu'à rupture. Cela vous donne une ligne de coupe parfaitement droite.

Recommencez l'opération à 2 mm du bord,

DESSIN 63

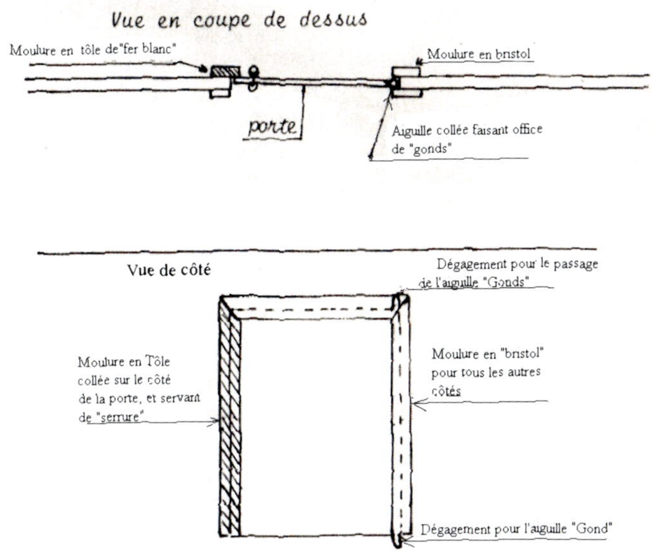

afin d'obtenir la petite bande désirée (dessin 63).
Tracez et découpez l'emplacement de votre (ou vos) porte(s) dans le bois ou le carton.
Dans votre petite bande de 2 mm de large en fer blanc, vous coupez un morceau corres-

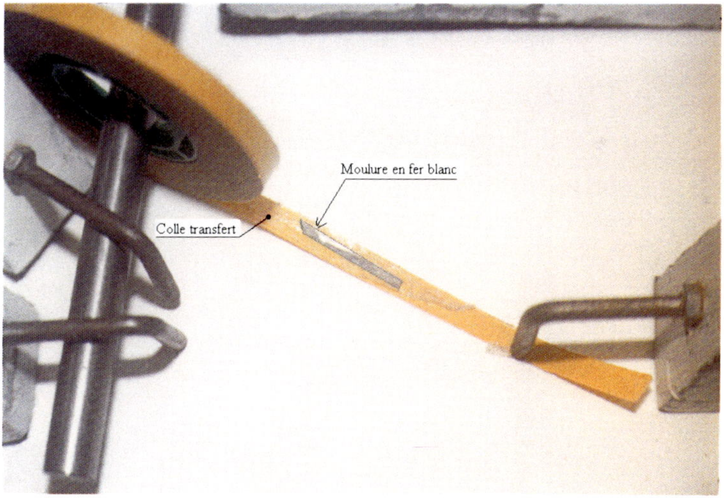

Un petit morceau de fer blanc de 2 mm de large, coupé en hauteur à la dimension de la porte. L'extrémité supérieure est coupée en biseau à 45°. Ce morceau de fer blanc est posé sur de la colle transfert, qui sera découpée à la lame de rasoir. L'ensemble sera collé sur le carton. Nous aurons ainsi notre moulure de contact de la bande magnétique, qui en somme remplacera la serrure. On pourra ainsi ouvrir et fermer la porte.

pondant à une moulure extérieure de la porte, que vous collez du côté où vous voulez que la porte soit fermée. L'idéal pour un collage sans bavure, est le collage à la colle transfert. Il suffit de déposer votre morceau (de fer ou de bois) sur la colle transfert. Découpez autour avec un cutter (ou une lame de rasoir, bien plus précise). Enlevez le papier de protection (jaune sur la photo) et collez en place.
ATTENTION, la colle transfert accepte mal les déplacements, donc visez juste, sans appuyer. Rectifiez si nécessaire, et appuyez fermement. C'est collé.
Comme je l'ai déjà expliqué dans un chapitre précédent, cette colle se présente sous l'aspect d'un rouleau (comme un rouleau de double face pour les moquettes), mais en plus petit et plus fin. La grosse différence consiste en un pouvoir adhésif très fort, et une

La bande magnétique étant trop épaisse, il a fallu la diminuer en épaisseur. Pour cela, je l'ai coincée entre deux petits morceaux de tôle de 1mm d'épaisseur, et tenue en place avec une cale en bois. Avec un bon cutter, on coupe en deux la bande magnétique trop épaisse, afin d'avoir une épaisseur de porte normale par rapport à l'échelle. Afin de faciliter la coupe, mettez de l'huile sur la lame de cutter, celle-ci glissera mieux.

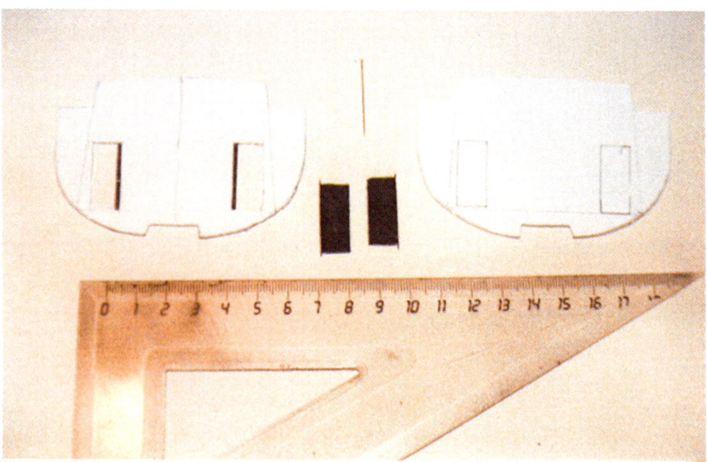

Sur cette photo on commence à voir les phases de la conception de la porte magnétique. A droite, les emplacements des deux portes sont à découper. Au centre, les deux portes composées d'un morceau de bande magnétique et d'une aiguille collée pour servir de gonds sont (presque) prêtes. A gauche, le passage des deux portes a été établi et les deux petites bandes de tôle en fer blanc collées en place. L'équerre donne l'échelle.

épaisseur ne dépassant pas, pour certains numéros, les 1/200e de millimètre. De plus, les rouleaux se présentent en plusieurs largeurs de 10 à 20 mm.
Mais revenons à nos portes. Découpez dans une feuille de Canson une petite bande de 2 mm de large, cela représentera les moulures d'encadrement que vous pourrez découper, et terminer ainsi celui-ci, commencé avec la petite bande de fer blanc.
Pour les gonds (la charnière ou le pivot), une aiguille de bureau de 0,5 mm de diamètre, en acier (ça se trouve), fait parfaitement l'affaire. Avec des pinces, coupez la tête, puis après

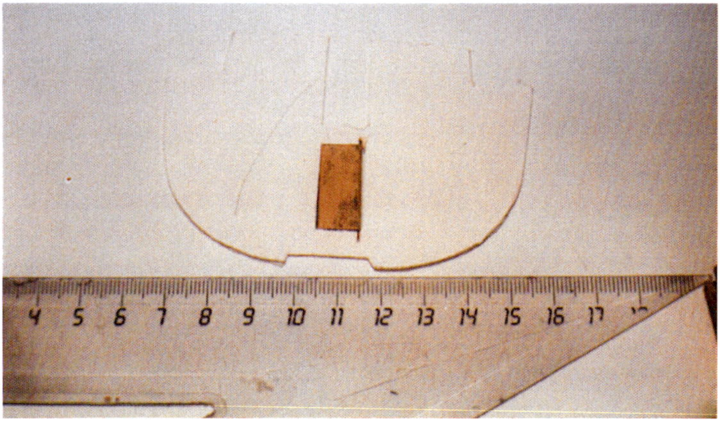

La porte est presque terminée, il ne reste plus qu'à dessiner les moulures. On distingue très bien les deux extrémités de l'aiguille s'encastrant dans le carton pour servir de gonds. Les moulures en carton viendront cacher ces pointes, et servir de décoration (voir aussi dessin 63).

Une solution simple pour habiller la porte. Collez du papier d'emballage sur une face. Retournez celui-ci autour de l'aiguille pivot. Collez-le sur la seconde face, cela donne l'aspect du bois. Reste à couper la pointe de l'aiguille (en haut), et la bande magnétique, afin qu'elle soit à la largeur exacte de l'ouverture de la porte.

collage (coupez la pointe) à la longueur désirée, un peu plus longue que votre porte.
Pour coller l'aiguille charnière, employez de la Super Glue 3, tout simplement parce que le champs magnétique de la bande porte fait que la-dite aiguille va se coller toute seule sur le plat de la-dite porte. Il faut donc maintenir pendant une minute l'aiguille en place, le temps que la Super glue accroche. Le reste de la fabrication s'explique facilement, il

Variation possible, ici la porte est en placage de poirier 6/10e. Un petit créneau de 2 x 2 mm est découpé à l'endroit de la serrure. On y incruste un petit carré de bande magnétique. Un petit trou de 0,5 mm pour passer un fil de fer, et le couder en forme de poignée.

suffit de suivre les photos.
On peut aussi varier, comme sur la photo ci-dessus : la porte est en placage de poirier, avec juste un petit morceau de bande magnétique en guise de serrure.
On peut aussi inverser, faire la porte en tôle, et les moulures en bandes magnétiques, ou, pour les échelles plus grandes, certaines parties seulement de l'un ou l'autre des matériaux.

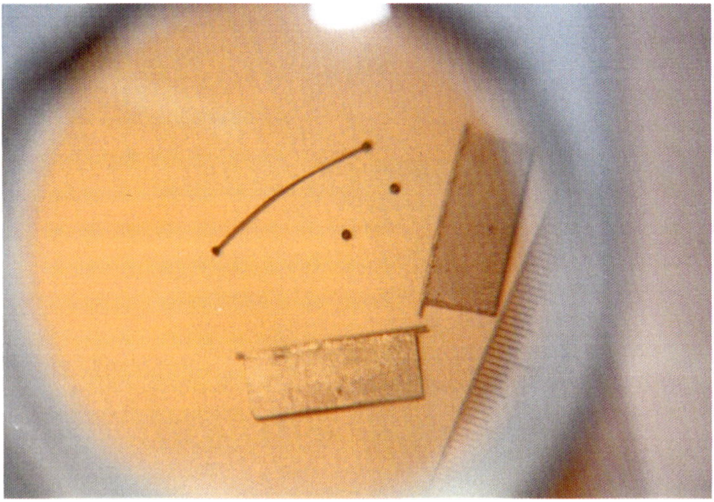

Photographiées sous la loupe, deux portes en bande magnétique peintes en gris métal. A côté, deux perles en plastique. A l'extrémité gauche, deux autres perles sont collées à chaque extrémité d'un petit fil de fer. Celui-ci sera coupé en deux, et emmanché dans le trou de la serrure (voir photo suivante).

Le fil de fer a été coupé en deux, et emmanché dans le trou de la serrure des portes. On a glissé dessus, et collé les deux autres perles. L'ensemble possède maintenant deux poignées de porte. Reste à couper le fil de fer qui dépasse.

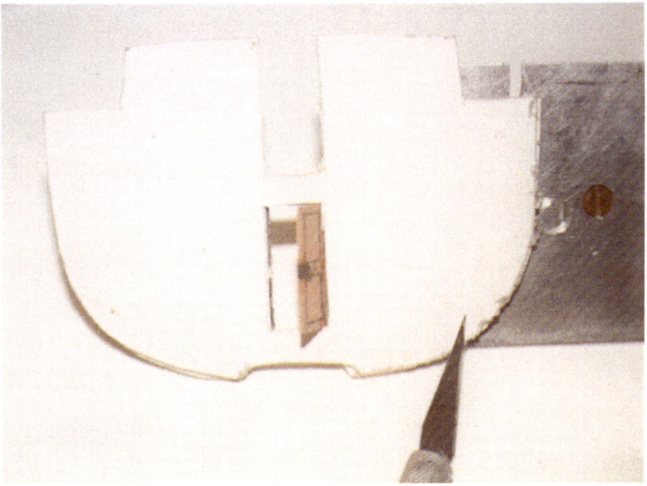

La porte en placage de poirier est en place, et entr'ouverte dans la cloison. Reste à coller les moulures en Canson. Sur la gauche, dans l'ouverture de la porte, en arrière de la cloison, on distingue le petit morceau de fer blanc qui sert en même temps de serrure et de moulure de l'autre côté de celle-ci.

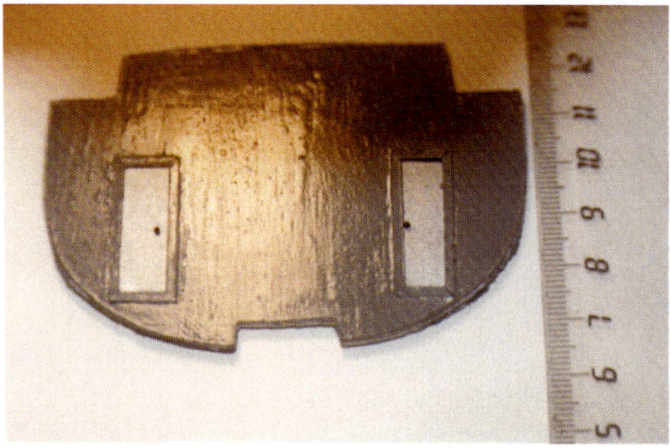

Les deux portes peintes gris métal munies de leurs poignées et de leurs moulures. On ne fait pas la différence entre le fer blanc et le Canson. Seule la peinture grise ressort (elle sera même à refaire à la bombe aérosol). Cela démontre toutefois ce que j'ai expliqué au chapitre 21, la nécessité d'une teinture au lieu d'une peinture. Le morceau de règle graduée donne l'échelle.

Chapitre 29

Les voiles en soie

Mes premières voiles en soie, sur la Réale de France, construite il y a vingt ans. Malgré leurs finitions simplistes, elles étaient déjà plus belles que les flammes que j'avais achetées toute faites dans un magasin spécialisé.

L'une des grosses difficultés pour un modéliste, même chevronné, dans la construction de navires d'exposition, est la fabrication des voiles.
Nous allons donc dans ce chapitre tenter de solutionner ce problème.
Je me dois même d'ajouter que Monsieur Lucien Celle de la Compagnie Modéliste du Val-de-Saône, a remporté la médaille d'or du championnat de France classe C, grâce, m'a -t-il dit par téléphone, aux voiles en soie qu'il avait fabriquées pour la *Vénus*, d'après les conseils que je réitèrent dans ce chapitre, et qui ont été prodigués début 1990.
Revenons à nos voiles. Tout modéliste consciencieux désire, et c'est normal, tout réduire à l'échelle qu'il a choisie. Or, jusqu'à présent, on butait sur le fait qu'on ne pouvait réduire du tissu de coton au-delà de l'échelle 1/15e, avec un pis-aller jusqu'au 1/30e. Au-delà de cette échelle, les voiles ressemblaient plus à de grosses bâches goudronnées et froissées qu'à des voiles de navire. Il fallait donc changer radicalement de tactique, et ne plus s'embêter avec du coton que l'on ne pouvait réduire.
Il faut viser un autre objectif, faire d'une maquette un objet d'art, dont l'aspect esthétique des voiles ne défigure plus un travail souvent minutieux et précis. Ne plus voir de voiliers sans voiles, sous prétexte que celles-ci cachent tout (c'est fait depuis juin 2005 avec la Vénus de Lucien Celle).
On peut très bien faire des voiles en soie véritable, tissu noble par excellence, surtout à l'époque des beaux voiliers, sans défigurer une maquette.
J'en ai fait l'expérience il y a quelques années sur la *Réale de France*, galère de Louis XIV

à l'échelle de 1/75e et à cette époque, je n'avais pas tracé les laizes, car je n'avais pas trouvé le secret.

Après cette petite introduction, nous allons sommairement réviser nos connaissances des voiles du 18e siècle. Voici dans ce chapitre les croquis des différentes voiles utilisées dans la Marine, et où tous les détails sont indiqués, ainsi que toutes les voiles en usage à cette époque.

Sur le dessin 74, le foc central est même composé de laizes cousues presque à l'équerre.

Le système de construction que je vais vous proposer, va permettre sa fabrication, avec des coutures d'une finesse encore jamais vue.

Il faut avant de continuer apporter quelques précisions.

Les voiles étaient (et sont encore faites) en tissu de chanvre blanchi au soleil, ce qui donne une éclatante blancheur (Larousse). En vérité, la teinte était blanc cassé, grisâtre et brillante. C'est l'eau de mer salée qui les rendait opaques et ternes à l'usage.

Les laizes de tissu de chanvre de la manufacture de Brest étaient de 21 pouces (57 cm) pour les voiles basses, et 24 pouces (65 cm) pour les voiles hautes. La largeur de l'ourlet cousant deux laizes ensemble est de un pouce, soit 27 mm. L'ourlet de renfort faisant le tour de la voile s'établit à 15 ou 20 cm selon les cas.

Revenons donc à nos voiles en soie.

Vous trouverez chez tous les bons marchands de tissu de la soie blanche ou écrue vendue au mètre, d'une largeur de 90 à 100 cm.

La soie écrue est à peu près de la même couleur que la toile d'Olonne, avec laquelle

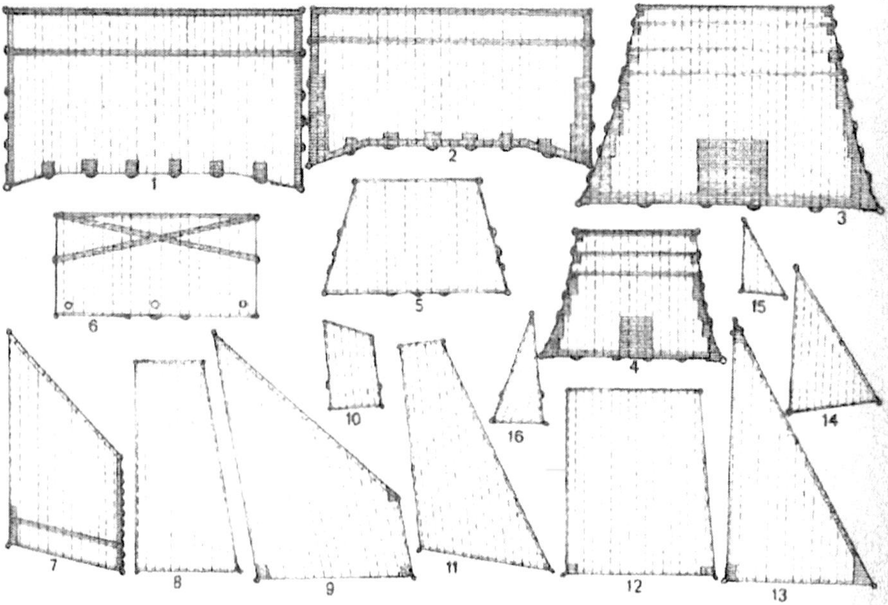

Dessin 72 Jeu de voiles complet de vaisseau (XVIIe-XVIIIe siècle).
1. Grand-voile ; 2. misaine ; 3. grand hunier, petit hunier ou perroquet de fougue ; 4. perroquets ou perruche ; 5. cacatois ; 6. civadière ou contre-civadière ; 7. brigantine ; 8. bonnette de hunier ; 9. grand-voile d'étai ou voile d'étai de misaine ; 10. voile d'étai de hunier ; 11. bonnette de perroquet ; 12. bonnette basse ; 13. petit foc ; 14. faux foc ; 15. clin-foc ; 16. grand foc.

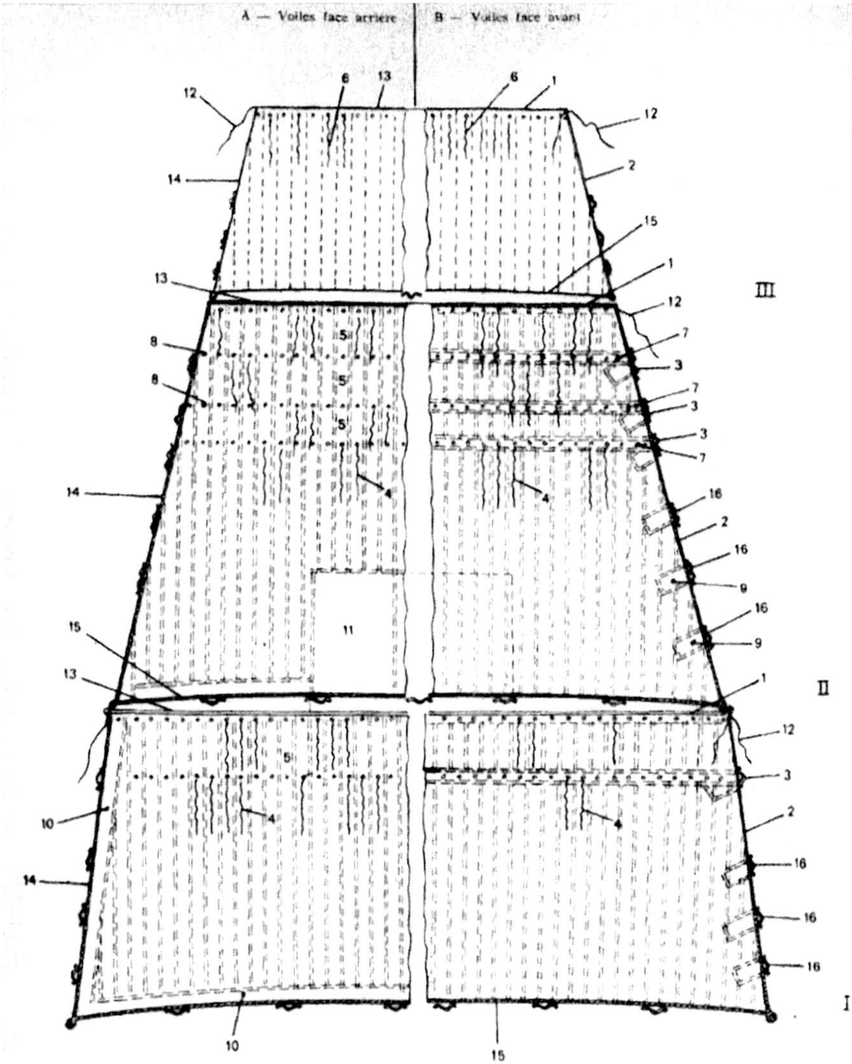

Dessin 73 Parties de voiles de vaisseau (XVIIe-XVIIIe siècle).
I. Basse voile ; II. hunier ; III. perroquet.
1. Ralingues d'envergure (têtière) ; 2. ralingues de chute ; 3. pattes de ris ; 4. garcettes (ou hanets de ris) ; 5. ris ; 6. garcettes d'envergure ; 7. bandes de ris ; 8. œillets ; 9. renforts des pattes de bouline ; 10. renforts de toile ; 11. tablier ; 12. rabans ; 13. têtière ; 14. chute ; 15. ralingue de fond ; 16. pattes de bouline.

étaient faites pratiquement toutes les voiles françaises.
Si néanmoins vous la trouviez trop claire et trop brillante, un bain de 10 minutes dans une infusion de tilleul, à raison d'un sachet pour une tasse, vous la foncera légèrement.
Si vous ne trouvez pas le tilleul assez efficace, du thé fera l'affaire.
La soie la plus courante que l'on trouve, fait 5/10e de mm d'épaisseur, pèse 28 grammes au mètre carré, et a 5 fils par millimètre. Disons qu'en gros, cette soie correspond à des voiles à l'échelle de 1/50e, en poids et en épaisseur. Mais on peut, sans qu'il y ait dispro-

portion, descendre jusqu'au 1/100e, ce qui couvre, je crois, la quasi totalité des échelles employées.

Pourquoi de la soie ?

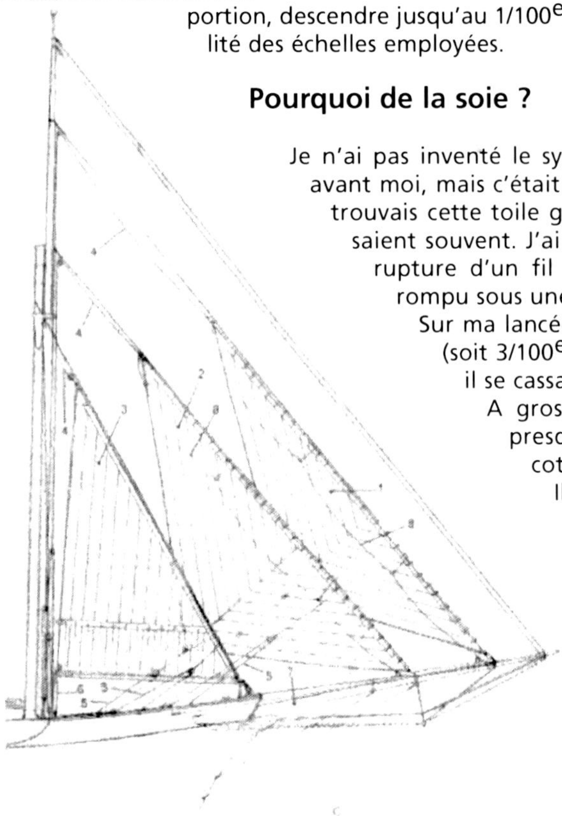

Dessin 74

Je n'ai pas inventé le système du fil tiré, d'autres l'ont fait avant moi, mais c'était toujours sur de la toile de coton. Je trouvais cette toile grossière, et surtout, les fils tirés cassaient souvent. J'ai eu l'idée de tester la résistance à la rupture d'un fil de coton de 2,5/10e de Ø, il s'est rompu sous une charge de 150 grammes.

Sur ma lancée, je testais un fil de soie de 0,3/10e (soit 3/100e, mesuré à peu près au microscope), il se cassa sous une charge de 120 grammes.

A grosseur égale, le fil de soie est donc presque dix fois plus résistant que le fil de coton.

Il possède aussi un autre avantage non négligeable pour ce que l'on désire faire. Il glisse plus facilement sur lui-même, ses fibres étant plus longues que celles de coton, il est donc plus lisse.

Les outils

Il vous faut, pour réussir, quelques outils indispensables à la bonne marche des opérations. Tout d'abord une règle graduée et un compas à pointe sèche, si possible avec vis de réglage central. C'est plus précis, et surtout plus facile pour les mesures.

Le réglet étant prévu pour mesurer les laizes, le compas pour définir exactement quel fil il faut tirer. Quand on sait, comme je l'ai dit un peu plus haut, qu'il y a 5 fils par millimètre (donc 1 pour 2/10e), et que l'écartement entre deux coutures n'est que de 3 fils, on apprécie la précision des pointes sèches d'un compas.

De toutes façons, le fil à tirer est repéré exactement grâce à la loupe (emmanchée dans les lunettes qui grossissent 7 à 8 fois).

Bien sûr, une loupe frontale binoculaire grossissement 5 est non seulement suffisante, mais bien plus facile à utiliser.

Certes, elle coûte plus chère, mais elle offre un champ de vision bien supérieur à une loupe ordinaire, qui elle, est limitée à 4 ou 5 fils, alors que le binoculaire frontal permet de voir deux centimètres facilement.

Le crochet pour tirer les fils

Il est pratiquement impossible de tirer un fil de soie sans cet outil.

Je revendique sa paternité, bien que j'ai déjà vu des auteurs dans certains magasines de modélisme qui se le sont approprié, et ce, depuis 1990, date à laquelle, comme je l'ai dit plus haut, j'avais décrit son foctionnement. Le dessin donne à lui tout seul la solution à sa fabrication.

La photo le représente à l'échelle, et ce n'est pas gros. Ajoutons tout de même une courte explication. Cet outil est usiné en partant d'une aiguille à coudre de 0,5 mm de Ø.

Il faut d'abord emmancher cette aiguille sur un petit bois rond de 5 à 6 mm de Ø, et de cinq à six centimètres de long pour servir de manche.

Percez un avant trou avec un petit foret, enfoncez l'aiguille avec un peu de colle Super Glue. Laissez dépasser le chat d'un centimètre, pas beaucoup plus, car si l'aiguille était trop longue, le léger tremblement de votre main ferait que vous auriez des difficultés à agripper votre fil.

Maintenant, il faut l'usiner. Un petit disque à tronçonner, comme ceux utilisés au chapitre 26 pour les rambardes, fera parfaitement l'affaire, sans oublier votre loupe, bien sûr.

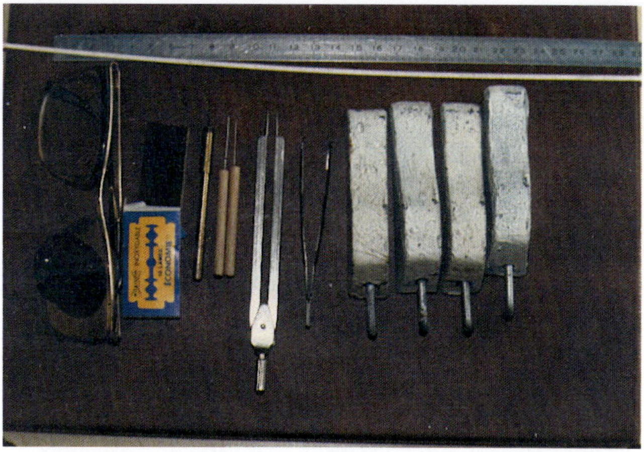

Les outils nécessaires à la confection des voiles. En haut le réglet, en dessous la baguette plastique pour tracer les courbes. A droite les poids en plomb destinés à maintenir la baguette de traçage. A côté la pince à épiler (ou mieux des brucelles fines), ainsi que le compas à pointes sèches qui sert à mesurer exactement la largeur des laizes. Les crochets à tirer les fils, ainsi que la lame de rasoir emmanchée. L'affûtoir en cuir et une lame de rasoir de rechange. A gauche, une paire de lunettes sans verres, dont un a été remplacé par un petit morceau de contreplaqué 5/10e , dans lequel on a percé un trou pour le passage et le maintien d'une loupe grossissement 7, ou mieux 10.

Il vous faut tout d'abord enlever à la meule la moitié (et même un peu plus) du chat de l'aiguille (dessin 64, vue de côté). Désépaissir les côtés (vue de dessus, dessin 64).
Affinez encore l'ensemble, il ne faut pas que votre crochet dépasse les 2/10e sur les

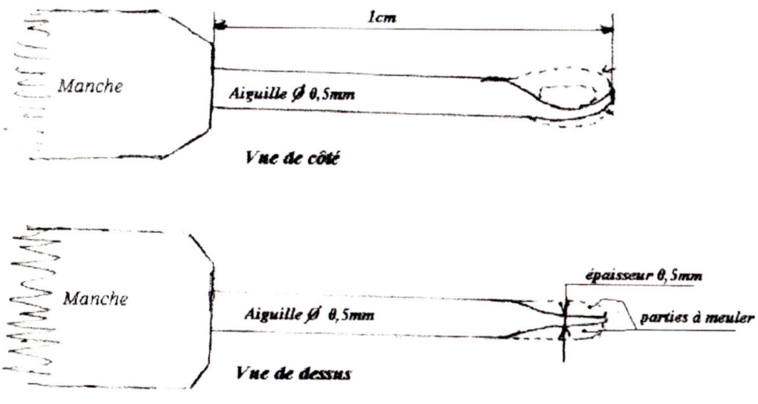

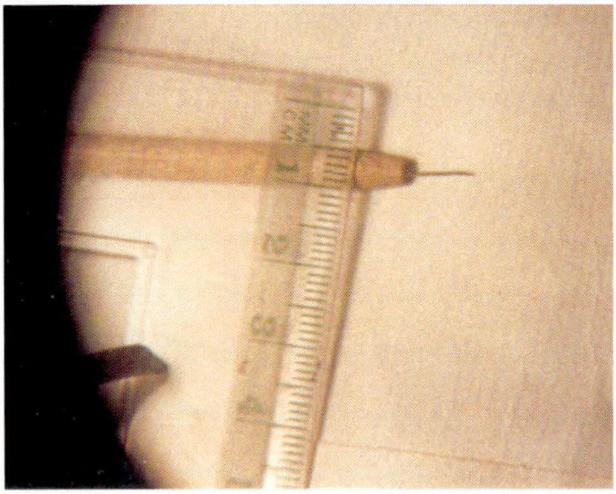

Le petit crochet pour extraire un fil. Photo prise en macro et sous une loupe. La règle en plastique donne l'échelle. Malgré cela, on distingue difficilement la pointe qui mesure 2/10e de mm. Vers le chiffre 4 de la règle, on voit l'espace laissé par un fil tiré dans le tissu.

quatre faces pour pouvoir passer sous le fil à tirer.
Prenez votre temps, polissez et creusez un peu le crochet, sans oublier d'en arrondir les angles afin que ceux-ci ne coupent pas le fil en le tirant.
Il vous faudra procéder à plusieurs essais avant qu'il soit opérationnel.
N'hésitez pas à le polir avec du papier abra-

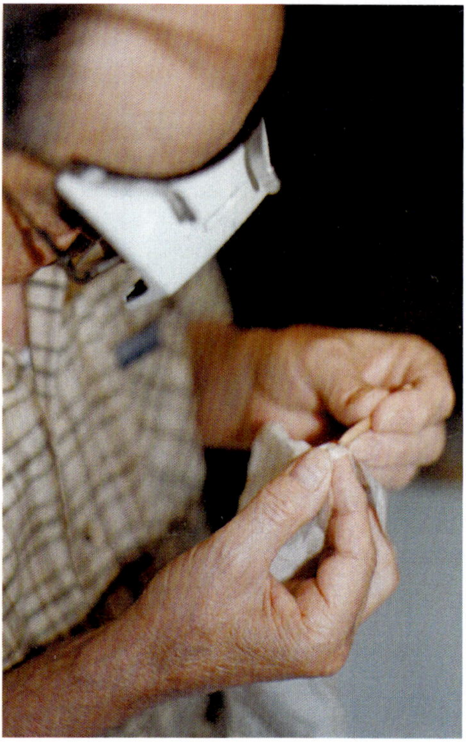

L'auteur en train de tirer un fil sur un morceau de soie, avec le crochet et aussi le binoculaire frontal grossissement 5.

Dessin 66

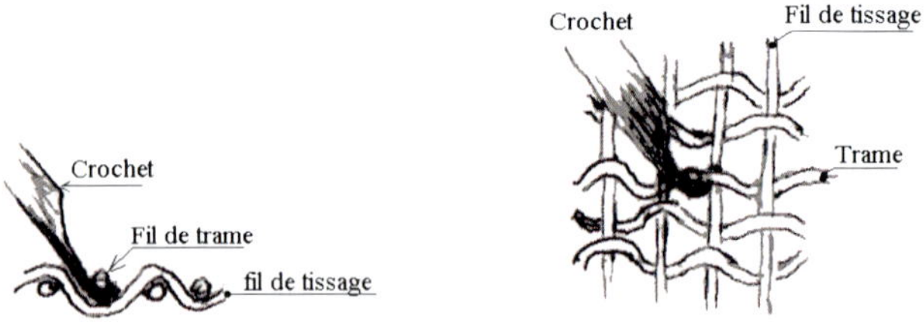

sif très fin, 800 ou 1200. Il se peut aussi que l'aiguille casse, en ce cas, il faut recommencer.
Essayez-vous à sortir un fil, un centimètre suffit à pouvoir le prendre entre vos doigts pour le tirer. Sur la photo, je suis en train de tirer un fil sur un morceau de soie, équipé du binoculaire frontal grossissement 5.

La lame de rasoir emmanchée

Un autre outil indispensable est le morceau de lame de rasoir emmanchée.
Vous cassez une demi-lame de rasoir en forme de triangle, avec une pince à bec plat.
Vous emmanchez ce petit triangle sur l'un des petits supports que je vais vous décrire, à la manière d'une lame d'X-Acto.
Des deux supports de lame de rasoir que je vais vous décrire, il y en a un plus facile à faire,

mais il tient moins bien la lame.
Prenez une tige de laiton ou de buis ronde, de 6 mm de Ø et 7 cm de long. Réduisez le Ø à 4,5 mm, sur 5 cm de long. Les deux centimètres restant, vont être fendus avec une petite lame de scie archet de 0,5 mm d'épaisseur.
Pour le support en laiton, vous allez fileter ces deux centimètres avec une filière de 6 mm. La fente se resserrant lors du filetage, celui-ci fera pince lorsqu'on vissera le petit bout de tube laiton de 6 mm taraudé (avec le taraud ébaucheur seulement) (dessin 65 en bas).
Il suffit d'introduire le morceau de lame de rasoir cassé en triangle, puis, de visser avec une pince le tube sur le manche. Votre lame de rasoir va se trouver bloquée en place.
L'autre système est plus facile à réaliser, mais maintient moins bien la lame. En général on le fait en bois dur (du buis). Il suffit simplement de tourner un peu conique les deux centimètres. Lorsqu'on pousse le morceau de tube dont on a légèrement fraisé le bord intérieur afin de donner de l'entrée, il vient lui aussi faire pince sur la lame de rasoir.
Vous fabriquez donc cet outil, car même un bistouri ne coupe pas assez. Vous serez même obligé d'affûter votre lame de rasoir.

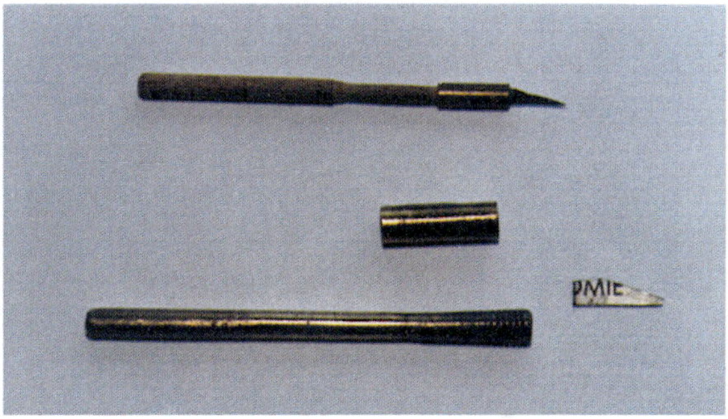

Deux sortes de manches pour la lame de rasoir emmanchée. Celui d'en haut est en bois, et le tube de laiton coulisse dessus pour emprisonner la lame. Celui de dessous est en laiton fileté, il offre un meilleur serrage du morceau de lame de rasoir.

L'affûtoir

Sur un petit morceau de contreplaqué ou de bois, collez un morceau de cuir issu d'une vieille ceinture. A moins que vous ayez un cuir pour affûter les rasoirs

Dessin 65

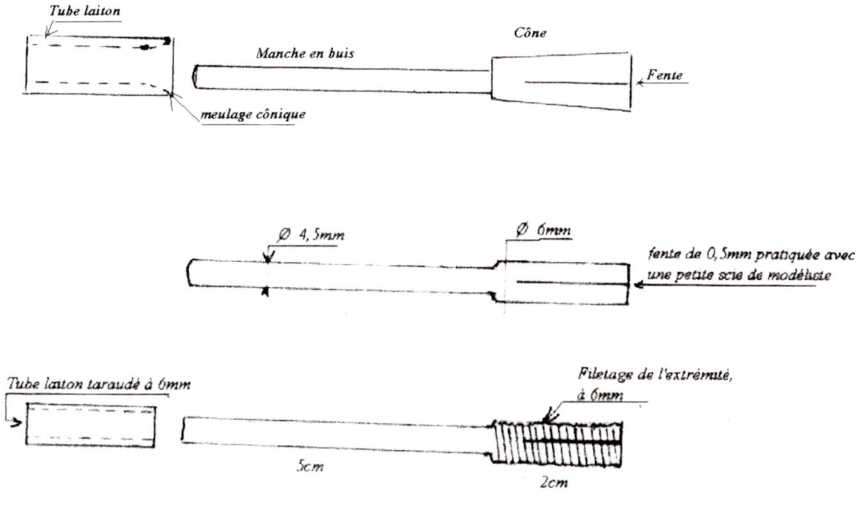

de votre grand-père. Passez dessus un peu de pâte spéciale pour rasoir (on en trouve en grande surface).
Si vous faites votre affûtoir, mettez une goutte d'huile de vaseline avant de passer votre pâte, celle-ci s'étalera mieux, le lendemain tout sera sec. Il ne suffira plus qu'à passer d'un côté et de l'autre votre lame afin d'en aviver le tranchant.

Les poids

Reste les poids à dessins en plomb, qui ne sont là que pour tenir le tissu en place. Une ou deux feuilles de carton vous seront indispensables pour couper votre tissu avec la lame de rasoir, sans entamer la table de la cuisine. Si vous avez fabriqué une planche anti-adhésive (chapitre 17), elle vous sera indispensable pour la finition de vos voiles. Sinon, c'est le moment d'en faire une.

Préparation du coupon de soie

Pour savoir de combien vous allez avoir besoin de tissu de soie, dessinez (en miniature) sur un papier toutes les voiles dont votre maquette aura besoin (dessin 70).
Pour chaque voile, vous ajouterez 2 cm de chaque côté, autant en-dessus et en-dessous. Puis vous ajouterez une hauteur égale à celle de la voile. Ce sera la réserve des fils teintés. Réservez entre chaque série de voile un espace de 2 cm. Cet espace servira de réserve de fausses coutures.
Le plan de vos voiles étant établi, vous n'aurez plus qu'à acheter votre tissu.
A ce propos, le tissu est vendu en général en coupon de 90 cm de large, comme je l'ai dit plus haut. De cette largeur, vous en déduirez vos besoins en longueur.
Ainsi, sur le dessin 71, c'est l'ensemble des voiles de la *Flore* à l'échelle 1/75e qui nécessite 121 cm de soie. Pour éviter des mauvaises surprises, j'en ai acheté un coupon d'un mètre cinquante (140 cm auraient suf-

Dessin 70

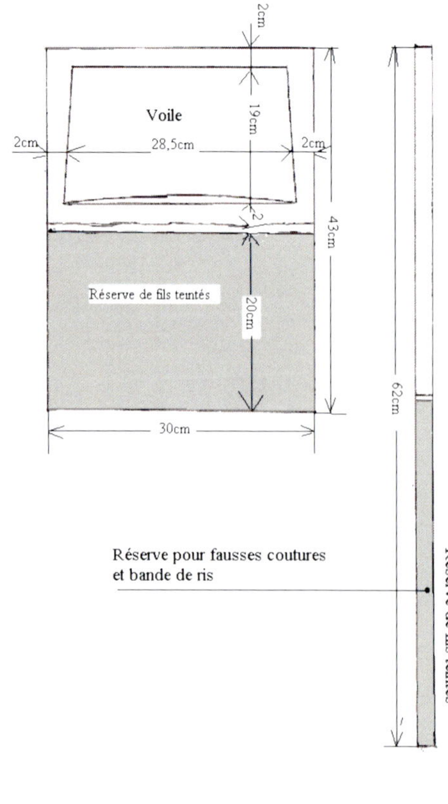

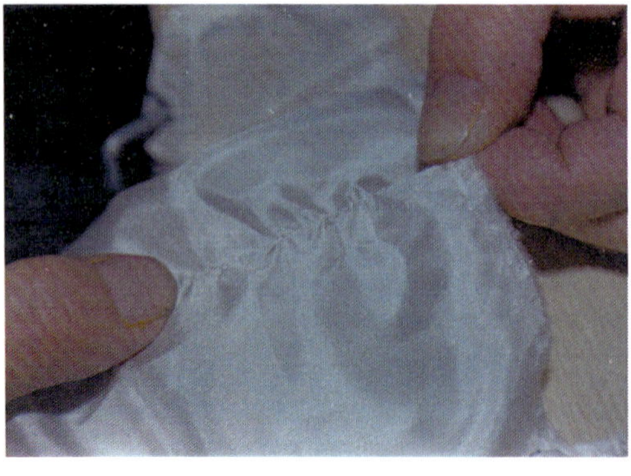

L'art et la manière de tirer un fil de soie, on tire et on plisse, puis il suffit de frotter les plis vers la gauche (sur la photo) pour que le fil glisse vers la droite.

Dessin 71

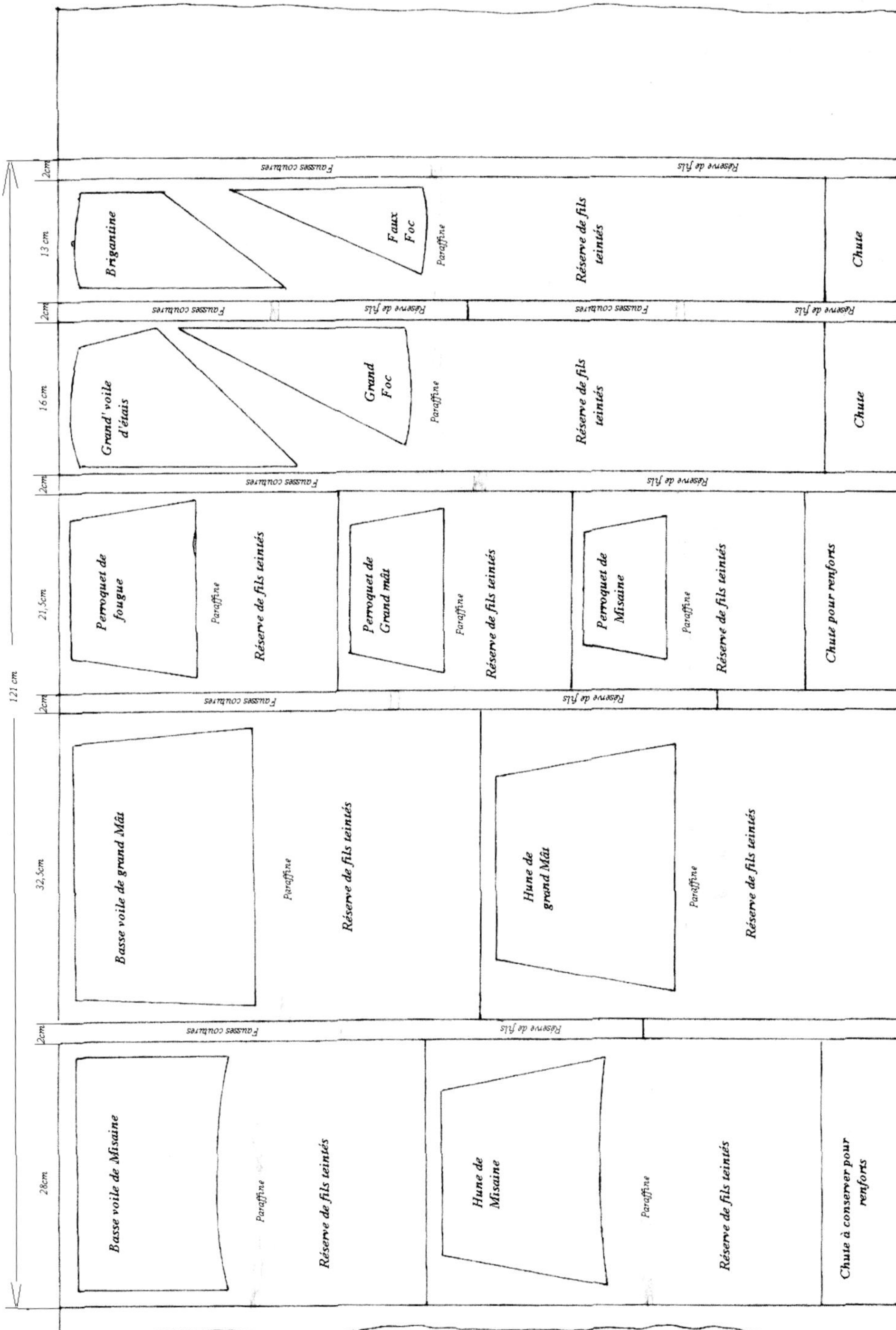

Coupon de soie de 140 x 90 cm

fit, mais on ne sait jamais).
Il vous faut disposer d'une grande table sur laquelle vous pourrez étendre votre coupon. Reste maintenant à séparer les voiles selon le plan que vous aurez établi. Pour cela, il faut déjà tirer votre premier fil, le plus près du bord du coupon possible, mais il doit être extrait en entier sur les 90 cm de la largeur. En effet, ce fil tiré va marquer l'équerrage du coupon. Ce fil tiré va se comporter comme un trait tracé au crayon mais bien plus fin. De plus, on est sûr qu'il suit parfaitement la trame.
Avant de couper, et pour éviter que le tissu ne s'effiloche, posez à cheval sur l'espace laissé par le fil, une bande de Scotch adhésif et transparent. Il n'y aura plus qu'à couper avec la lame de rasoir emmanchée en suivant le centre de cette ligne. Tout ceci, bien sûr, aidé par la loupe, ou mieux par un binoculaire frontal.
Il vous faudra aussi en tirer un après chaque série de voile, et après chaque série de fausses coutures. Il vous faudra faire la même chose dans le sens transversal, afin de séparer votre voile et sa réserve de fils. Pour exemple, le dessin 70 donne les cotes d'une des voiles de la *Flore*. La teinture des fils se fera après.

Le tirage des fils

Il me faut tout de même vous donner la marche à suivre pour tirer un fil :
Muni de votre loupe frontale, vous allez, à l'aide de votre crochet, extraire de la trame un petit bout de 1 à 2 cm, afin de pouvoir le saisir entre vos doigts.
Pour cela, introduisez votre crochet sous le fil de la trame que vous avez repéré par un point marqué au feutre très fin, ou à la mine de crayon gras bien affûtée. Ce petit bout de fil de soie que vous venez de tirer, va ressembler plutôt à un bouquet qu'à un fil.
Mouillez deux doigts avec un peu de salive, et donnez à tordre afin de reformer le fil.
Serrez-le bien entre vos doigts, et avec l'autre main, faites-le coulisser de quelques millimètres. S'il venait à casser, tirez le fil voisin.
Votre tissu va se plisser. Avec l'autre main, lissez doucement ces plissures jusqu'au bout de votre morceau de tissu.
Recommencez autant de fois qu'il le faudra, le fil va venir de plus en plus facilement, et même pour les quelques centimètres de la fin, il va venir tout seul.
Exercez-vous, et quand vous aurez pris de l'assurance, vous pourrez tirer 4 fils de laize d'un coup, en collant avec un morceau de ruban adhésif les fils sur la table (voir le Scotch sur l'extrême droite de la table sur la photo).
J'ai même tiré de cette façon dix fils

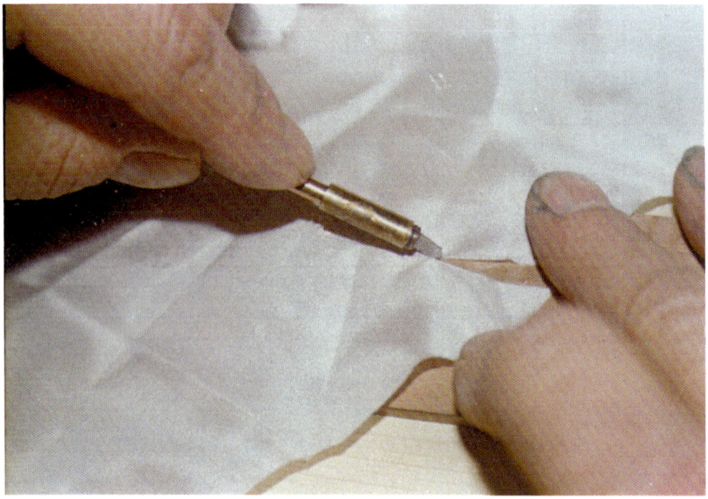

A l'emplacement du fil tiré, il se forme un vide, qui sert de ligne. Il suffit de suivre cette ligne pour couper le tissu avec une lame de rasoir. On est sûr ainsi d'être d'équerre et parallèle.

ensemble dans les bandes de renfort et de ris.
Cela vous fera gagner beaucoup de temps, car il faut compter dix minutes pour 1 fil, et 20 minutes pour 6 fils.

Petites astuces

Pour faire un repère de coupe parfaitement droit, tirez un fil complet.
Pour marquer le bord des voiles, tirez un fil de couleur, il vous servira de guide lorsque vous collerez la ralingue, qui devra se positionner obligatoirement dessus.
Attention, lorsque vous tirez un fil de couleur pour marquer la couture des laizes, ne le tirez pas trop loin, car c'est le bas de la voile qui manquerait de fil teinté.

Teinture des réserves de fils

Maintenant que vous avez vos rectangles de voile, il faut teinter la partie réserve de fils. Cette partie est légèrement plus grande que la hauteur de la voile, afin de ne pas manquer de fils teintés, soit en haut, soit en bas.
Il y a toutes sortes de teintes pour soie. Il y a en plus les feutres de couleur, et de l'encre de Chine de couleur. Sur les photos présentées, c'est de la teinte chamois spéciale soie qui a été appliquée. Sur la photo, c'est de l'encre de Chine (une goutte se trouve d'ailleurs sur le carton d'un couple, au-dessus de la teinture) étalée avec un feutre vide que j'ai utilisé.
Ne mettez pas de peinture ni de café fort, cela collerait les fils, et rendrait la soie rigide, donc impossibilité de tirer les fils, votre ensemble voile-réserve serait perdu.
Si j'ai choisi une teinte chamois pour les coutures, c'est non seulement pour voir celles-ci, mais aussi pour respecter autant que faire se peut, la réalité.
En effet, la couleur des fils de couture était la même que celle des voiles. Afin de faciliter leurs glissements, ces fils étaient poissés avec un mélange de suif et de cire, à la manière des fils de cordonnier, ce qui leur donnaient une teinte plus sombre, genre chamois.
Il est aussi possible de teindre l'ensemble de la soie en rouge brique par exemple (car il existe des voiles rouge brique), et de teinter les fils en noir ou en bleu marine. Dans la réalité, même les ralingues étaient traitées pour maintenir leur souplesse, car l'eau de mer les aurait vite rigidifiées. Simplement, il faut teindre tout le coupon avant toute intervention.
Une petite précaution toutefois, si vous employez de la teinte pour soie, ou de l'encre de chine avec un pinceau, il faut établir une petite barrière entre la soie teintée et celle qui doit rester blanche. Il suffit d'étaler avec un petit pinceau de la paraffine fondue, afin d'éviter que la coloration ne s'étende partout par capillarité. Mais n'en mettez pas trop, car la paraffine colle elle aussi les fils. On distingue très bien cette barriè-

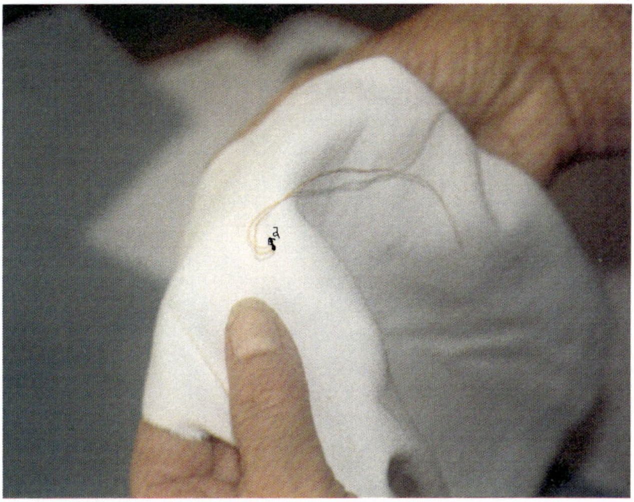

On traverse le tissu au point "a" (n°1 sur dessin 75).

Teinture d'une réserve de fils de couleur avec un feutre de couleur approximativement semblable à l'encre de Chine terre de Sienne. Derrière, dans un couple en carton, une goutte d'encre dont on va humecter le feutre. La teinture des fils avec de l'encre évite l'emploi de la paraffine, car il n'y a pas ou peu d'étalement par capillarité. Sans paraffine, les fils ne sont pas bloqués, et ainsi bien plus faciles à tirer.

re sur les dessins 70 et 71. Si vous employez un feutre, il ne sera pas nécessaire de mettre de la paraffine. Cela facilitera d'ailleurs le glissement des fils à tirer qui se trouvent un peu bloqués dans la paraffine lorsqu'on emploie une teinte avec un pinceau.

Mais de toutes façons, il faut remplir totalement la réserve de couleur, ou avoir la patience de passer un feutre sur chaque fil.

Calcul de la largeur des laizes

Nous avons vu que les laizes les plus courantes sortant des manufactures de Brest avaient 57 cm de large pour les grosses voiles, et 65cm pour les voiles hautes plus légères.

Cela représente, à l'échelle 1/75e, 7,6 mm pour les voiles basses, et 8,6 mm pour les voiles hautes. Réglez donc votre compas à la dimension voulue, tirez un fil à l'endroit de la pointe du compas. Laissez 2 fils, et tirez le 3e de la façon indiquée par le dessin page suivante. Vous obtiendrez ainsi vos coutures parfaitement parallèles et à 4/10e l'une de l'autre, ce qui dans la réalité représente 30mm.

Lorsque vous serez habitué, vous pourrez tirer plusieurs laizes d'un coup, en collant les fils avec du ruban adhésif sur la table.

Attention, cela est très précis, et se fait uniquement sous la loupe. De plus, lorsque vous tirez un fil, tirez-le de quelques millimètres simplement.

Assurez-vous que c'est bien le bon. Votre marge de 2 cm en haut et en bas permet cette vérification.

D'autre part, il est possible que le nombre de vos laizes ne coïncide pas exactement avec la largeur de vos voiles marquées sur le plan. Dans ce cas,

Dessin 67

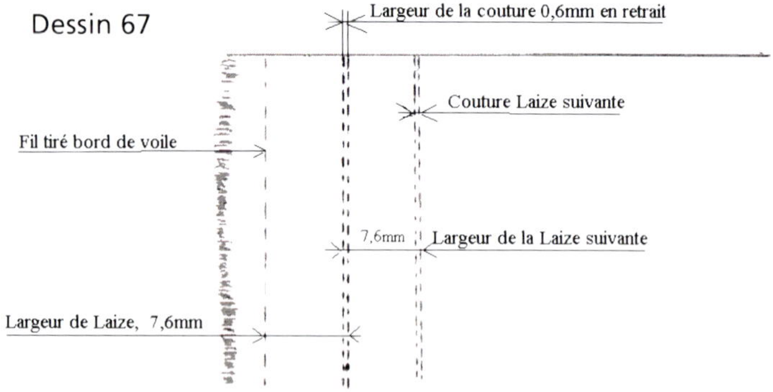

mettez un nombre de laizes entier se rapprochant le plus des dimensions du plan.

Lorsque toutes vos laizes sont tirées, séparez votre voile de sa réserve de fils, votre ossature de voile est terminée. Un petit détail simplement reste à faire.

Après avoir posé une petite bande de Scotch adhésif transparent sur le bas de certaines voiles, à l'aide d'une baguette souple et de vos poids à dessin, coupez à la lame de rasoir la courbe du bas de la voile.

Il ne reste plus qu'à la poser sur la planche anti-adhésive afin d'y coller fausses coutures, ralingues, bande de ris et le reste.

Les dessins précédents 72, 73 et 74 nous donnent une idée précise de la diversité des voiles ainsi que les détails des renforts qui y sont cousus.

Dessin 69

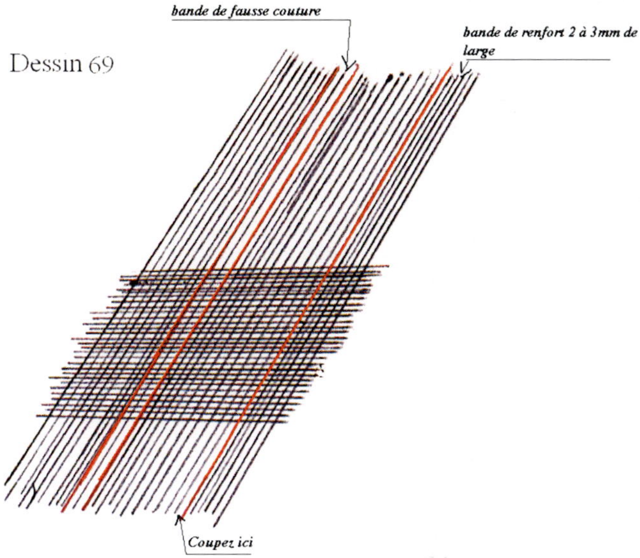

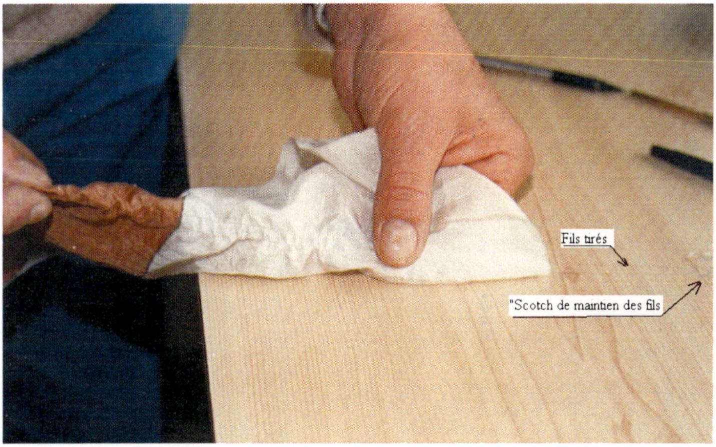

Sur cette photo, on tire plusieurs fils d'un coup. A l'extrême droite, on aperçoit un morceau de Scotch qui maintient les fils. On voit très bien la voile et sa réserve de fils teintés, ainsi que le mouvement de la main gauche qui caresse le tissu pour faire glisser les fils.

Le dessin des voiles, leur composition et le foc central

Le dessin 72, page 188, donne pratiquement la forme des voiles anciennes.

Le dessin 73, page 189, donne le nom et la position des divers accessoires d'une voile.

Sur le dessin 74, page 190, le foc central est composé de deux voiles cousues ensemble avec un angle des coutures de laizes d'environ 80°. Il suffit, en ce cas, de coller une petite bande de 2 mm de colle transfert sur l'une, pour la coller sur l'autre. Vous poserez après, fausses coutures et ralingue.

Tous les fils sont tirés. On voit très bien les coutures de la voile. A gauche, le reste de la réserve de soie teintée. Le réglet donne l'échelle.

Fausses coutures, bandes de ris et le reste

Je ne vais pas vous détailler tous les accessoires cousus sur une voile, le dessin 73 est à lui seul un petit glossaire.

En ce qui concerne les fausses coutures, les bandes de ris et les renforts, suivez leur préparation sur les photos ci-contre et pages suivantes.

On colle tout d'abord une bande de colle transfert sur la soie, après avoir tiré les fils de couleur. On retourne l'ensemble, et apparaît alors une bande de soie sur laquelle on distingue les différents fils de couleur.

On pose l'ensemble sur un morceau de carton, afin de ne pas couper la table, et avec la lame de rasoir, on coupe les renforts ou autre bande de ris, au ras des fils. Si l'on regarde bien cette photo, on s'aperçoit que la bande de ris (la bande coupée la plus large), inclut deux coutures, une sur chaque bord.

En effet, cette bande est cousue par le travers de la voile, et comporte donc deux coutures.

La seconde bande (moins large) ne comporte qu'un fil teinté, soit une couture. C'est normal, car cette petite bande est censée être le bord de la voile retournée, et cousue sur elle-même. Cette bande ne comporte donc qu'une couture.

On enlève le papier protecteur de la colle transfert, et l'on applique fermement la fausse couture à sa place, sur la voile, qui se trouve épinglée sur la planche anti-adhésive. On fait ainsi le tour de la voile.

Puis on colle la ralingue qui n'est en fait qu'un fil de coton de même couleur (chamois). On passe un peu de colle contact genre Pattex sur le bord de la voile avec un très petit pinceau, et simplement on passe le fil entre ses doigts enduits de colle.

Comme son nom l'indique, le fil va se coller tout seul au contact du bord de la voile.

Vous fixez le fil en place avec des épingles, on peut même en mettre aux endroits des pattes

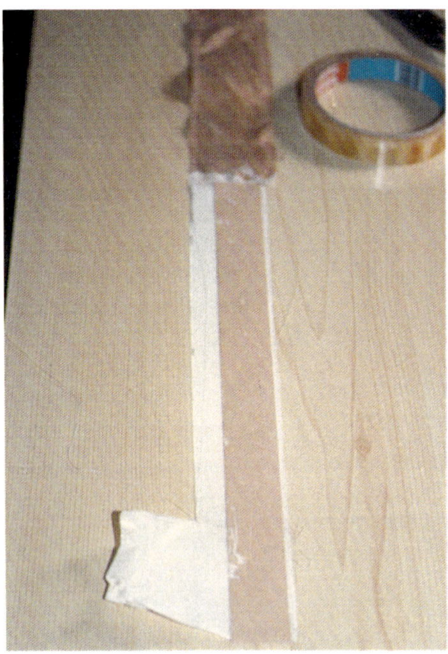

Sur une bande de tissu, on a tiré les fils pour les fausses coutures et la bande de ris. Avant de séparer ces petites bandes à la lame de rasoir, on les recouvre avec de la colle transfert, afin qu'il n'y ait plus qu'à les poser en place pour qu'elles soient collées.

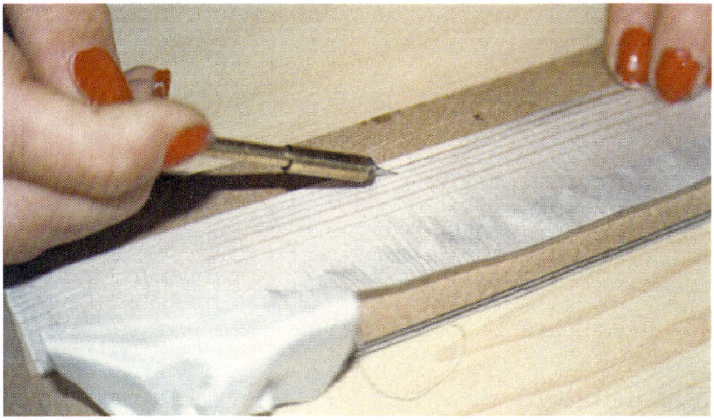

On distingue mieux ici les fausses coutures et les bandes de ris. On coupe l'ensemble tissu-colle transfert en même temps, avec la lame de rasoir. L'opération se fait sur un morceau de carton ondulé, pour ne pas abîmer la table.

On distingue les fils tirés (avec une double ou une simple couture), de bandes plus ou moins larges selon qu'il s'agisse de fausses coutures ou de bande de ris. Le morceau de colle trans-fert se trouve en dessous (photo précédente).

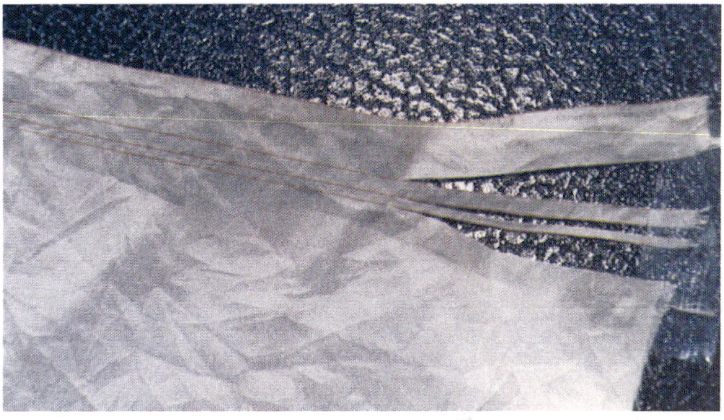

J'ai séparé exprès deux bandes différentes, celle du haut possède deux coutures, c'est la bande de ris. Celle de dessous, moins large, est une fausse couture, que l'on va retrouver sur le bord de la voile.

de bouline (ou hersaux), pour faire comme un pont non collé à la voile.
Ces pattes de boulines ou her-saux ont un renfort cousu sur la voile.
Un petit morceau de soie dont

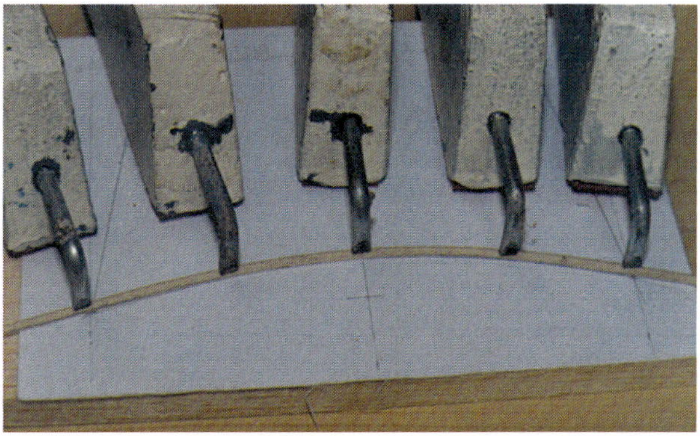

Les poids à dessin vont servir à établir la courbe de la base de la voile, sur le dessin, mais aussi pour sa découpe à la lame de rasoir.

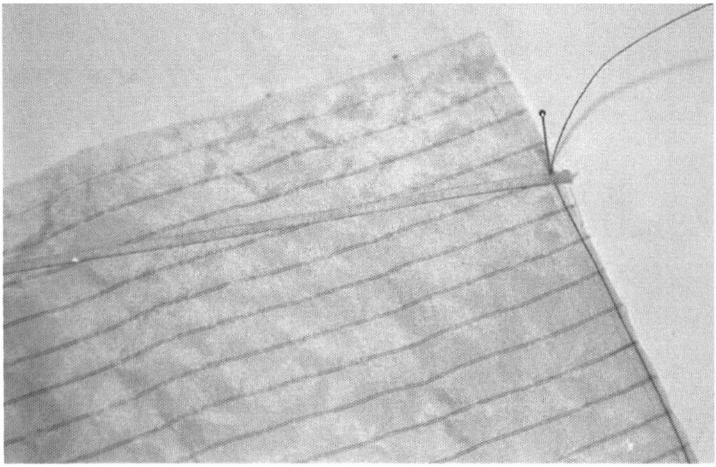

On voit sur cette photo, la petite bande de soie formant fausse couture, collée en place par la colle transfert sur le côté de la voile. On voit aussi la ralingue collée elle aussi en place par de la colle contact. L'ensemble est maintenu en place par une épingle, le temps du séchage.

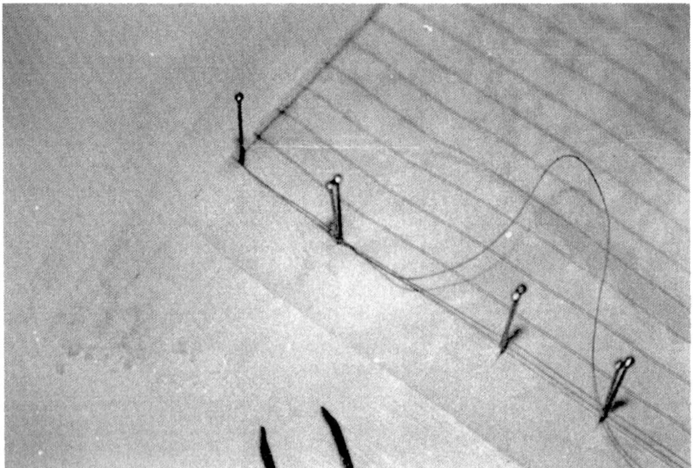

On colle la ralingue, et avec deux épingles, on façonne des petits ponts, qui formeront les passages pour les boulines.

on a tiré les fils pour former des carrés, est traité de la même façon.
Il suffit de découper les carrés entre les fils teintés, et de les coller, à la colle transfert, à leur place sur la voile. Il ne vous reste plus qu'à poser vos garcettes.
Nous allons traiter ce sujet au prochain chapitre, car j'ai trouvé deux systèmes qui les obligent à rester en bon ordre, et surtout à tomber le long de la voile, et non plus à remon-

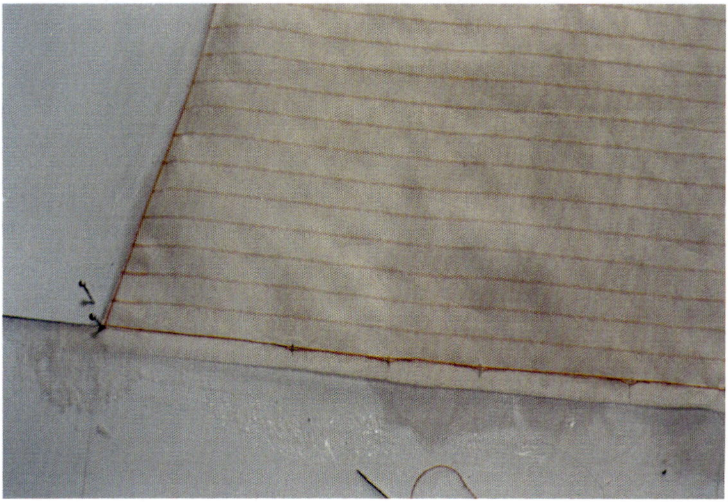

On a retiré les épingles, et les passages de boulines sont bien visibles. Il ne restera plus qu'à coller les renforts.

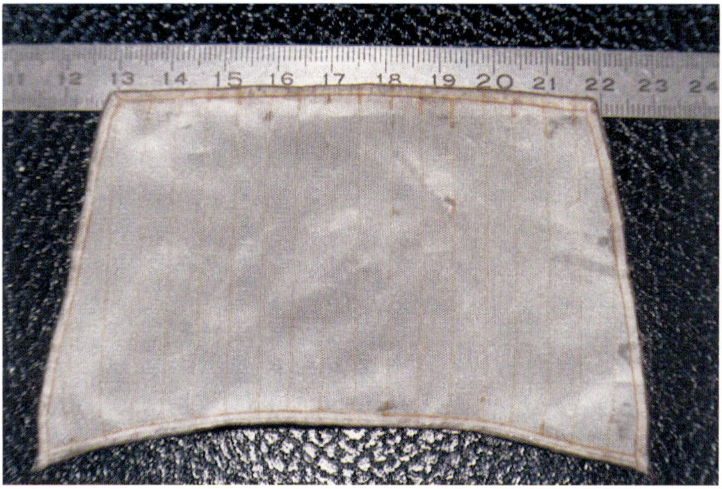

Voile de perroquet de grand-mât. Les fausses coutures et les renforts de cette voile ont été collés avec de la colle spéciale tissu. La finition n'est pas très nette, c'est pour cette raison que j'ai employé de la colle transfert.

ter vers le ciel, voire à se mettrent à l'équerre. Il est évident que, jusqu'à maintenant, il n'était pas facile de faire pendre ces petits bouts de fil le long de la voile. Alors, on les collait pour éviter qu'ils ne s'en aillent dans tous les sens.

Basse voile de grand-mât. Les fausses coutures, la bande de ris et les renforts ont été mis en place avec de la colle transfert. On voit la différence avec la voile précédente. Reste à poser les garcettes.

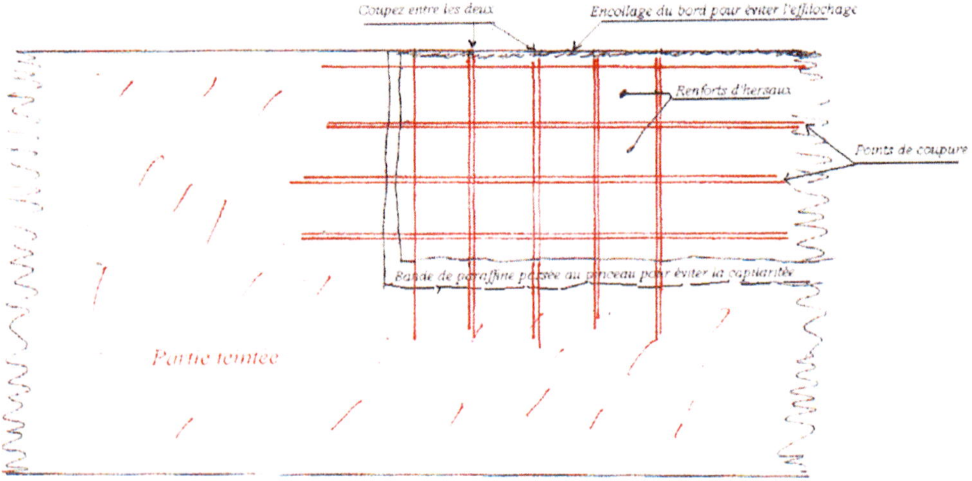

Dessin 68

Chapitre 30

Des garcettes enfin disciplinées

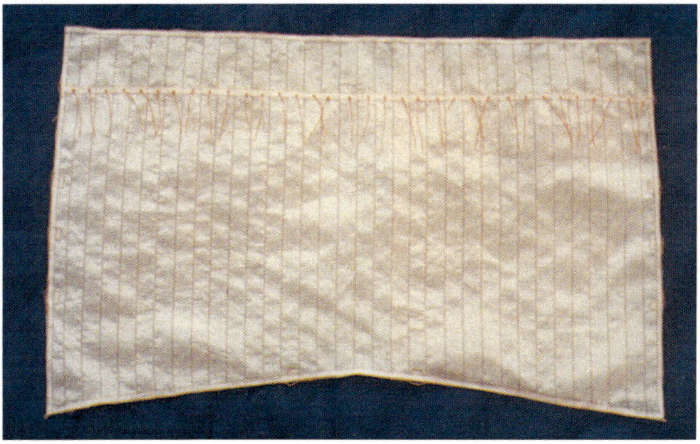

La basse voile du grand-mât de la Flore. On voit très bien les fausses coutures, les hersaux, la bande de ris et ses garcettes. Je n'avais pas à cette époque trouvé le truc pour que celles-ci restent en place.

J'ai cherché bien longtemps, comme tous les modélistes, le moyen d'empêcher les garcettes des voiles de rebiquer. Pour éviter qu'elles ne remontent vers le haut, et ne se trouvent à l'équerre (ce qui est pour le moins illogique par rapport à la réalité), je viens de trouver deux façons de les implanter, pour qu'elles restent en place. A l'aide de deux dessins et de quelques photos, je vais vous indiquer comment réaliser l'une ou l'autre. Pour une bonne compréhension des divers circuits, j'ai été obligé de donner des dimensions hors-normes aux dessins par rapport à la réalité. De même pour les photos, j'ai opéré sur un large morceau de coton, alors que dans la réalité ceci se passe sur la bande de ris, qui comme nous l'avons vu au chapitre précédent, ne fait que 3 mm au 1/75e.

Avant de commencer, il vous faut une aiguille dont la finesse soit en rapport avec le tissu où l'on désire implanter ces garcettes. Pour une voile en soie, il faudra une aiguille très fine et du fil de coton lui aussi très fin, et de la couleur désirée.

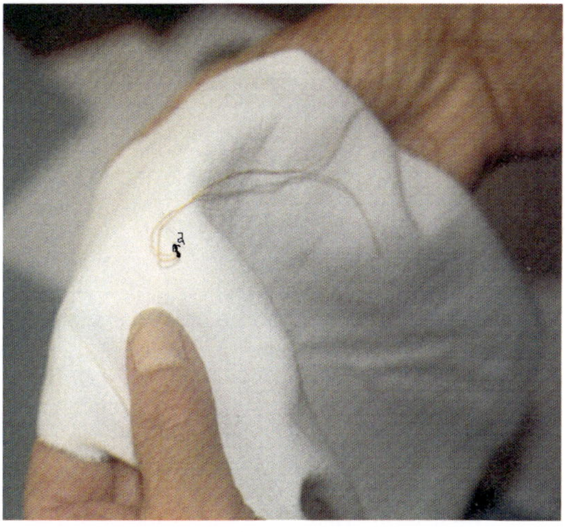

On traverse le tissu au point "a" (n°1 sur le dessin au-dessus).

Première façon

1°) Un peu sur le haut de la bande de ris (dessin page suivante, à droite), on

Dessin 75

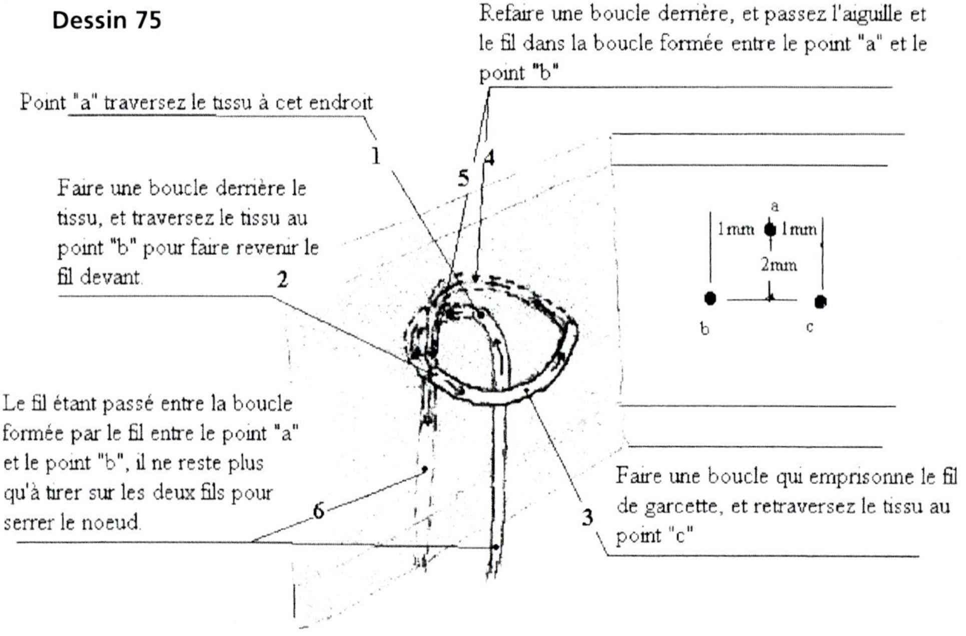

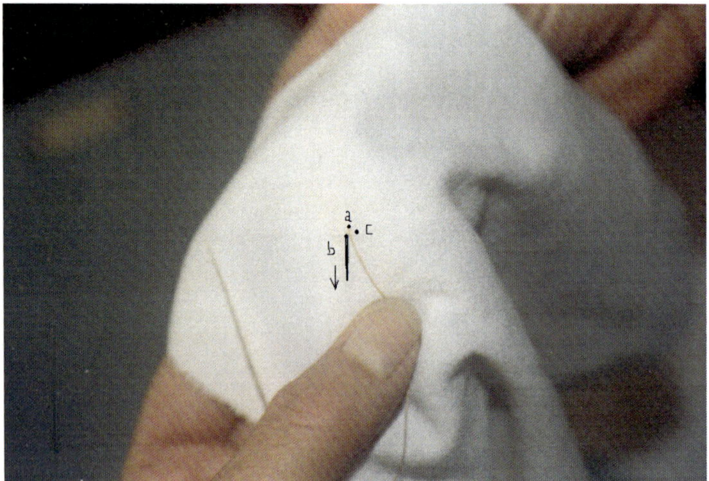

Après la boucle derrière le tissu, on le retraverse dans l'autre sens au point " b", environ 2 mm plus bas, et 1 mm sur la gauche (n°2 dessin 75).

traverse le tissu au point "a" avec une aiguille dans laquelle est enfilé le fil de couleur de la garcette (n°1 sur dessin 75).

2°) Après avoir tiré le fil jusqu'à ne laisser qu'un morceau légèrement plus long que la garcette (on la coupera à longueur exacte à la fin), on fait un demi-tour, et l'on repique l'aiguille pour retraverser le tissu dans l'autre sens au point "b" (n°2, dessin 75, photo ci-dessus).

3°) On fait un petit pont par-dessus le bout de fil de garcette, et l'on retraverse le tissu au

point "c" (n°3, dessin 75 et photo).
4°) On tire sur le fil afin d'emprisonner la garcette avant.
Avec la pointe de l'aiguille, on soulève un peu la boucle de fil "a - b", et on passe aiguille et fil entre cette boucle et le tissu (n°5 dessin 75 et photo).
5°) On tire sur les deux bouts de fil (n°6, dessin 75 et photo) afin de serrer l'ensemble. C'est terminé, il suffit de couper le fil (assez long) et de faire une autre garcette.
Lorsqu'elles seront toutes posées, on les coupera ensemble à la même longueur.

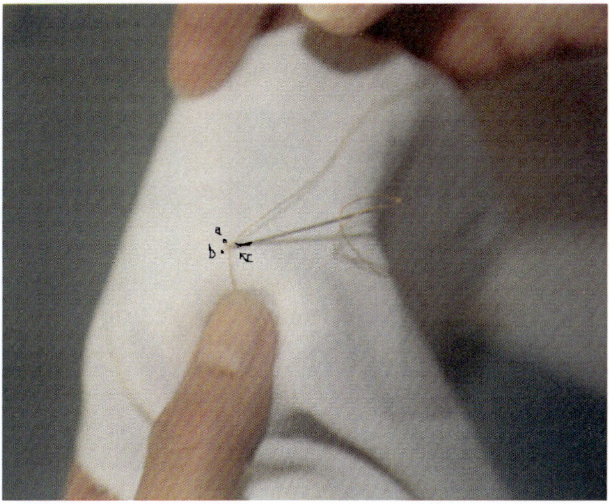

Après avoir traversé le point "b", on fait le pont sur le fil de garcette. On repique au point "c" afin que le fil qui fait le pont, emprisonne le fil de la garcette et l'oblige à rester collé sur le tissu (n°3 sur le dessin 75).

Seconde façon

On pratique de la même façon, jusqu'à l'étape n°4.
Ici, au lieu de passer sous la boucle "a - b", on retraverse le tissu au point "b" au même point que le premier fil (dessin ci-dessus verso).
Ceci forme le second pont, qui va emprisonner l'autre bout de la garcette, de l'autre côté de la voile. On remonte pour passer de nouveau par le point "a" et, passant l'aiguille et le fil sous le pont (entre celui-ci et le tissu), on forme la garcette arrière (dessin 76 verso).
De même que pour la première façon, on tire sur les deux bouts de fil pour le serrer.
Les photos donnent une idée exacte du résultat.
Lorsque toutes vos garcettes sont posées, il faut les couper toutes à la même longueur.
Pour cela, vous posez sur votre voile ,qui se trouve sur votre table de travail, un morceau de carton, sur lequel vous allez aligner vos garcettes, et vous les maintenez en place avec un morceau de Scotch.

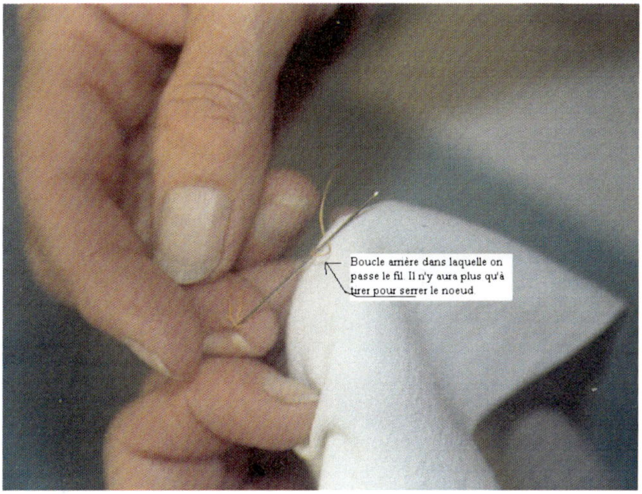

Après avoir traversé le point "c", on soulève avec la pointe de l'aiguille la petite boucle de fil "a - b". On glisse l'aiguille dans la boucle et on tire pour serrer le nœud. Le second pont va ainsi emprisonner le second morceau de la garcette. Car ce fil sera la partie arrière de celle-ci ("4" et "5" sur dessin 75).

Avec la lame de rasoir, vous coupez à la bonne longueur au ras du réglet.
Un petit truc consiste à couper le surplus des garcettes au milieu du Scotch dans le sens de la longueur. Cela évite tout déplacement non désiré. Vous avez compris pourquoi il faut

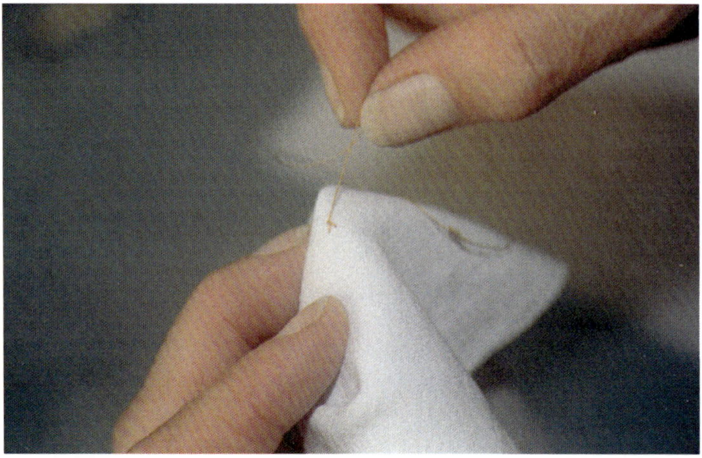

Sur cette photo, on distingue très bien le petit pont qui emprisonne le fil de garcette. On tire simplement dessus afin de serrer le nœud.

mettre un morceau de carton, c'est évidement pour ne pas aussi couper la voile.
Reste à enlever le Scotch, et rendre la liberté aux garcettes.
Un dernier petit soin à celles-ci : mettez un peu de salive sur vos doigts, et passez-en un peu sur chacune d'elle en donnant à les mettre droite, et collées à la voile.

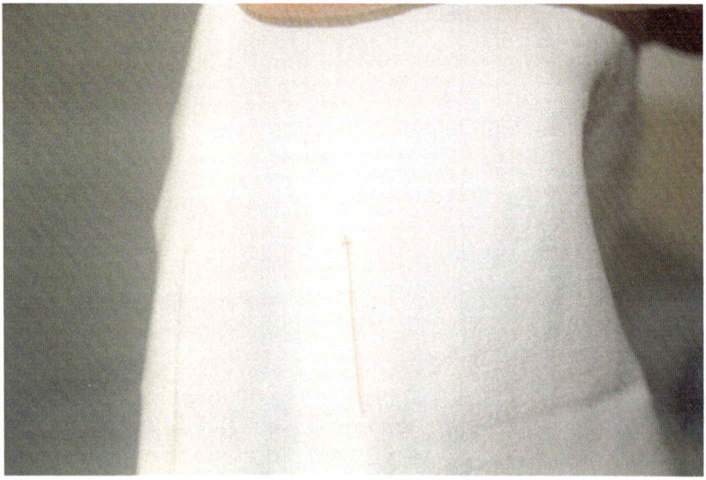

Une garcette est terminée. On voit nettement le petit pont qui emprisonne le fil, et l'empêche de rebiquer. J'ai pris de la toile coton exprès pour pouvoir voir les détails. Il est certain que pour de la soie, on peut faire les points plus rapprochés.

Dessin 76

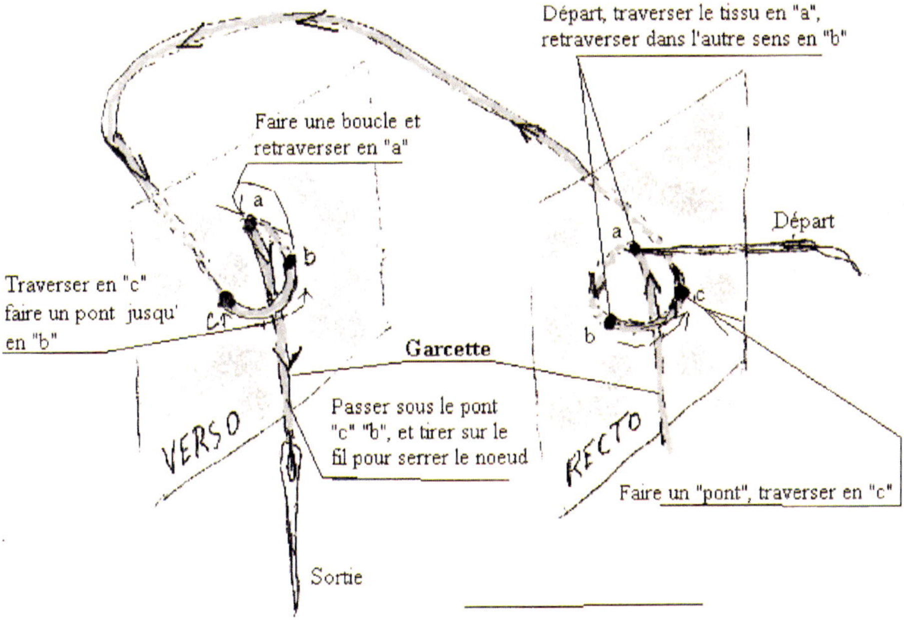

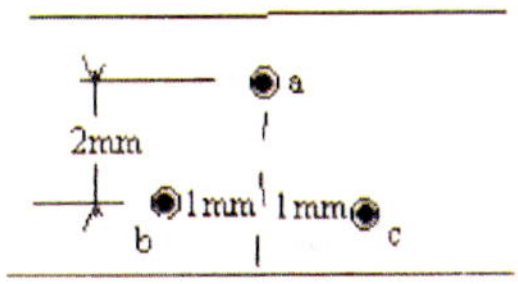

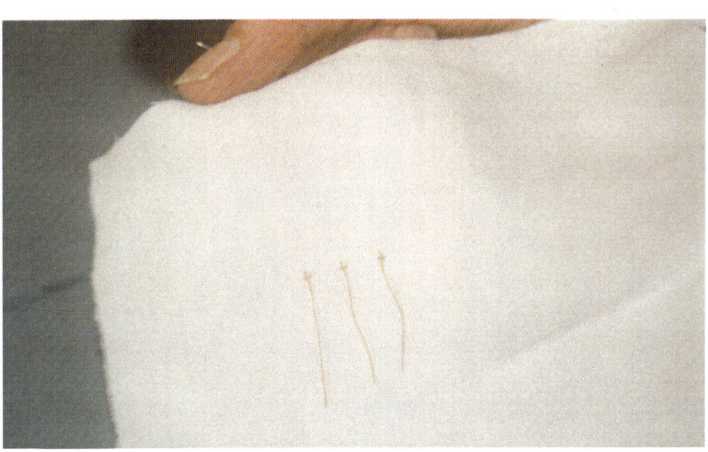

Trois petites garcettes ont été posées. On voit très bien les petits ponts qui les empêchent d'aller en tous sens, et en particulier de se relever.

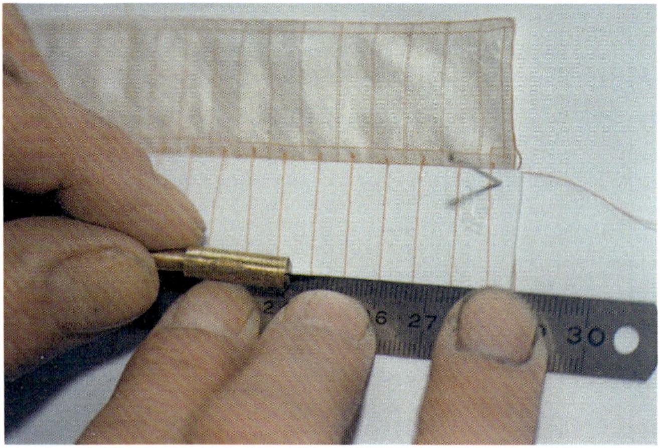

Après la pose de toutes vos garcettes, coupez-les à la même longueur. Pour cela, placez un morceau de carton entre la voile et les garcettes, afin d'éviter de couper aussi la voile. Cette photo a été prise avant que je trouve le "l'astuce du nœud" que je viens de décrire, et comme vous allez voir sur la prochaine photo, il y en a dans tous les sens.

Elles resteront en place en séchant.

Sur la photo d'ouverture, je n'avais pas encore trouvé le truc pour que les garcettes tiennent en place. C'était donc des nœuds qui tenaient les garcettes en place et elles n'y étaient pas toujours. Autre élément très important, sur cette photo, les garcettes étaient en fil de lin, trop rigide pour des garcettes disciplinées.

Pour avoir des garcettes plus naturelles, sans être obligé de les coller, j'ai employé du fil de coton, bien plus souple et plus docile à mettre en place que du fil de lin.

Je pense que vous n'aurez pas trop de difficultés à reconstituer le passage du fil dans la voile, d'après les dessins et les photos. Etudiez bien le circuit de l'aiguille et du fil sur les dessins, mémorisez-les dans votre tête. Exercez-vous d'abord sur un morceau de tissu, vous verrez c'est simple. Tellement simple qu'on se demande pourquoi on ne l'a pas trouvé avant. De toutes façons, vos voiles en soie seront toujours plus belles que ce que peuvent vous fournir des marchands de toile imprimée.

On voit la différence (photo) sur la *Réale de France*, où les flammes ont été achetées, et mes toutes premières voiles en soie dont les coutures n'étaient même pas tirées.

Chapitre 31

Etendards en soie

Après séchage, on froisse l'étendard entre les mains, afin de lui donner la souplesse que la peinture et la colle avaient un peu chassée.

Il y a déjà des lustres que j'ai construit une galère, à l'échelle 1/75e, la *Réale de France*. J'en ai souvent parlé tout au long de cet ouvrage, et je viens encore ajouter un chapitre. Par facilité, mais aussi par paresse, j'avais à cette époque acheté des étendards et des flammes dans une maison spécialisée. J'ai été très déçu lorsque j'ai reçu un petit paquet de toile plastifiée, sur laquelle étaient imprimés, simplement sur le recto, des dessins grossiers. Ce qui en plus n'arrangeait rien, ces étendards étaient d'une rigidité totale. Cela m'a rappelé des images que j'avais vues quelques années auparavant, lorsque les Américains ont planté leur drapeau sur la lune. Néanmoins, je les ai mis en place.
Un jour, chez un ami, j'ai vu des petits médaillons de soie peinte, venant de Chine.
Ces médaillons n'étaient pas bien grands, la dimension d'une pièce de vingt centimes.
L'artiste avait réussi à loger dans un si petit espace un paysage chinois d'une finesse exceptionnelle. J'ai donc pensé que, sans aller si loin dans l'art, je pouvais peut-être peindre mes étendards.
Les débuts ont été difficiles : teintures, peintures, ou encres diverses, faisaient d'énormes pâtés, s'étendant par capillarité à une vitesse foudroyante.
J'ai eu enfin la solution : il suffisait de peindre à la gouache, mais à la gouache préparée, dont je vais vous donner la recette.

Préparation de la gouache

Il vous faut autant de tubes de gouache que vous avez de couleurs, plus une terre de Sienne brûlée, qui va vous servir à dessiner les motifs. Cette teinte est moins criarde que le noir. A ce propos, si vos étendards le permettent, prenez des tons pastel, les couleurs seront plus douces.
Dans un petit récipient (coque de petits bivalves ou bouchon plastique), mettez une goutte de médium pour sérigraphie. Ce produit est vendu chez les marchands de couleur, et même dans certaines grandes surfaces. Il permet, mélangé à votre gouache, d'obtenir un liquide plutôt visqueux. Votre gouache reste moite, et sèche moins vite. Mais surtout elle ne s'étale plus, et permet de tracer des traits extrêmement fins. Les proportions du mélange que je vais vous donner sont simplement indicatives. Disons qu'en gros, on met de 10 à 25% de gouache dans le médium. Ce mélange reste un peu ferme. N'ajoutez surtout pas d'eau, la capillarité reviendrait au galop. Vous allez ajouter comme diluant, tout simplement de la salive. En effet, tout en diluant votre mélange, votre salive est suffisamment filante pour rendre votre peinture prête pour la soie.

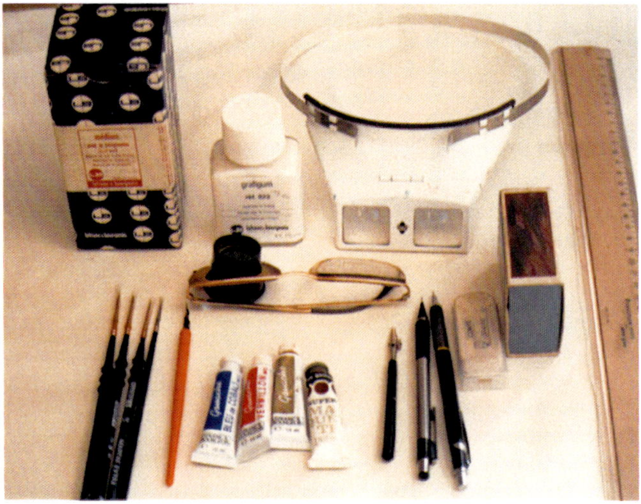

Le matériel nécessaire pour peindre les étendards. En haut à gauche, le médium qui sert à rendre gélatineuse la gouache. A droite le binoculaire frontal si utile, en dessous la loupe dans ses lunettes. En bas à gauche, les pinceaux en poils de martre, de la gouache, des stylomines. Manque sur la photo le stylo à encre or "Pilot gold" pour les dorures.

Mélange teinte soie médium

J'ai aussi essayé, depuis, une autre peinture. Elle marche aussi bien, mais les teintes sont en général plus vives et plus crues que la gouache. C'est tout simplement de la teinte pour soie mélangée à du médium. Passé au pinceau ou à la plume, ce mélange ne s'étale pas par capillarité. On peut donc utiliser l'un ou l'autre au choix.

Autres matériels

A part les diverses couleurs de gouache, il vous faut du médium (à gauche, photo ci-dessus). Vous en trouverez au rayon peinture pour soie, et surtout à accessoires pour sérigraphie dans une grande surface.

Toujours au même rayon, vous trouverez des pinceaux en poil de martre. Ces pinceaux sont un peu chers, mais les résultats sont à la hauteur du prix. J'ajoute que depuis bientôt trente ans que je les ai achetés, je m'en suis servi l'hiver dernier pour la maquette du *Nautilus* du capitaine Némo.

Prenez-en au moins quatre, un n°2 pour la grosse peinture, un n° 1, un 0,3 à poil long pour les traits, et un 0,2 pour les mini-peintures.

Le dessin de l'étendard est reproduit sur la soie fixée dans sa fenêtre de carton, à la mine grasse bien affûtée. On se rend compte de la finesse des traits. On distingue aussi, (à la loupe) la trame de la soie.

Vous complèterez avec une plume à dessin, que vous allez affûter bien pointue sur une pierre à huile (ou à eau). Puis, la polir avec un peu de pâte à polir sur un morceau de feutre, afin qu'elle glisse sur la soie sans l'accrocher. Cette plume vous aidera à dessiner vos motifs, et aussi à rectifier les petits défauts après peinture.

Un autre objet se révèle lui aussi indispensable, le stylo à encre dorée.

C'est un stylo rempli d'encre semi-fluide, qui convient parfaitement pour tracer ou peindre la soie couleur or. Et il y en a de la dorure sur les étendards anciens !

Pour se servir de cette encre, il vous faudra agiter le stylo qui contient une bille pour le mélange de celle-ci.

Sur un morceau de plastique ou de carton, vous faites jouer la pompe que contient le stylo (en appuyant plusieurs fois sur la pointe),

afin de faire sortir une grosse goutte d'encre, qui va sortir sur le plastique, et former un petit pâté.
Il vous suffit de tremper dedans votre plume à dessin très fine, et de l'appliquer sur la soie. Vous obtiendrez ainsi des traits d'une finesse que vous n'auriez pu obtenir en vous servant simplement du stylo. Celui que je possède est un "Pilot Gold", il a trente ans, et continue à donner de l'encre dorée. Ajoutez à cela un ou deux stylo-mine de 0,5 avec des mines grasses (2B), que vous affûterez sur le frottoir d'une boîte d'allumettes, afin d'obtenir des dessins parfaitement clairs et précis.

Dessin 77

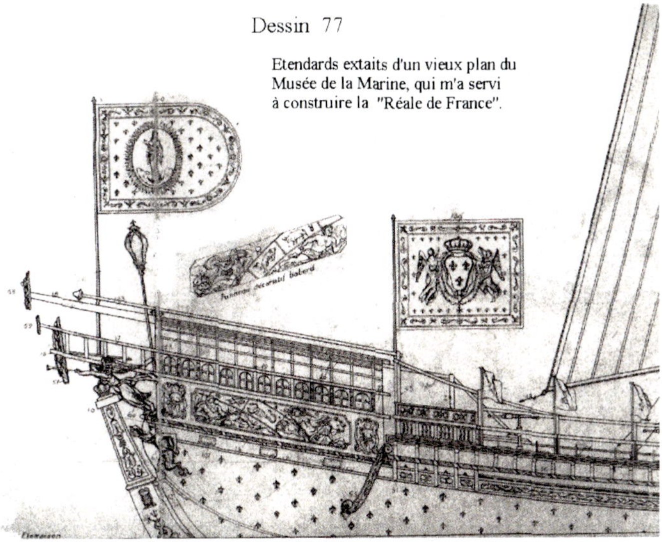

Etendards extaits d'un vieux plan du Musée de la Marine, qui m'a servi à construire la "Réale de France".

Pour terminer, vous aurez aussi besoin d'une ou deux loupes.
Le binoculaire frontal dont nous nous sommes déjà servi pour les voiles en soie est parfait. Il permet une peinture d'une précision remarquable.
Pour vous expliquer la marche à suivre, je me suis servi d'un des étendards de la *Réale de France*. L'échelle du 1/75e permet de comprendre et de contourner les difficultés.

Préparation du tissu et du dessin

En principe, si vous avez un bon plan, les étendards que vous aurez à peindre y sont stylisés. Pour la démonstration, j'en ai pris un sur le plan de la *Réale de France*. Si vous ne changez pas d'échelle, vous le dessinerez directement sur la soie. Sinon, faites une photocopie à l'échelle que vous désirez.
Dans un morceau de carton suffisamment rigide (1mm d'épaisseur), découpez au cutter une fenêtre un peu plus grande que l'étendard à peindre. Ne jetez pas le petit morceau de carton que vous venez d'enlever de la fenêtre, vous le remettrez à sa place lorsque vous peindrez votre étendard.

Le traçage des lignes à la gouache "or", avec le pinceau 0,2, et la règle plate surélevée par des boîtes d'allumettes pour permettre au pinceau de buter dessus, lui servant ainsi de guide pour peindre droit. On voit en plus le scotchage de la soie sur le carton.

Le dessin est terminé et stylisé. Tout ceci, fait à la plume et au pinceau fin, avec de la gouache terre de Sienne brûlée. Les traits et la couronne couleur or ont été peints.

En effet, lorsque vous peindrez l'envers de celui-ci, il vous faudra reboucher la fenêtre afin que la soie ne forme pas une cuvette de l'épaisseur du carton.
Vous découpez aussi un morceau de soie plus grand que votre fenêtre.
Si le fond de votre étendard est en couleur, profitez-en pour le teinter avec de la teinture pour soie avant de le fixer sur le carton. Sinon, utilisez-le tel quel.
Un petit truc en passant : rien ne vous empêche de tirer deux fils à l'équerre, marquant deux côtés de votre étendard. Ces deux fils enlevés vous aideront à fixer votre soie dans la fenêtre du carton, bien au centre, mais surtout avec une trame parfaitement droite et d'équerre. Ceci évitera l'effilochage lors de la découpe de votre étendard. Nous n'en sommes pas là. Pour l'instant, avec précaution, scotchez votre morceau de soie dans la fenêtre du carton, en vérifiant sa rectitude et l'équerrage de la trame.
Il vous faut maintenant, avec votre stylo-mine à mine grasse, bien affûtée pointue, reproduire les divers dessins. C'est un travail délicat, votre binoculaire frontal (au moins grossissement 3,5), vous sera plus qu'utile. Lorsque la décalque de votre dessin est terminée, enlevez-le du plan, retournez-le, vous verrez très bien au travers de la soie votre dessin à l'envers. C'est cet envers que vous allez peindre d'abord, car si vous faisiez le contraire, vous ne pourriez plus peindre la seconde face, les traits de crayon seraient effacés par la peinture. En opérant de cette façon, vous aurez un étendard recto et verso.
A l'aide de vos petits pinceaux, et de votre plume, vous allez peindre le verso. D'abord les lignes dorées, puis le contour des figures (à la gouache terre de

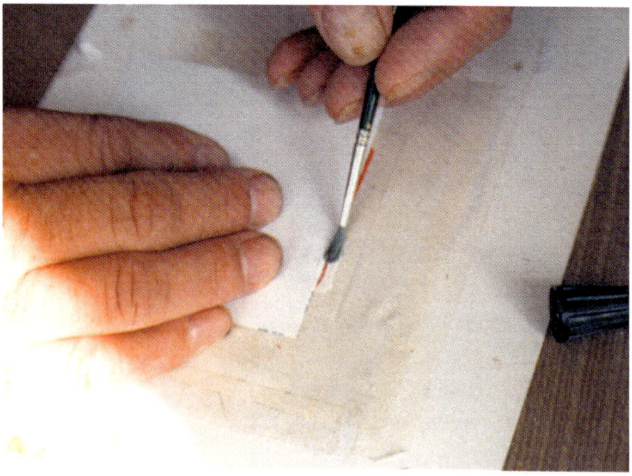

Avant de détacher l'étendard, passez sur les bords un peu de colle spéciale tissu. Laissez sécher l'ensemble une nuit, puis coupez à la lame de rasoir. La colle a pour but d'éviter l'effilochage de la frange du tissu après sa découpe. Si vous avez eu l'idée de tirer deux fils à l'équerre, la découpe en sera simplifiée, car il n'y aura qu'à faire suivre au rasoir le fil manquant. Rien ne vous empêche de tirer aussi les quatre fils marquant les bords de l'étendard, avant de le peindre.

L'étendard est terminé, on a peint le recto et le verso. Il ne reste plus qu'à le détacher avec une lame de rasoir.

Sienne brûlée, c'est plus discret que du noir, et surtout cette couleur ne se voit pratiquement pas après la peinture complète). Avec un pinceau un peu plus gros, remplissez les espaces des diverses teintes. En principe, vous devez réussir du premier coup. S'il y avait quelques petits débordements, ou des taches, enlevez-les tout de suite avec la pointe d'un X-Acto avant qu'elles ne sèchent. De toutes façons, le passage d'un peu de teinte, ou d'une autre couleur selon les besoins, cacheront le défaut s'il y en a un. Lorsque le verso est peint, faites la même chose avec le recto. C'est ici que vous apprécierez d'avoir commencé par l'envers, car vous allez retrouver vos traits de crayon.

L'étendard terminé est collé (à la colle contact) à un fil que l'on fixe sur la hampe.

Découpe de l'étendard

Nous avons terminé notre étendard, nous l'avons laissé sécher un moment.
Avant de le détacher à l'aide d'une lame de rasoir, passez au pinceau un peu de colle spéciale tissu sur les quatre bordures de l'étendard, et laissez sécher l'ensemble toute la nuit.
Cette précaution est nécessaire, afin d'éviter l'effilochage de celui-ci après sa découpe.
Le lendemain, vous pourrez sans risque le découper avec votre lame de rasoir emmanchée, à la façon des voiles. Un peu de colle contact sur son chant intérieur, un peu aussi sur un fil, ou directement sur la hampe en bois ou en métal, et on colle. Votre étendard est prêt. Vous laissez sécher la colle et, avec vos doigts, vous donnez à le froisser un peu, afin de casser la rigidité de la colle. Cela donnera un air plus réel à votre pavillon.

Le problème des fleurs de lys

Les étendards, les flammes, et en général tout ce qui ressemble à un fanion sont parsemés de fleurs de lys, du moins pour la marine ancienne. La question s'est posée lorsque j'ai réalisé les étendards. Comment répéter la peinture d'un motif en dizaines d'exemplaires ?
Après bien des échecs, il s'est avéré que du papier alu pour la cuisine, bien tendu et scotché sur un petit morceau de carton, m'a donné satisfaction.
Une petite mise en garde : ne faites pas de pochoir en papier ou en carton, il serait inutilisable dès la troisième impression, car les bords auraient bu la peinture, et elle se redéposerait sur votre travail. Bien sûr, il y a quelques précautions à prendre. Lorsque votre papier alu, bien plan et sans pliure, est scotché bien tendu sur sa fenêtre de carton, dessinez toujours à la mine grasse et fine, votre fleur de lys.
Attention : dessinez votre fleur de lys (ou tout autre motif) sur une planchette de buis parfaitement poncée et lisse.
Car si vous dessinez ou découpez votre pochoir (parce qu'il s'agit bien de faire un pochoir) sur du carton, vous allez déchirer votre papier alu. Et si vous faites le

Le petit pochoir fabriqué avec un morceau de papier alu, scotché dans une fenêtre en carton. Avec une aiguille affûtée en forme de cutter, on découpe la fleur de lys. Elle mesure 3 mm sur 4 mm. On voit aussi le trait de crayon central qui va servir de guide pour l'espacement des peintures.

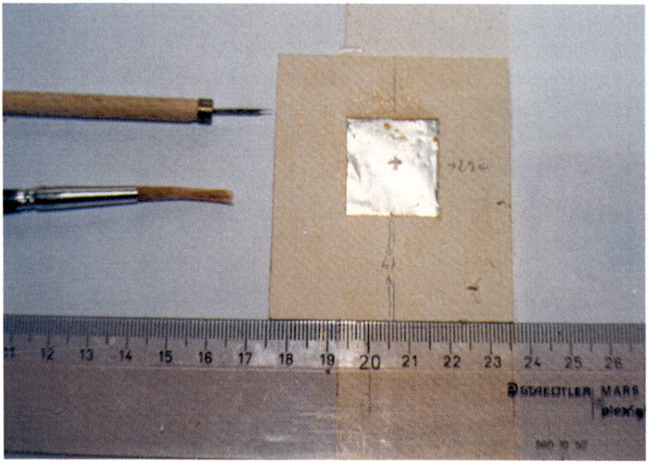

En haut à gauche, l'aiguille emmanchée, affûtée en forme de cutter. En dessous, le pinceau à poils longs qui va servir à passer la peinture. On voit aussi que le trait central du pochoir se trouve sur 20,6 cm sur la règle plate. C'est que l'on vient de peindre la première fleur de lys sur le chiffre 20. L'espace séparant deux peintures est donc de 6 mm. La prochaine se fera à 21,2 cm.

même travail avec une feuille de laiton ou d'alu très mince (1/10e), vous aurez du mal à la découper. Cela demande l'emploi de la grosse loupe grossissement d'au moins 5, pour qu'avec une aiguille de 10/10e affûtée en forme de ciseaux à bois, vous découpiez le pourtour de votre pochoir. Pour reproduire les motifs en alignement, il suffit de repérer le centre de votre motif. Reportez ce centre sur votre carton, à l'horizontale et à la verticale.

Sur la photo, on voit très bien la règle plate sur laquelle s'appuie le carton et son alu pochoir. On voit aussi le pinceau à poils longs, nécessaire pour ne pas abîmer les bords du papier alu, et éviter aussi que la peinture passe par-dessous. On voit aussi l'aiguille de 1 mm affûtée en forme de cutter, et emmanchée sur un petit bout de bois rond.

Nous avons déjà peint une fleur de lys alors que le centre du carton était sur le chiffre 20 de la règle, on va maintenant en peindre une autre à 20,6. Ces six millimètres représentent en effet l'espacement de celles-ci. Pour le second rang, nous déplacerons la règle plate d'autant de millimètres que nous aurons calculé.

Un point important : maintenez la règle en place avec deux poids à dessin, un à chaque extrémité. Reste plus qu'à peindre, ou plutôt caresser le pochoir.

La photo ci-contre vous donne le résultat sur les trois premiers rangs d'une flamme avec ses fleurs de lys en or. Une petite erreur toutefois à ne pas commettre. En effet, j'avais tracé au crayon une ligne sur le bord droit de la flamme, je n'ai jamais pu l'effacer. Moralité, ne jamais écrire sur la soie, vous ne pourriez l'enlever.

Autres petites précautions : attendre quelques secondes entre chaque impression, afin de laisser à l'encre ou à la gouache le temps de sécher un peu.

Retournez aussi le pochoir assez souvent, et nettoyez l'envers avec un pinceau doux et de l'essence, afin de ne laisser aucune trace de peinture que l'on pourrait imprimer sur la soie sans le faire exprès. Cela rendrait alors l'étendard inutilisable.

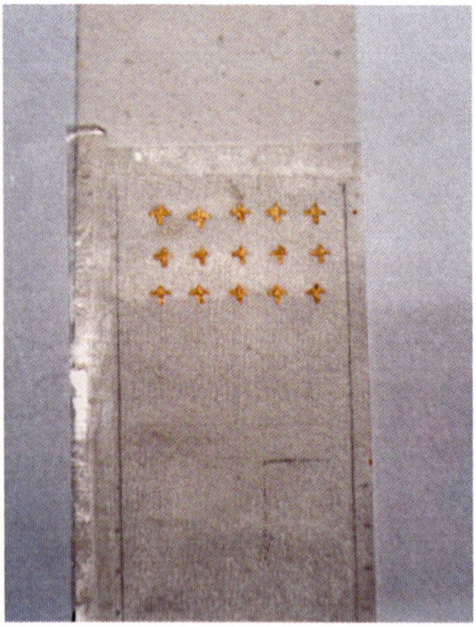

On voit sur cette photo deux traits de crayon qui marquent les bords de la flamme. Ce n'est pas à faire, car on ne peut les effacer. Pour repérer, il vaut mieux le faire plus loin des bords. Cela dit, on voit que les trois rangées de fleurs de lys ont été peintes.

Chapitre 32

La cordeuse

J'ai, pour simplifier, pris tout naturellement le mode d'emploi, qui à lui seul résume toute la fabrication des cordages. Quant à la machine elle-même, c'est à la fois ce qu'il y a de plus simple car comme dans bien des cas, une dimension est toujours fonction d'une autre, et l'on se trompe presque à chaque fois. Ce n'est pas que je veux jouer au vendeur, mais bien souvent il est moins coûteux d'acheter la machine, plutôt que de vouloir en monter une.

Mode d'emploi de l'appareil à commettre (fabriquer) les cordages, ou "Cordeuse"

Vous venez de recevoir votre appareil "Commettre" les cordages. Avant de vous en servir, commençons par faire l'inventaire.

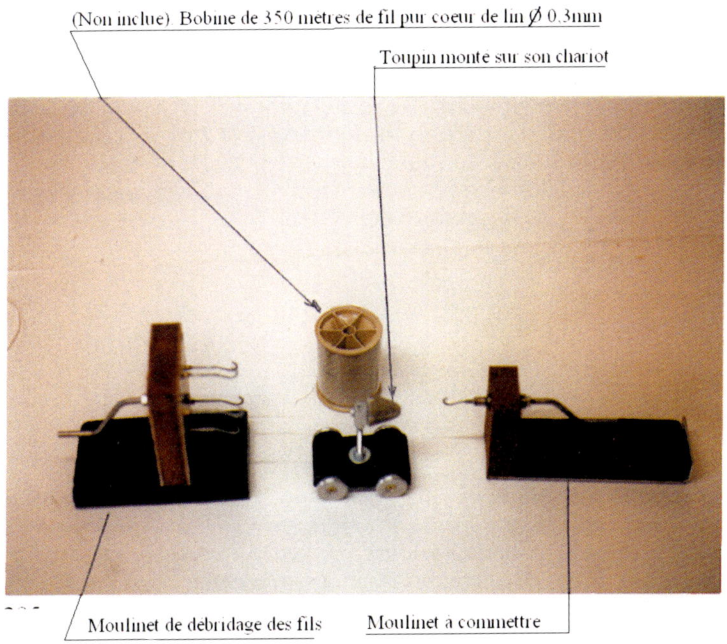

Les trois pièces formant l'ensemble de la cordeuse, photographiées dans leur position de marche (on peut bien entendu inverser les positions, mais toujours le toupin pointé vers le touret à commettre).

La machine

Elle est composée d'un moulinet de débridage des fils, à gauche sur la photo. Il comporte cinq crochets. On peut donc commettre jusqu'à 5 brins, mais on peut aussi n'en commettre que deux.
Au centre de la photo, le toupin, monté sur un petit chariot à roulettes.
Ne vous inquiétez pas s'il n'est pas guidé, pour nous modélistes, nous n'avons souvent besoin que d'un mètre ou au maximum deux mètres de cordage commis. On peut donc remettre le chariot en place s'il dévie.
Au centre du toupin, j'ai percé un trou de 2 mm de Ø, il sert à passer un fil de cuivre ou de laiton, si l'on désire armer le cordage. A droite, le moulinet à commettre.
C'est la manivelle que l'on doit tourner pour obtenir le cordage.
On m'a aussi souvent demandé si on pouvait y adjoindre des moteurs électriques. J'ai toujours répondu non, car il est vrai que ce système n'est pas conçu pour être électrifié. De plus, je ne vois pas pourquoi on électrifierait une cordeuse qui au maximum va commettre deux mètres de cordage sur une période de peut être un an. Cela ne couvre pas le prix des moteurs et de l'installation. Commençons donc à expliquer comment ça marche.

Tout d'abord le fil

N'importe quel fil peut être utilisé, la seule condition est de savoir s'il est commis (torsadé) à droite ou à gauche. Ceci est très important, car si vous inversiez le sens de torsion, vous ne pourriez jamais commettre le cordage. Pour le savoir, il suffit de le détordre entre vos doigts. S'il se détord en le roulant de gauche à droite, c'est qu'il est commis à droite. Il est évident que dans l'autre sens, il est commis à gauche.

Commettre un cordage

Pour commencer, posez le moulinet (celui à cinq branches), sur la table ou par terre.
A une distance correspondant à une fois un tiers plus longue que le cordage que vous désirez commettre, vous posez le touret.
Vous attachez votre fil à l'une des cinq branches du moulinet, vous allez passer le fil dans le crochet du touret, et vous revenez vers le moulinet.

Position des trois composants pour commettre les cordages. Il n'y a pas de limite à la longueur d'un cordage, si ce n'est la grandeur de la pièce où l'on travaille, sur une table ou un établi. Mais surtout c'est simplement ce dont on a besoin.

Ici, il y a deux solutions :
1°) Vous coupez votre fil au second crochet, après l'avoir attaché, vous faites de même avec deux autres crochets (ou un seul), ou encore vous continuez jusqu'à cinq.
Vous pouvez aussi faire les cinq allers et retours d'un seul brin.
2°) Vous pouvez aussi attacher séparément 5 (ou 4 ou 3) fils différents, peu importe.

Pour certains cordages, on est amené à les armer afin qu'ils restent rigides. Un petit fil en cuivre ou en laiton pourra être introduit au centre de celui-ci, en le passant par le trou central du toupin, prévu à cet effet.

Lorsque vos fils sont attachés, faites-les tendre en repoussant le moulinet ou le touret. Le seul impératif, c'est qu'ils soient tous tendus également.
Bien souvent, le meilleur moyen est d'attacher le fil à un crochet du moulinet, d'aller le passer sur le crochet du touret à commettre, revenir au moulinet, et ainsi de suite selon le nombre de brins que l'on désire commettre. En principe, la totalité des fils achetés en France sont tous commis à droite. C'est donc dans le sens ci-dessus que l'on devra détortiller le fil avant de le commettre en tournant la manivelle du touret à commettre.

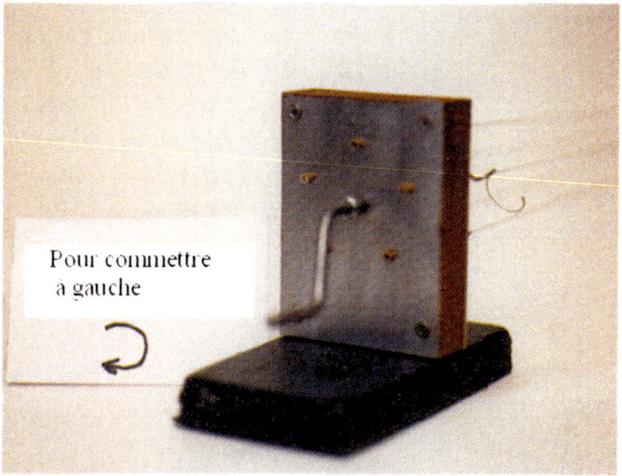

Pour quelques fils venant de l'étranger, il faut vérifier s'ils ne sont pas commis à gauche. En ce cas, il faut détortiller le fil à commettre en tournant la manivelle du moulinet dans le sens indiqué par la flèche.

Le seul critère à respecter, c'est qu'il faut que tous les fils tendent de la même façon.
Introduisez le toupin entre les fils, en s'assurant que chacun soit bien dans sa petite tranchée. Avancez le toupin de manière à ce que sa pointe touche le crochet du touret.
A ce moment, si vous désirez armer votre cordage, introduisez par le petit trou central du toupin, un très fin fil de cuivre ou de laiton. Il se trouvera enrobé dans le cordage lorsque vous allez le commettre. Tournez main-

tenant la manivelle du moulinet dans le sens indiqué par la flèche d'une trentaine de tours. Cela va détordre un peu les fils, et ils vont se relâcher. Retendez-les.
Allez au touret, tournez la manivelle d'une dizaine de tours dans le sens du commettage indiqué par la flèche.

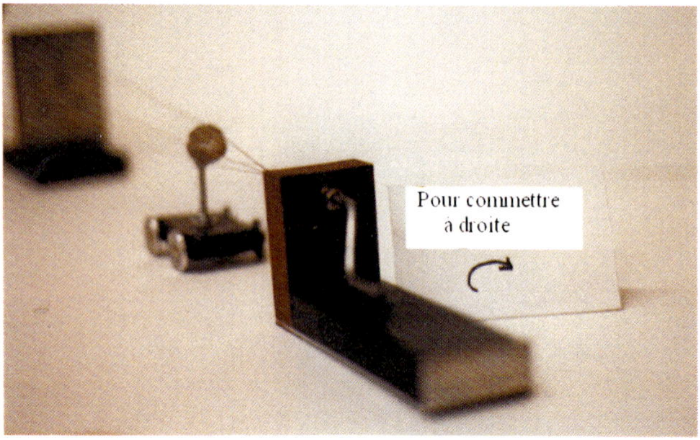

Votre système est en place. Il faut d'abord tourner la manivelle du moulinet d'une vingtaine de tours, puis commettre votre cordage en tournant la manivelle du touret à commettre dans le sens indiqué par la flèche. Après six à sept tours, recommencez. En allant doucement, vous ferez des cordages impeccables.

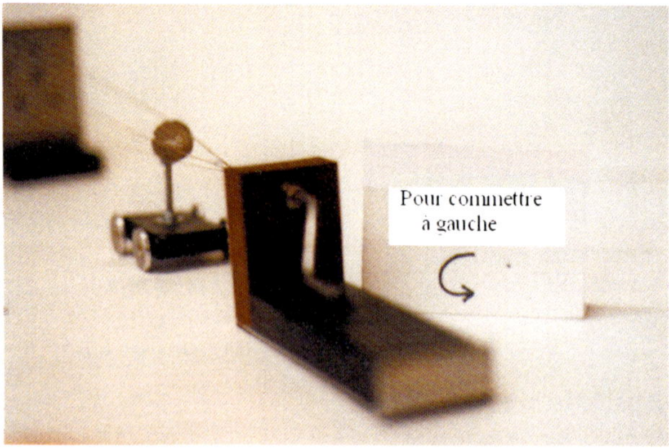

La même chose que la photo précédente, mais pour commettre à gauche.

Le toupin va reculer tout seul, et votre cordage se former sous vos yeux. Au début, soyez prudent, n'en faites pas de grandes longueurs, et surtout faites-le par petites étapes d'une trentaine de tours.
Lorsque vous aurez la main, vous pourrez en faire plus long d'un coup.
La photo étale un échantillon de cordages commis en partant d'un fil de lin de 0,3 mm de Ø.

Après quelques tours de manivelle, on voit le cordage se former sous les yeux. Le toupin recule, et le touret à commettre avance.

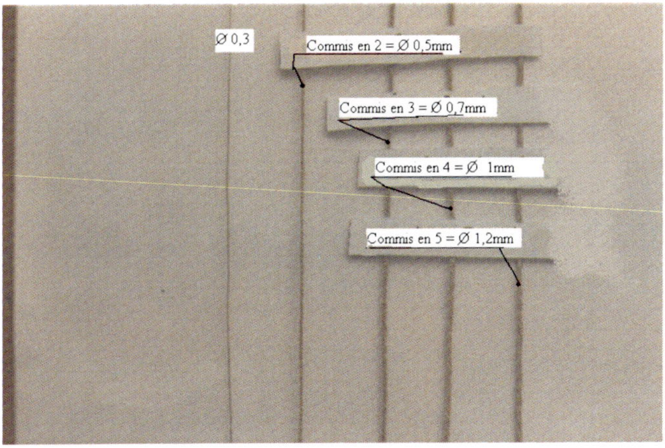

Quelques cordages issus de la cordeuse, avec leurs dimensions, en partant d'un fil de lin de 0,3 mm de Ø.

Cet échantillonnage n'est fait que pour donner les dimensions obtenues en commettant 2, 3, 4 ou 5 brins.
Un petit truc pour terminer : lorsque votre cordage est commis, lissez-le avec les doigts, cela va répartir les efforts de torsion sur toute la longueur. Vous verrez aussi se rapprocher le touret du moulinet.
Comme je l'ai dit au début, si vous désirez un cordage d'un mètre, établissez un chantier d'au moins un mètre quarante. Si vous avez suivi la marche à suivre, vous devez obtenir de très beaux cordages. Vous pouvez aussi, en partant des cordages que vous avez commis, en faire des plus gros, avec trois ou quatre déjà commis, ce qui peut donner des "câbles" d'une bonne grosseur.

Chapitre 33

Poulies, agrés et caps de mouton

Quel modéliste n'a pas remarqué ces énormes "boules" en bois assorties de "cordes" toutes aussi mal dimensionnées, qui ornent et défigurent la plus belle des maquettes. Ce sont des poulies, des moques, des caps de mouton, mais aussi des haubans, des galhaubans, des rides, etc., dont l'échelle n'a pas été respectée.

Méconnaissance ? Ou plus simplement, apparaux bon marché et hors échelle. Un paquet de vingt caps de mouton, coûte environ 1,50 €. Comme il faut plusieurs heures pour en fabriquer autant, il est facile de se laisser tenter.

Eh bien, me direz-vous, qu'avez-vous de simple à nous proposer ?

Pour être honnête, il n'y a pas de solutions simples si l'on veut faire exact.

En marine comme dans bien des métiers, les formes et les dimensions d'un outil ne sont pas dues au hasard, mais au contraire, suite à une longue expérience affinée au fil des ans, voire des siècles.

Les diverses poulies et autres caps de mouton, sont tributaires de la grosseur des cordages (le cordage qui les estrope et celui qu'elle ou qu'il supporte).

Et les cordages, me direz-vous, comment connaître leurs dimensions ?

C'est ici que ça se complique, et que tout s'explique.

Dessin 78

Les principaux types de poulies

Encyclopédie marine "d'Orazio Curti"

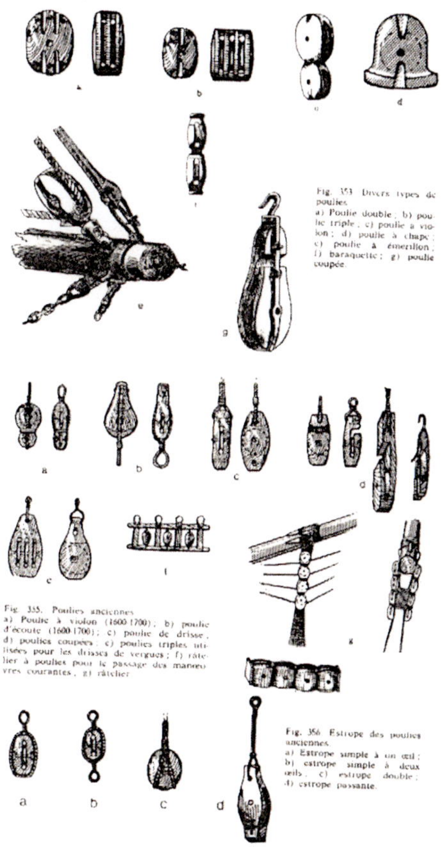

Les cordages étaient dimensionnés non par leurs diamètres, mais par leurs circonférences (soit le diamètre multiplié par 3,14.)

Ensuite, leurs dimensions (leurs circonférences) étaient en rapport direct avec la largeur au maître bau du navire. Pour exemple, l'étai de grand mât correspondait au 1/35e de la largeur du maître bau.

Un cas précis

Pour prendre un cas concret, la frégate la *Flore* avait une largeur au maître bau de 34 pieds, soit 408 pouces (le pouce valant 27,7 mm, et il y a 12 pouces au pied).

Donc, l'étai de grand mât de la *Flore* avait une circonférence de : 408 pouces divisés par 35 = 11,5 pouces. Soit : 11,5 x par 27,7 mm = 311,3 mm.

Il avait donc un diamètre de : 311,3 mm divisés par 3,14 = 99 mm (arrondi à 100 mm).

Si maintenant on désire réduire pour une maquette au 1/72e, on obtient : 100 divisés par 72 = 1,4 mm de diamètre.

Pour les calculs, voir "l'Encyclopédie Marine". Car il y a plein d'autres cordages, et ces calculs sont fastidieux et longs.

Rassurez-vous, en principe, un bon plan est toujours accompagné d'une petite monographie indiquant à l'échelle du plan la grosseur des différents cordages, et aussi celle des poulies.

Ainsi pour la *Flore*, le plan du musée de la Marine donne pour une échelle au 1/75e, douze dimensions de cordages, de 0,2 mm à 2 mm, en indiquant la place de ceux-ci.

D'autre part, et je le dis plus loin, dans "l'Encyclopédie Marine" Tome 2, pages 663 à 669, au mot "Manœuvre", toutes ces dimensions sont indiquées.

Nous allons simplifier quelque peu. En effet, même un modéliste averti ne peut distinguer la différence entre un cordage de 0,2 - 0,3 ou 0,4 mm. Nous allons donc prendre une moyenne de 0,3 mm, et fabriquer nos poulies en conséquence.

Ceci est d'autant plus avantageux, que l'on peut se procurer facilement du fil de cette dimension. Je possède du fil pur cœur de lin de 0,3 mm de diamètre !

De même pour les dimensions plus importantes, 0,5 - 0,6 - 0,8 mm, nous prendrons 0,6mm.

Pour cette grosseur (qui correspond tout de même à un câble de 45 mm), vous trouverez de bons cordages en magasins de modélisme. On peut aussi en fabriquer à l'aide de ma petite cordeuse (voir chapitre 31).

Au-dessus (1 mm représentant 75 mm), il n'y a plus de poulies, ces câbles sont ridés par des palans.

Il ne nous reste donc que deux dimensions de poulies à faire, mais par contre, nous aurons trois grosseurs de caps de mouton.

Comment calculer les dimensions d'une poulie

Comme je l'ai dit plus haut, les dimensions d'une poulie sont liées à la grosseur du ou des cordages dont elle est le point de rencontre.

Elle est composée d'un réa, ou rouet, c'est la poulie proprement dite, et d'une "caisse" qui l'entoure.

Ce réa est le point de départ des calculs (voir dessin). Ces dessins sont extraits de "Modèle réduits", d'Orazio Curti, les rapports dimensionnels en surcharge sont extraits de "l'Encyclopédie méthodique marine".

Détails des rapports dimensionnels :

L'épaisseur de ce réa est égale au diamètre du cordage.

Le diamètre du réa est égal à deux fois la circonférence de ce même cordage.

Le réa s'emmanche dans la "caisse".

L'épaisseur de la "caisse" est égale à 3 fois l'épaisseur du réa, plus 1/2 diamètre de l'estrope.

La largeur de la "caisse" est égale au

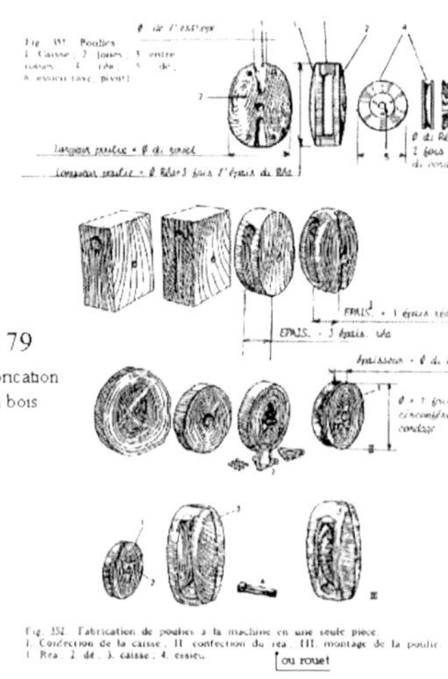

Dessin 79

Principe de fabrication d'une poulie en bois

diamètre du réa.
La longueur de la "caisse" est égale au diamètre du réa, plus 3 fois l'épaisseur du réa.
Par exemple et au hasard du plan de la *Flore* à l'échelle 1/75e :
"n° 387 drisse de vergue de perroquet de fougue, d = 0,3 mm, fait dormant sur la poulie inférieure n°386, etc."
La poulie n° 386 a donc comme dimensions :
Epaisseur : 0,3 x 3 + (1/2 de 0,3) = 1,05 mm.
Largeur : 0,3 x 3,14 x 2 = 1,88 mm.
Longueur : 1,88 + (3fois 0,3) = 2,78 mm.

Dessin 80

Encyclopédie Navale "d'Orazio Curti"

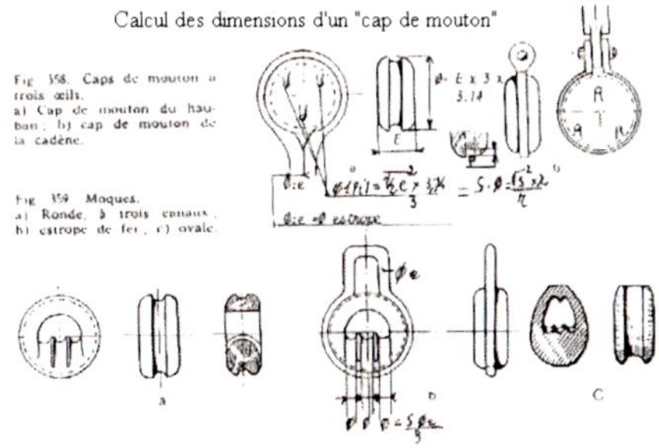

Disons qu'en gros, nous allons fabriquer une série de poulies (il y en a environ 200), ayant pour dimensions :

Epaisseur - 1 à 1,1 mm.
Largeur - 2 mm.
Hauteur - 3 mm .

L'autre série, plus grosse, dont nous avons décidé que les cordages auraient un diamètre de 0,6 mm (soit 45 mm en réalité), il n'y en a que quelques-unes que nous ferons à la demande. Le dessin de ces poulies étant d'ailleurs bien distinct sur le plan.

Nous n'allons pas faire de vraies poulies, ce qui serait trop compliqué et trop long (sur un voilier comme la *Flore*, ou comme je l'ai dit plus haut, il y en a environ deux cents), nous allons donc fabriquer des fausses poulies.
Pour commencer, il nous faut débiter des petites baguettes de buis de 1 mm d'épaisseur, 2 mm de large, et trois ou quatre centimètres de long (de quoi fabriquer dix à quinze poulies d'un coup (voir dessin 83).
Un morceau de planchette de buis, dont vous sciez et rabotez une ou deux baguettes de manière à en obtenir de fines de 1 mm x 2 mm (une petite planchette glissée entre le rabot et la sole de la raboteuse aidera au glissement et évitera la casse à l'usinage).
Vous prenez l'une de celles-ci, vous la fixez dans l'étau (lui-même monté sur la table croisée). Tout ceci sous une petite perceuse sensitive.

Dans le petit étau, lui-même monté sur la table croisée, on fixe la baguette de buis, et l'on perce à distances régulières (grâce à la table croisée), les trous pour le passage du cordage (ici 3 mm).

Dessin 81 L'estropage des poulies

Encyclopédie Navale "d'Orazio Curti"

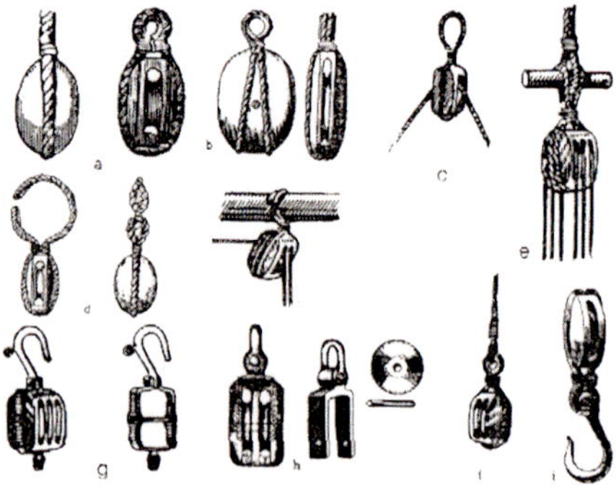

Fig. 354. Estropes des poulies.
a) Estrope simple ; b) estrope double ; c) estrope à collier ; d) estrope à double boucle ; e) estrope à cabillot ; f) estropes en fer pour bossoir de capon ; g) estrope en fer à peigne ; h) estrope à crochet

Dessin 82 Les Palans

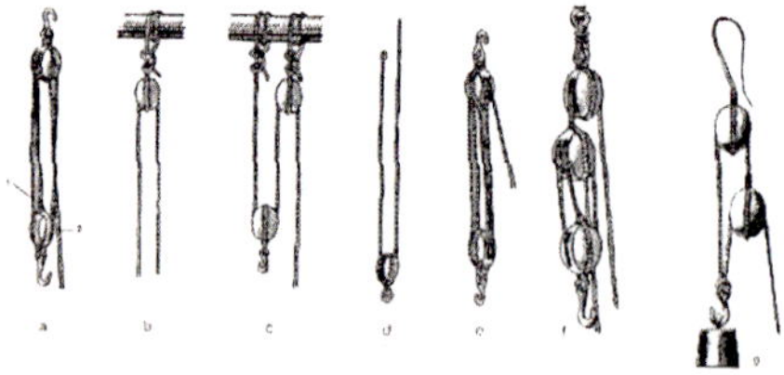

Fig. 352. Palans.
a) Palan simple ; b) cartahu ; c) cartahu double ; d) itague ; e) palan double ; f et g) bredindins
1 Dormant ; 2 courant (garant).

A intervalles réguliers (ici 3 mm, soit trois tours de vis de la table), percez des trous de 0,5 à 0,6 mm.

Une loupe grossissement de 2,5 au moins est, sinon obligatoire, tout au moins fort utile (les photos sont d'ailleurs presque toutes prises sous une telle loupe).

Lorsque tous les trous de la petite barrette sont faits, il vous faut pour plus de vraisemblance, fraiser en biais une entrée de cordage de chaque côté.

Lorsque les entrées de cordage sont fraisées, faites à l'aide d'un X-Acto des petits Vés, à la séparation de chaque poulie. La photo page 233 en haut et le dessin 84, donnent un aperçu exact avant séparation de chaque poulie.

Une petite finition avec une petite lime (ou avec un petit morceau d'abrasif fin collé avec du double face, sur une petite baguette, en-dessous des poulies), sera nécessaire avant la séparation.

Pour la séparation, un petit étau de modéliste est préférable à un gros : il y a moins de risque d'écraser la baguette. N'oubliez pas de mettre une petite boîte juste dessous afin de ne pas perdre la poulie, ou de la tenir avec la main.

Un petit coup de ponçage sur la

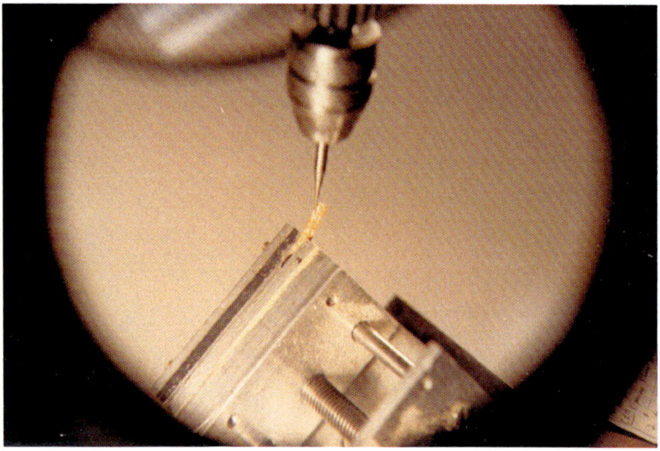

Les trous percés, on oriente l'étau (avec l'orienteur d'étau, voir chapitre 14) de biais, afin de pouvoir fraiser une fausse entrée pour les cordages (afin de simuler une poulie), avec une petite fraise (photo prise sous la loupe).

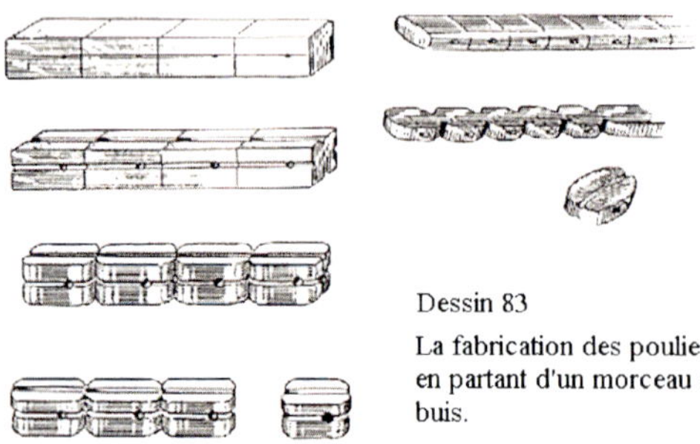

Fig 83 Confection des poulies.

Dessin 83

La fabrication des poulies en partant d'un morceau de buis.

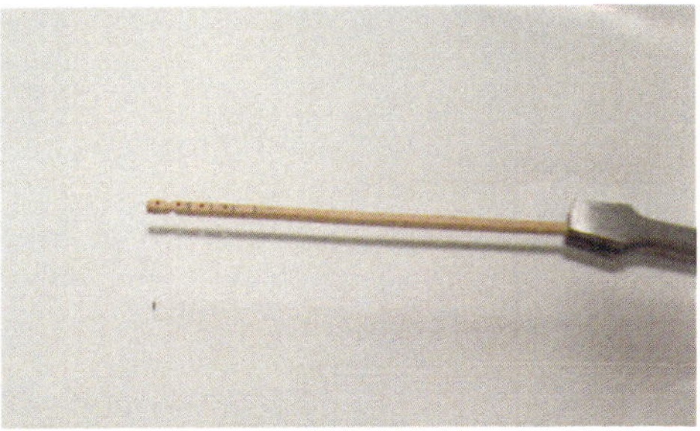

On voit ici très bien les trous percés pour le passage du cordage. La première poulie commence à se dégager. Ici, les trous n'ont pas encore été fraisés, comme on le voit sur la photo précédente.

Dessin 84 principe de percage des caps de mouton

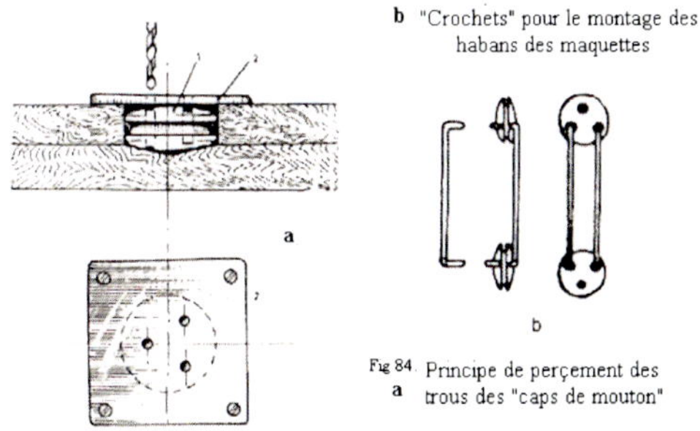

coupe fraîche, votre poulie est terminée. Il ne vous reste plus qu'à l'estroper, et enfiler le cordage qui lui est dévolu.

Sur le dessin 81, quelques types de poulies et l'estropage de celles-ci (dessins extraits de l'encyclopédie marine pages A et B).

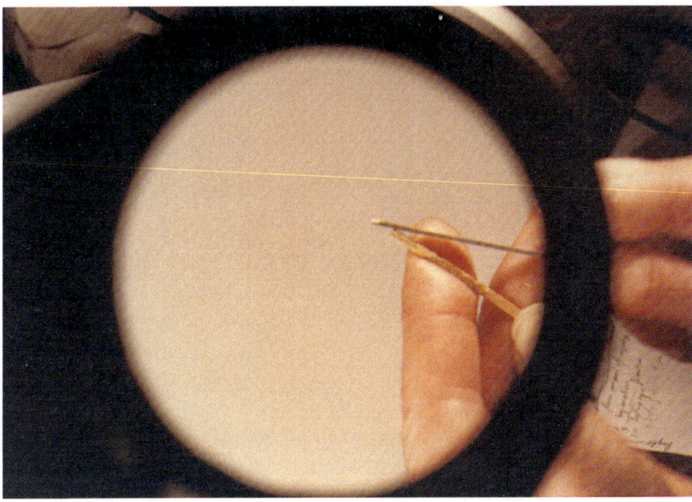

Finition sous la loupe à la lime (ou à l'abrasif collé) des bords de la poulie avant sa séparation.

Calcul des dimensions des caps de mouton et des moques

Il y a d'autres agrès qui ressemblent à des poulies, mais qui ne sont pas faits pour tourner dans une "caisse", ce sont les caps de mouton et les moques.

On se demande souvent quel peut bien être la dimension de ces deux apparaux.

Les dessins sont assez explicites.

L'épaisseur E du cap de mouton, ou de la moque, est égale à trois fois le diamètre du cordage qui l'estrope.

La profondeur de la goujure (p) est égale au demi-diamètre de ce même cordage.

Son diamètre est égal à deux fois la circonférence au cordage estropé.

De même, les trois trous du cap de mouton, ou la largeur des trois goujures de la moque, ont une surface totale égale à la surface du cordage qui l'estrope.

Par exemple, les haubans du grand mât d'un navire de 30 pieds de large au maître-bau, ont une circonférence de 7 pouces.

Cette dimension de 7 pouces n'est pas prise au hasard, mais extraite de " l'Encyclopédie méthodique Marine - Tome 2, au mot Manœuvres (pages 663 à 669).

Soit une circonférence en centimètre de : 7 x 2,77 cm = 19 cm.
Son diamètre en centimètre est donc de : 19 : 3, 14 = 6 cm.
Sa surface est donc de : 6 cm : 2 = 3^2 x 3,14 = 28,27 cm^2.
L'épaisseur E du cap de mouton, ou de la moque sera de : 6 cm x 3 = 18 centimètres.
Le diamètre du cap de mouton sera de : 19 cm x 2 = 38 centimètres.
La profondeur de la goujure sera de : 6 cm : 2 = 3 centimètres. La grosseur des trois trous servant au passage du filin raidisseur, étant égale à la surface de l'estrope (28,27 cm^2), chaque trou aura une surface de : 28,27 : 3 = 9,42 cm^2.
Donc un diamètre de : 9,42 : 3,14 = 3^2. $Racine^2$ x 2 = 3,4 cm ou 1 pouce.
Il en sera de même pour la moque, sauf que les trous de passage du filin sont disposés en ligne et non en triangle.
Cela nous donne donc pour une échelle de 1/72e ou 1/75e, un cap de mouton de 5 mm de diamètre, 2,4 mm d'épaisseur, avec une estrope de 0,8 mm, et un filin de ride de 0,4 mm.
Il nous faut maintenant usiner ces caps de mouton.
Ce n'est pas si facile qu'il y parait à première vue.
Mais commençons par le début, il nous faut usiner quelques petites baguettes rondes en buis. L'outillage et la fabrication de ces baguettes on été décrites au chapitre 18.

Séparation à la scie archet de la poulie.

J'en ai usiné une de 3 mm de diamètre, ce qui correspond aux caps de mouton qui rident le petit mât de hune et de perroquet de fougue sur la *Flore*, d'un diamètre réel de 22,5cm.
Pour celui qui possède un petit tour (Unimat 1, par exemple), cela ne pose aucun problème. Pour les autres, nous allons procéder autrement.
Un simple morceau de bois carré, percé à 3 mm (diamètre de la baguette de buis) : avec un stylo, vous marquez trois traits (à peu près au tiers du cercle), ce sera nos repères de perçage.
Vous ajustez votre perceuse sur le premier trou, à l'aide de la table croisée, vous percez.
Vous faites faire un tiers de tour à votre bois rond, vous percez votre second trou.
Encore un tiers de tour, et vous percez votre troisième.
C'est simple, facile, précis, et ça marche. Votre cap de mouton est percé.
Il y a aussi le dessin 84, mais il indique simplement le principe. En effet, si vous voulez

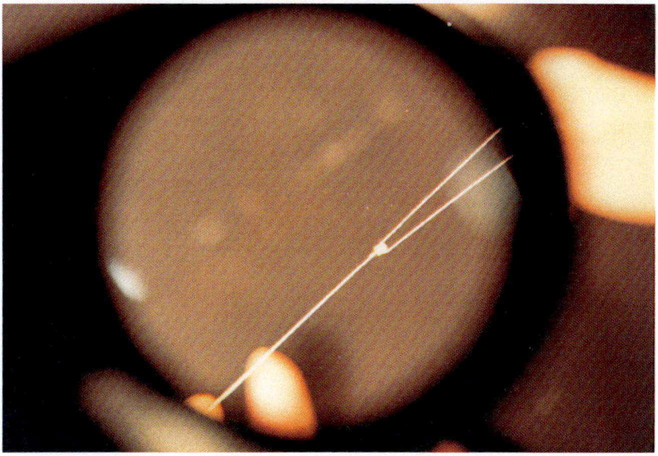

Vue sous la loupe, la poulie capelée et le cordage emmanché dans la fausse poulie.

Perçage des trois trous du cap de mouton, trois repères tracés sur le bois carré, lui-même fixé dans l'étau, donnent à peu près la place de chaque trou. On affine la position avec la table croisée.

vous amuser à monter et démonter une plaque métallique pour chaque cap de mouton, vous n'en sortirez pas. Si j'ai joint ce dessin aux autres, c'est simplement pour que l'on comprenne bien le principe.
Ici la table croisée (chapitre 12) est indispen-

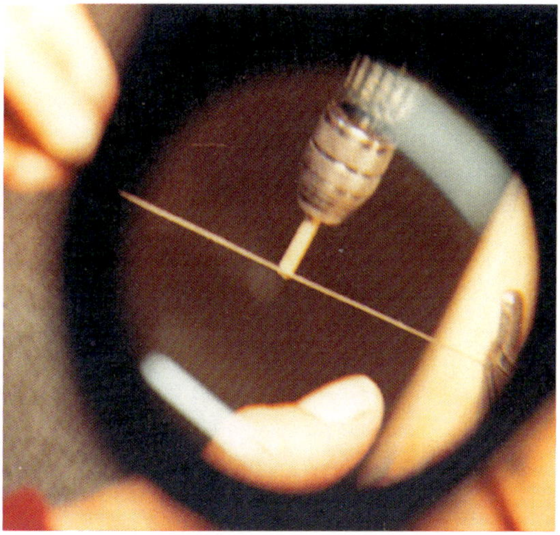

Photo prise sous loupe. La perceuse étant prise dans un étau, on établit la goujure du cap de mouton à l'aide de la petite scie archet. On peut aussi fixer le bois rond dans un mandrin de tour, et faire la même chose.

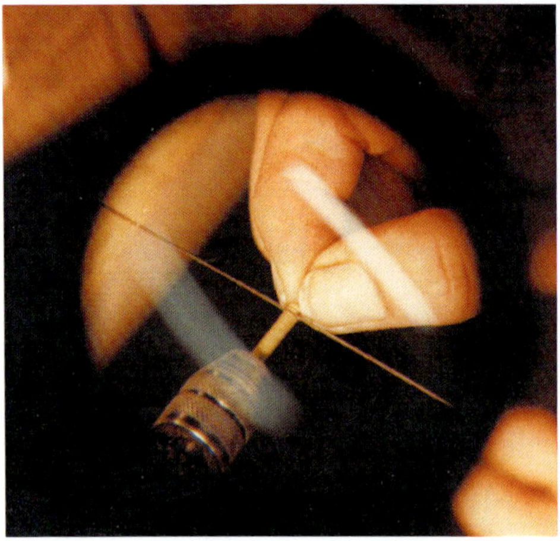

La perceuse toujours prise dans un étau (ou le bois rond dans un tour), on marque profondément l'endroit de la séparation. Mais il vaut mieux arrêter la perceuse et terminer de scier à la main. Pour deux raisons, la première pour éviter que le cap de mouton s'envole, il faut pour cela le tenir entre ses doigts, et aussi éviter le risque de casse. Un léger coup d'abrasif sur la partie sciée, pour enlever les bavures. C'est terminé.

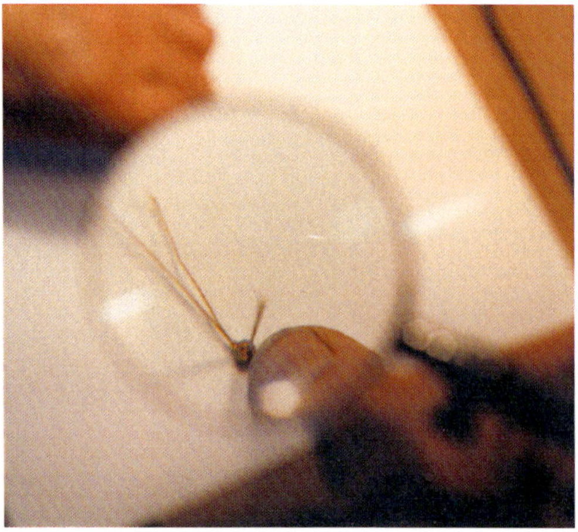

Toujours pris sous la loupe. Capelage d'un cap de mouton, il est fixé par deux épingles passant par deux de ses trous sur un morceau de balsa afin d'éviter qu'il ne tourne sur lui-même lorsqu'on va lui passer le nœud coulant dans sa goujure. Le serrer en place, et mettre une demi-goutte de Super Glue pour qu'il ne bouge plus.

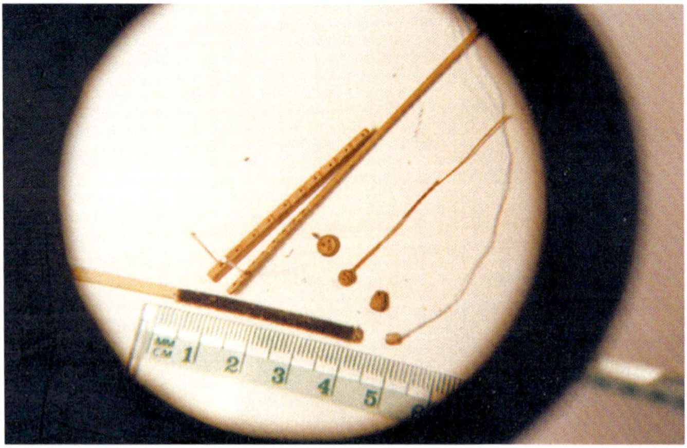

Photo prise sous loupe. On voit deux barres dont les poulies sont prêtes à être séparées. Au centre deux caps de mouton. Le plus gros est capelé avec un fil de fer soudé en crochet. L'autre avec du fil de lin. Dessous, un petit morceau de buis sur lequel on a collé avec du double face un petit bout de toile abrasive. Cet outil est formidable pour finir les petites pièces. La règle donne l'échelle.

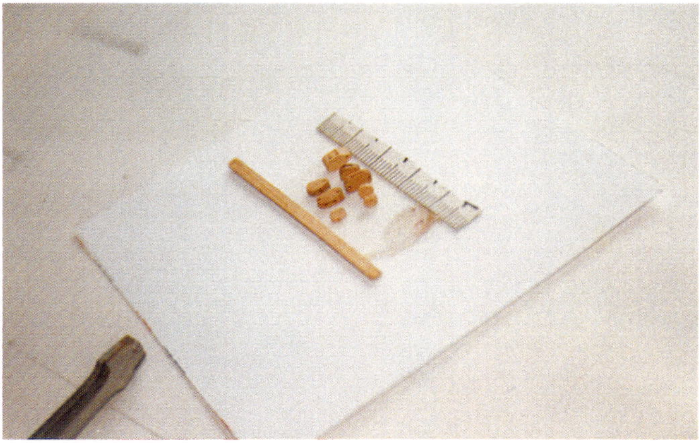

On voit ici un petit échantillonnage de quelques poulies. Le petit morceau de mètre de couturière donne l'échelle.

sable, avec son étau (chapitre 13 et 14) pour pratiquer un perçage le plus précis possible. Un foret de 0,5 mm dans la chignole, on règle sa position à l'aide des molettes de la table et on perce le premier trou sur une profondeur de 2 ou 3 mm.
On tourne d'un tiers de tour la baguette ronde en buis, afin d'amener ce trou au niveau du premier repère.
On perce le second trou, et on fait de même pour le troisième.
Je conseille de percer les deux extrémités de la baguette, vous préparez ainsi deux caps de mouton d'un coup, car pour la suite, il faut démonter la petite perceuse (à moins d'en avoir une seconde), et la fixer à l'horizontale dans un étau.
Avec une scie archet et une lame fine, faire la goujure, perceuse en marche.
Amorcez la séparation, toujours chignole en marche. Terminez chignole arrêtée, en maintenant le cap de mouton avec les doigts afin d'éviter de le perdre.
Un petit coup de lime ou d'abrasif sur la face fraîchement coupée et la même chose sur la baguette afin de la préparer pour la fabrication d'un autre cap de mouton.
Reste à capeler celui-ci, il est maintenu en place sur une planche de balsa par deux épingles de bureau. Le fil à capeler est enroulé par nœud coulant dans la goujure.
Il suffit de tirer pour coincer le fil. Une goutte de Super Glue, et le tour est joué.

Chapitre 34

Les micro-sculptures

Grossi deux fois, on distingue mieux le résultat des sculptures du bandeau, mais aussi des volutes qui séparent les fenêtres.

Cela fait maintenant presque vingt ans que j'ai entrepris la construction d'une des galères royales de Louis XIV, la *Réale de France*. Je ne pensais pas être confronté à tant de problèmes, dont un en particulier, celui des sculptures sur bois.
L'échelle du plan du musée de la Marine étant le 1/75e, je décidais donc la fabrication à cette échelle. Cela me paraissait d'autant plus facile, que la maison Stab vendait ces sculptures toutes faites en bronze d'art. Les prix quelque peu élevés, et aussi le sentiment que ce ne serait pas moi le maître d'œuvre à part entière de cette maquette, m'ont finalement fait changer d'avis. Je n'avais aucune formation en ce domaine, mais je me suis lancé quand même.
Je me suis tout de suite heurté au problème des outils, et bien sûr, à la finesse des dessins. Je me suis donc décidé à aller rendre visite à un sculpteur sur bois professionnel qui pratiquait son art à quelques dizaines de kilomètres de chez moi.
Après deux heures de discussion passionnante, je suis reparti la tête pleine d'astuces et surtout avec deux énormes blocs, l'un de cormier magnifiquement rouge, l'autre de poirier de même facture, sauf qu'il était plus clair. Tous les deux d'une finesse de veinage incomparable.
Il a insisté aussi pour que j'emporte un paquet d'outils à sculpter, ciseaux, gouges, burins, en tout une bonne douzaine de pièces. Ces outils je les possède toujours, mais pour nos micro-sculptures, ils sont dix fois trop gros.
Il me fallait donc créer mes propres outils, adaptés à l'échelle de ma maquette.
J'eus recours à des aiguilles de 0,5 mm de Ø, des pointes acier de vitrier de 1 mm, et même des pointes acier pour béton de 1,5 mm de Ø, pour les "gros outils".

L'outillage pour fabriquer les outils

Pour usiner ces minuscules gouges ou autre fermoir, dont le plus gros ne dépassait pas les 2 mm, et le plus fin 0,2 mm, il vous faut un minimum d'outils.
En tout premier lieu, un petit tour. J'ai réalisé la totalité de mes micro-outils à l'aide d'un tour Unimat 1, dont le mandrin était équipé du disque diviseur. Celui-ci est indispensable pour meuler les quatre faces d'un outil en partant d'une aiguille ronde.

Montage sur tour Unimat 1. On voit ici le principe pour meuler les quatre faces d'une aiguille. La meule affleure celle-ci, on va la descendre par le réglage de l'ensemble porte meule. Puis avec la molette de réglage (U5), on va l'avancer de 1/10e vers la meule. Après la passe, on tournera le diviseur d'un quart de tour pour meuler la seconde face, et ainsi de suite jusqu'à obtenir un carré ou un rectangle que l'on aura plus qu'à affûter pour en faire un ciseau (ou fermoir) prêt à sculpter.

Il est aussi indispensable d'avoir des loupes d'horloger, grossissement 7.
Je ne possédais pas à l'époque de binoculaire frontal que j'ai utilisé dans les chapitres précédents. Bien entendu, il fait l'affaire, et même mieux, car on voit les outils que l'on usine avec nos deux yeux.
Indispensable aussi, un petit mandrin à pince de 0,3 à 2,5 mm selon les becs, afin de fixer bien en place vos aiguilles. Le mandrin du tour n'est pas capable de serrer de si petites dimensions. Ajoutez à ceci une pierre à huile très fine, un vieux cuir de rasoir avec sa pâte abrasive (revoir chapitre 5).

Les ciseaux

Dans le petit mandrin à bec de 0,3 mm, vous bloquez une aiguille (sans tête), pointe vers l'intérieur, dépassant de 6 à 7 mm. Vous fixez cet ensemble sur le mandrin du tour équipé de son plateau diviseur, le tout monté sur la table croisée de chariotage.
Vous pouvez donc avancer et reculer votre aiguille dans les deux sens du plan.
Le troisième réglage se faisant dans la montée ou la descente de l'ensemble moteur - meule fixé sur le troisième système de réglage vertical.
Vous avez donc vos trois dimensions de travail.

Après la mise au carré (ou rectangle) de l'aiguille, il faut former le biseau. On remonte l'aiguille sous la meule au moyen du système de réglage de l'ensemble moteur - meule. Il ne restera plus qu'à emmancher l'aiguille sur son manche en bois, puis l'affûter sur la pierre à huile.

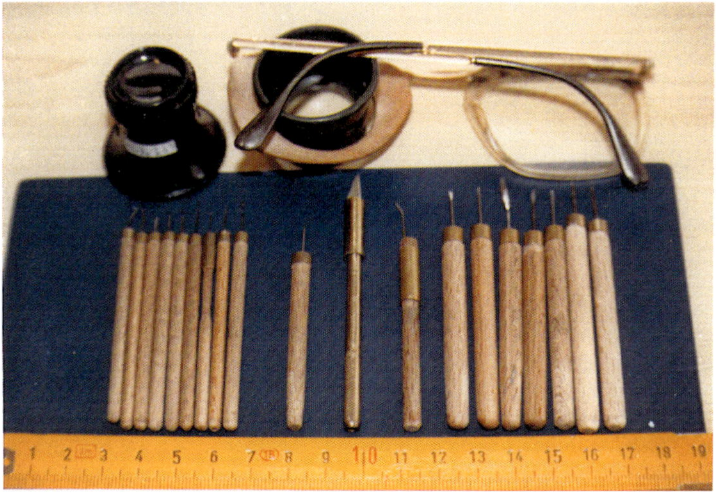

Un ensemble de 18 outils à sculpter emmanchés. Au centre, la lame de rasoir dans son manche. A sa droite, un petit ciseau courbé, au centre de la droite, la micro-lime imprégnée de poudre abrasive collée. De chaque côté, des gros ciseaux. A gauche, juste à côté de la lame de rasoir, un ciseau de 0,2 mm, puis un échantillonnage de neuf autres différents (mais on les distingue mal). Au-dessus, deux loupes, une, grossissement 7, l'autre 10.

Commencez par affleurer le bout de l'aiguille avec le côté de la meule et, en avançant doucement l'ensemble porte-aiguille, surfacez l'extrémité de celle-ci, afin de la rendre bien plane. Puis remontez votre meule au-dessus de l'aiguille, avancez celle-ci de l'épaisseur de la meule, et descendez doucement jusqu'à l'affleurement de la meule et de l'aiguille.
Faites faire les trois quarts de tours au diviseur, si votre aiguille est bien centrée, la meule affleurera l'aiguille sur ses quatre faces.
Un léger faux rond ne sera pas une catastrophe, le centrage de votre outil s'en trouvera simplement décalé. S'il y a trop d'écart, revoyez le centrage.
Tout est en place, revenez au point de départ, avancez votre ensemble porte-aiguille de 1/10e de mm vers la meule, et faites une passe sur 5 ou 6 mm de long. Revenez en arrière, des étincelles vous indiqueront que votre aiguille ayant plié légèrement, elle n'est pas totalement meulée.
Sans rien toucher au réglage, faites une seconde passe, voire une troisième si nécessaire. Puis tournez votre aiguille d'un quart de tour, faites la passe qui en principe doit se trouver à l'équerre. Faites la même chose, et de même pour les quatre faces.
Avec votre loupe, vous jugez du résultat... si tout va bien. Mesurez votre aiguille (maintenant presque carrée) au pied à coulisse. Si au départ vous avez mis une aiguille de 0,5 mm, vous devez avoir un (presque) carré de 0,3 mm. C'est à vous de juger si la dimension convient, sinon, faites une seconde passe. Si par contre c'est trop petit, prenez une aiguille plus grosse, et faites le même travail. Vous pouvez vous préparer ainsi un jeu d'aiguilles carrées de 0,2 à 2 mm.
Vous pouvez aussi meuler de façon à obtenir un rectangle, de par exemple 0,3 sur 0,2 mm d'épaisseur, ou avec une aiguille plus grosse, 0,6 sur 0,2 mm. Il ne restera plus qu'à les affûter en biseau, pour obtenir un ciseau (ou fermoir) prêt à l'emploi. Il va s'en dire que tous ces travaux se font à la loupe, souvent grossissement 7, voire 10.

Dessin 85

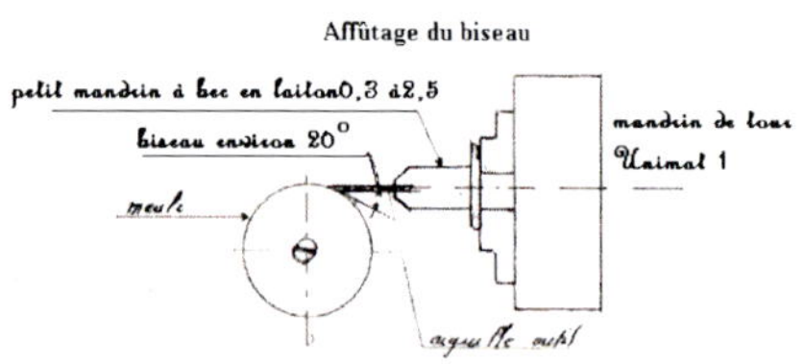

Le manche

Un petit bout de bois rond de 6 mm de diamètre et 6 ou 7 cm de long fera l'affaire. Au tour, ou à la perceuse avec une lime, faites un petit décochement très légèrement conique, sur lequel vous emmancherez à force (au marteau) une petite bague. Cette bague n'est en fait qu'un petit morceau de tube de laiton de 6 mm de diamètre et 5 à 6 mm de long , que vous collerez en l'emmanchant afin qu'elle ne sorte pas. Vous fixez ce morceau de bois verticalement dans votre perceuse, collerette en laiton en haut, et vous percez au centre avec un foret, un trou d'un diamètre correspondant à celui de l'aiguille.
Vous serrez l'outil que vous venez de meuler dans un étau, et vous enfilez et forcez dans le manche avec un peu de Super Glue afin que cet outil - aiguille ne bouge plus. Votre ciseau est prêt pour l'affûtage.

L'affûtage

Votre outil est prêt, brut de meulage.
Toujours à la loupe, vous passez délicatement le biseau et le dos sur la pierre à huile fine, afin d'enlever les rayures de la meule. Faites ce travail bien plan, sans créer d'arrondis. C'est délicat à exécuter, surtout sur les très petits ciseaux. Lorsque, à la loupe, les rayures ont disparu, passez votre outil sur le cuir pour le terminer.
Pendant que vous y êtes, préparez-en une série, que vous emmancherez provisoirement

sur un bouchon de liège dans l'attente de servir. En cas de casse ou après un long service, au lieu de réaffûter, mettez-en un autre.

Le pliage d'un outil

On a souvent besoin d'enlever un peu de bois au fond d'une tranchée créée par la sculpture. Avec un ciseau (ou fermoir) droit, vous n'y arriverez pas, car l'outil se trouvant en biais donnera toujours à mordre. La seule solution consiste à couder l'outil. C'est sans conteste la tâche la plus délicate, car on opère sur de l'acier trempé que l'on va automatiquement détremper en le chauffant, et il va falloir le retremper. Pour la "trempe", il va falloir vous exercer sur des aiguilles non usinées. Une petite lampe à souder à gaz convient parfaitement. A côté, posez une coupelle remplie d'huile fine.
En tenant votre aiguille avec des pinces, chauffez-la au rouge clair, tordez-la très vite, et plongez-la de suite dans l'huile. Si, après refroidissement, votre aiguille casse en tirant ou en poussant dessus, c'est qu'elle est trempée trop dur. Si au contraire elle se tord, c'est qu'elle n'est pas assez trempée. Après plusieurs essais, en variant votre vitesse d'intervention, quitte s'il le faut à réchauffer votre aiguille après pliage, et avant trempage, vous trouverez le bon rythme. Lorsque vous l'aurez trouvé, usinez-en plusieurs en réserve.

Le micro-cutter

Dessin 86 Affûtage de l'aiguille en forme de couteau

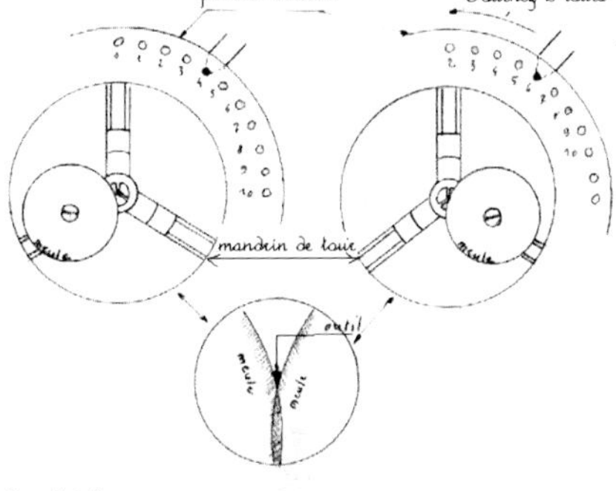

D'après l'expérience que j'ai eue, c'est l'outil qui m'a servi le plus, suivi de la lame de rasoir emmanchée que je ne décrirai pas ici, puisque qu'il suffit de se reporter au chapitre 29, "Les voiles en soie", où j'explique sa fabrication.
Pour usiner le micro-cutter, il faut prendre une pointe acier de vitrier, de 1mm de Ø.
Le principe de fabrication de cet outil est pratiquement le même que celui qui nous a servi à usiner les ciseaux. La différence consiste à n'affûter que deux faces au lieu de quatre, à la manière d'un couteau. Ainsi, votre meule ne sera plus dessus ou dessous, mais à côté. Vous meulez alternativement les deux côtés, en prenant soin à chaque changement de côté de tourner votre diviseur de deux trous sur les 40 divisions que comporte le disque, soit entre 15 et 20° pour mon diviseur (voir chapitre 35 suivant).
Lorsque le tranchant est obtenu brut, vous disposez d'une sorte de couteau dont le bout n'est pas pointu. Emmanchez votre outil comme les autres et, à la main, meulez le dessus de manière à former la pointe (dessin ci-contre). Puis affûtez-le comme les autres outils. Faites-en plusieurs car ils sont fragiles, les pointes cassent facilement. Mais cela reste l'outil qui va le plus servir, comme je l'ai dit plus haut, suivi de près par la lame de rasoir emmanchée.

Dessin 87 Affûtage en pointe

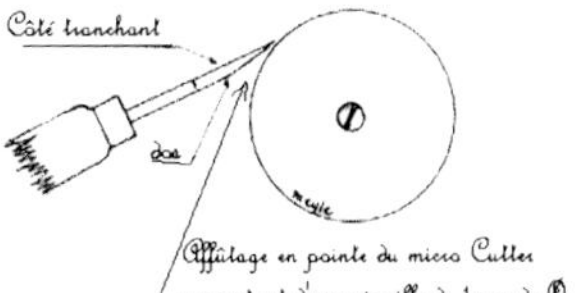

Les micro-limes

Pour pouvoir fignoler les arrondis et le fond plat des sculptures, toujours très difficile à atteindre, il m'a fallu créer des micro-limes.

Après bien des essais infructueux, j'ai réussi à souder à l'étain un minuscule morceau d'acier de 0,5 mm d'épaisseur, de 2 mm de large et 8 de long sur une aiguille, et fixer cet ensemble sur un manche en bois. Sur ma lancée, j'en ai même fabriqué un autre en forme de langue de chat, ce qui me permet de mieux accéder dans les coins. Mais ce n'était pas fini, il fallait coller de l'abrasif sur ce minuscule bout d'acier, afin de le transformer en micro-lime.

Dans un premier temps, j'ai collé à la Super Glue un petit morceau de papier abrasif (du 360 je crois). C'était pratique et simple, et lorsqu'il était usé, on en mettait un autre. Le petit inconvénient résidait dans le fait que, bien souvent, le papier se dédoublait, laissant partir l'abrasif, et laissant sur l'outil qu'un petit bout de papier qui, lui, ne servait à rien.

J'ai eu l'idée de prendre chez un ami mécanicien, gros comme un petit pois de pâte à roder (pour roder les soupapes). Il me fallait débarrasser cette pâte de l'huile qui la liait. J'ai donc mis celle-ci dans une vieille cuillère à soupe, un peu d'essence dessus, j'ai bien mélangé, et j'y ai mis le feu. Ainsi débarrassé de son huile, il restait au fond de la cuillère une poudre grise. C'était l'abrasif. Une goutte de Super Glue sur l'outil, je l'ai roulé dans cette poudre, et avec mes doigts, je l'ai tassée et j'ai enlevé le superflu. Il y a bien eu quelques accrochages de peau, mais le résultat en valait la chandelle. J'avais enfin une bonne mini-râpe. Et elle ne s'usait presque pas.

J'avais ainsi trois bonnes douzaines d'outils en tout genre, dont la moitié était emmanché et prêt à servir.

Le calque

Les sculptures de la *Réale de France* étaient trop complexes pour que je les redessine, aussi, j'ai décidé de les décalquer.

Je les ai reproduites sur du papier calque avec mon stylo-mine dont la pointe était bien affûtée. Ce n'était pas toujours facile à interpréter, l'auteur du plan avait lui-même stylisé ces sculptures de Puget.

Il m'a fallu ensuite transposer ces dessins sur mes planchettes de poirier (j'ai employé uniquement du poirier et du buis pour ces micro-sculptures), afin de pouvoir les sculpter.

Le papier carbone a été un échec : il faisait des traits d'un demi-millimètre d'épaisseur.

Je me suis souvenu alors d'une technique employée autrefois : il suffisait de passer le chant d'une mine de crayon grasse sur l'envers du dessin, d'appliquer cette partie crayonnée sur le bois à sculpter, et avec la pointe d'une aiguille emmanchée, passer sur les traits du dessin. Le résultat a été spectaculaire, les dessins d'une finesse inouïe.

Le bandeau tribord de la Réale de France, d'après Puget. En cours de sculpture. On distingue très bien les parties travaillées, ainsi que les dessins qui restent.

Mais ce n'était que de la poudre de graphite, et j'ai été obligé de repasser les dessins sur le bois à la mine dure, afin qu'ils ne s'effacent pas.

Il est bien entendu que tout ce travail s'opère à la loupe. Cela permet en même temps de mémoriser le relief des futures sculptures. Ce n'est pas toujours évident, il faut réfléchir où l'on va creuser, et où se trouvent les bosses. En allant doucement au début, on apprend très vite.

La sculpture

Nous allons sculpter ici, surtout en moyen relief.
Examinez attentivement vos dessins afin de déterminer où se trouvent les creux, et où se trouvent les bosses. Pensez dans votre tête à un diorama avec ses divers plans situés à des profondeurs différentes.
Enfoncez un ciseau (appelé fermoir) ou le micro-cutter à la verticale d'un trait, côté extérieur de celui-ci, et biseau du fermoir aussi,du côté où l'on doit enlever du bois (dessin 88). Puis, en retournant l'outil afin de mettre la partie plane de celui-ci dessous, enlevez le bois en trop (dessin 89). Vous faites de même pour les courbes (dessin 90).
Réalisez ces opérations en deux ou trois fois, vous verrez mieux ce que vous faites. D'autant qu'il vous faudra aussi arrondir les parties dégagées avec le micro-cutter (tel un bras par exemple), afin de lui donner la forme la plus réelle possible. Vos micro-limes vous seront ici d'une utilité certaine pour donner plus de fini à vos reliefs.

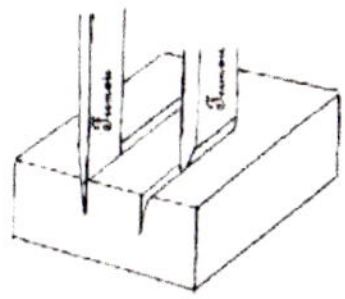

Dessin 88
On enfonce le "fermoir" verticalement, tout le long de la ligne à sculpter, biseau vers l'extérieur

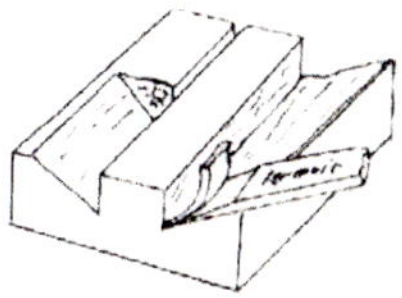

Dessin 89
On fait un petit biseau à l'extérieur du trait, de manière à dégager la sculpture.

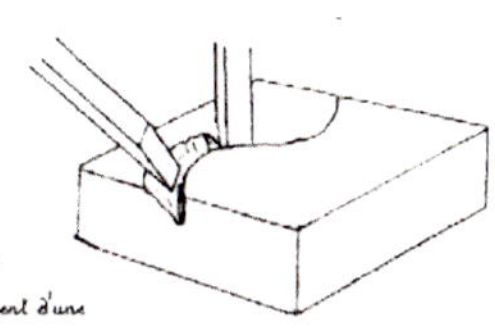

Dessin 90
Principe de dégagement d'une sculpture quelconque.

Au début, vous allez vous "planter", n'hésitez pas à recommencer. J'ai personnellement loupé quatre angelots de côté de bandeau.
La plus grosse difficulté provient de l'échelle, car au 1/75e, il faut travailler constamment avec une loupe à fort grossissement. C'est long à faire, c'est fastidieux, mais quel plaisir quand tout est terminé, et surtout doré ou peint.
Au sujet de la dorure, l'encre couleur or dont j'ai parlé au chapitre 31 sur les étendards en soie donne d'excellents résultats. On croirait une dorure à la feuille.
Il est évident aussi qu'il faut très souvent affûter les outils qui s'usent très vite lorsqu'on sculpte du bois dur.
En ce qui concerne la ronde bosse (personnage en entier), on part du même principe. C'est un peu plus compliqué, car il faut dessiner le personnage sur les quatre faces plus le dessus Avec beaucoup de patience, on y arrive.

La quasi-totalité des sculptures de la Réale est ici exécutée. Afin de mieux se rendre compte, il faut savoir que les bandeaux ne font que 95 mm de long. Le bois de poirier a été teinté merisier, et la dorure provient de l'encre d'un stylo Pilot gold (or).

Les fausses sculptures

Dans certains cas, des fausses sculptures peuvent être faites en partant de fils ou de plaques d'étain, ou de grains de plomb

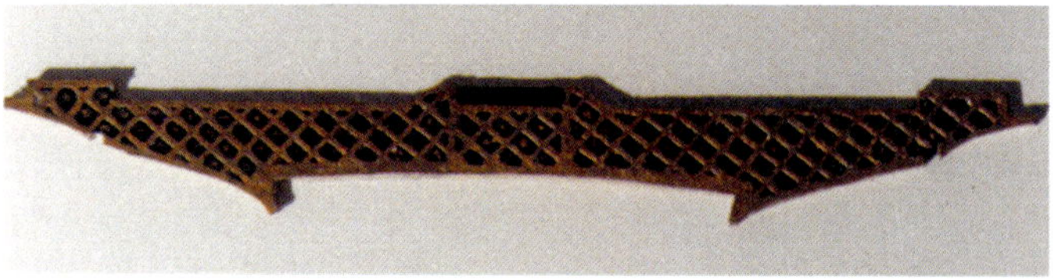

Un exemple de fausse sculpture, le joug de la Réale, n'est en fait composé que d'une planchette, et d'un morceau de bristol dont les carrés ont été évidés avec un micro-cutter. L'ensemble étant collé sur la planchette et doré.

ou de plastique. Notre cher ami Pierre Corbière était passé maître en cette matière avec sa *Vénus*.

De mon côté, j'ai opéré sur du carton. En effet, les jougs de la *Réale* présentaient un quadrillage très difficile à sculpter.

J'ai donc, au micro-cutter, dégagé les trous dans le carton, et j'ai collé cette grille sur une planchette.

On peut aussi, lorsque c'est trop petit et trop tarabiscoté, peindre simplement ces sculptures, à la manière d'un décor de théâtre.

Le joug de la Réale à sa place. On voit très bien les croisillons dorés. Au centre, deux volutes verticales ont, elles aussi, été sculptées. Les canons ont été achetés tout fait chez Stab.

Dégrossissage de la figure de proue de la Flore. On distingue encore le dessin de la jambe, pas encore commencée. Seul le haut reste à affiner, et le bas à sculpter entièrement.

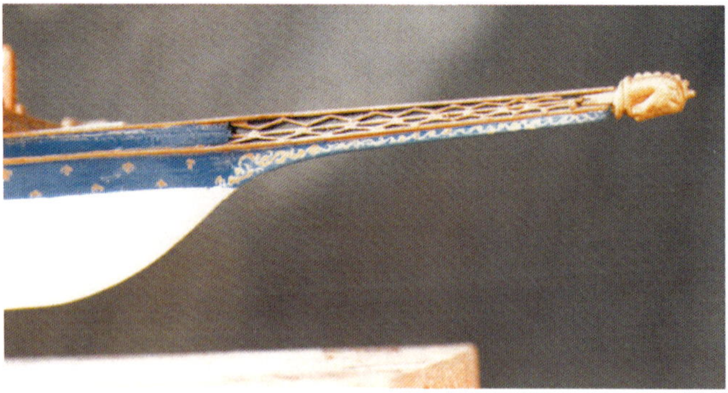

Un condensé des diverses façons de sculpter. L'éperon tête de cheval à été sculpté en ronde bosse dans du buis. Les ondulations de l'éperon sont en bristol plié et collé. En dessous, les petites volutes, de même que les fleurs de lys sur la coque, ont été peintes.

Chapitre 35

Diviseur universel

Le diviseur terminé, prêt à être mis en place. Les degrés ont été marqués à l'encre de Chine afin de pouvoir s'y retrouver. La petite broche que l'on déplace de 10° en 10° est à sa place (je l'ai remplacée depuis par une petite vis filetée de 3mm, qui se tient mieux dans les trous, eux aussi filetés du disque). On distingue aussi au centre de la coulisse, le petit trait qui sert de repère.

Je vais vous entraîner dans la fabrication d'un outil qui passe (à juste titre) pour un outil de grande précision. Je veux parler du diviseur, cet appareil capable de diviser un cercle en autant de parties égales désirées.

Je me suis rendu compte qu'il n'était pas toujours facile de trouver dans le commerce, par exemple, un pignon de 29 dents au module de 0,5. Les essais que j'ai pu faire avec de petits diviseurs proposés aux modélistes sont décevants, et ne conviennent qu'à diviser un petit moyeu de barre de navire en six ou huit parties à peu près égales.

Nous allons tenter ensemble de fabriquer, à l'aide d'outils simples, un diviseur avec lequel on puisse usiner de petits pignons dans du laiton, du téflon, ou de l'alu, et

Le diviseur monté sur la fraiseuse Proxxon. A l'aide d'une meulette au module de la dent, je viens de tailler un pignon de 19 dents dans une barre d'acier.

Dessin 99

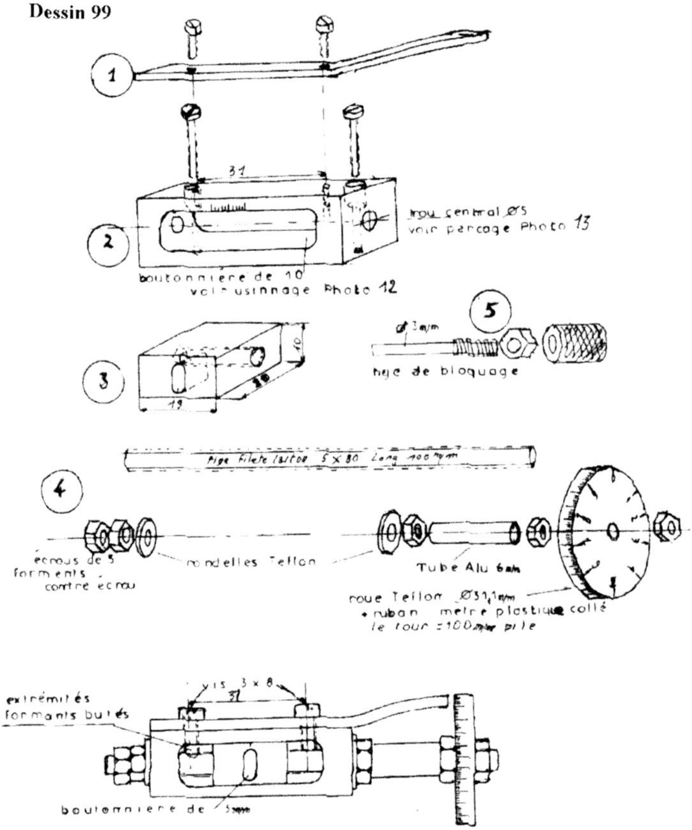

En haut, sous les deux vis de 3 x 8, une plaque alu de 3 x 10 mm légèrement courbée. Elle va servir de repère à la molette graduée (n°4) voir aussi dessin 100. Deux trous de 3 mm espacés de 31 mm (c'est la longueur de débattement du bloc central (3), plus les 8 mm (de débattement des 10°), plus 1 mm de sécurité, et enfin les 3 mm de diamètre des vis.

En résumé : 19 + 8 + 1 + 3 = 31 mm.

Tout d'abord, la coulisse (2) est un morceau d'alu de 16 x 16 x 50 mm, que l'on va fraiser sur une dimension de 10 mm de large sur 40 mm de long (usinage, voir photo). Cette pièce est aussi percée dans le sens de la longueur d'un trou central de 5 mm pour le passage de la tige filetée. Au centre, un petit bloc d'alu, dit bloc central, sera percé en même temps que la coulisse, et aussi sur l'arrière du bloc, taraudé à 5 mm (3). A chaque extrémité un trou de 3 mm fraisé à 5 mm, permet le passage des deux vis qui vont le fixer au bloc en bois.

En (3), le petit bloc alu de 19 x 20 x 10 (dit bloc mobile) percé comme je l'ai dit dans l'alignement du trou central de la coulisse. Sur le devant, il est percé et fraisé un trou en boutonnière où s'emmanchera la tige de blocage (5), après avoir traversé le disque père (dessin 99, en bas).

Tout ceci doit s'emboîter et coulisser sans forcer, mais aussi sans jeu.

ce, quelque soit le nombre de divisions à opérer sur un disque. Il me faut ajouter que, depuis la fabrication de cet outil, j'ai usiné un pignon en acier pour un carillon, que j'ai ensuite trempé. Il avait 19 dents. Le carillon fonctionne.

Avant toutes choses, il nous faut définir le principe de fonctionnement de notre diviseur.

L'ensemble d'un cercle forme 360°. Si nous le divisons en 36 parties parfaitement équidistantes, que nous matérialisons en perçant 36 trous, soit un tous les 10°. Puis que nous solidarisons ce trou à l'aide d'une petite broche à un bloc mobile, mû par une vis lui imprimant un déplacement de 1° par tour, nous pouvons déjà faire autant de divisions que de sous-multiples de 360°.

Si, en plus, nous ajoutons à cette vis un disque gradué (par exemple en millimètres), 100 mm représentant une molette de 31,8 mm de diamètre, un morceau de mètre de couturière en plastique collé sur le pourtour d'un disque en téflon de 31 mm, cela nous donne pile notre molette graduée (voir dessin 99 et les photos page 249 qui vous font aussi comprendre le fonctionnement de l'appareil).

Notre division passe ainsi à 1/100e de degré par millimètre de déplacement. Il devient alors possible de tailler notre pignon de 29 dents.

Soit : 360° / 29 = 12°,41.

On déplace donc le disque de 1 trou (10°) + 2 tours de molette + 41 mm sur la circonférence de la-dite molette.

Il suffit de répéter l'opération 29 fois et on a notre pignon. Je dois ajouter que le disque diviseur a 45,9 mm de rayon, alors que notre pignon de 29 dents n'en fait que 7,75, et réduit l'erreur de presque six fois.

Or, lors des essais que j'ai faits, je n'ai enregistré qu'une erreur de faux rond de 5 à 7 centièmes de millimètre. Cela revient à dire que notre pignon n'aura en fait qu'un centième de faux rond. Il faut avouer que pour nous, modélistes, ce chiffre est bon.

Mais avant tout, il nous faut commencer par

Dessin 100

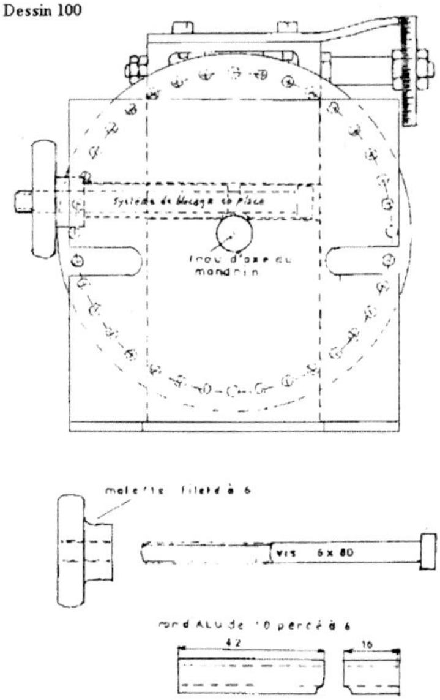

La vis de blocage, lorsque votre disque a été réglé en place, doit être bloquée, afin que le plateau soit totalement immobilisé. Un morceau de rond d'alu de 10 mm, percé à 6 mm, coupé en deux et arrondi dans le bas, fera office de blocage sur l'axe du mandrin (dessin ci-dessus). En desserrant la molette de blocage, on laisse la liberté à l'axe de tourner. En serrant la molette, on le bloque en place. Un mot toutefois : attention à ne pas oublier de desserrer la molette, avant de passer au réglage suivant. N'oubliez pas non plus de rebloquer la même molette avant usinage.

DESSIN 91

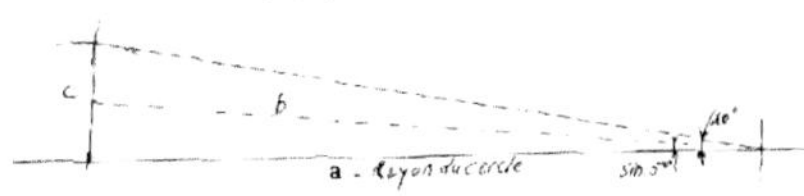

(a) = rayon du cercle) est égal à la moitié de la distance "c", divisé par la moitié du sinus 10°, soit 5° (sinus 0,08716). En ce qui nous concerne, la distance "c" étant de 8 mm, sa moitié est donc de 4 mm. Divisons par le sinus 5° (0,08716), cela nous donne : 4 mm / 0, 08716 = 45,8926 mm (arrondi à 45,9 mm).

En plus du pied à coulisse, on peut se servir d'une tige filetée (6 mm au pas de 100) et de deux écrous arrondis au tour, pour obtenir des distances précises.
45,9mm = 45 tours plus neuf dixièmes de tour pour l'écrou.
On voit très bien le foret de base à droite, et celui en train de percer à gauche. Petit détail, le foret de gauche dépasse à peine le bec du mandrin, pour éviter le flambage (torsion du foret), afin qu'il perce à l'endroit précis sans vriller.

Dans la barre d'alu qui va servir de guide, on perce les deux trous à 45,9 mm de distance. Cette mesure doit être très précise. On mesure donc au pied à coulisse, en ajoutant 3 mm (le diamètre des forets). Pour être plus sûr, le foret a été emmanché à l'envers dans le mandrin, et il sera remis à l'endroit avant de percer, sans toucher aux réglages. De plus, on ne le fait sortir que de 3 ou 4 mm afin d'éviter le flambage.

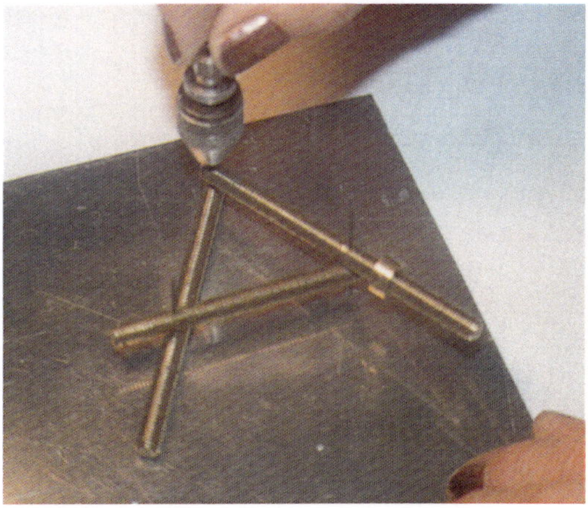

Une façon extrêmement précise de percer à 60°. Les trois tiges filetées ayant été percées à 45,9 mm, la triangulation donne exactement 60° à l'intersection des trous où se trouve le petit mandrin muni d'un foret de 1 mm. On pointe simplement, et on vérifie par l'autre côté.

En plus du repérage avec le compas, on peut vérifier, voire percer, en s'aidant d'un rapporteur. Quitte à l'inverser pour s'assurer qu'il est juste. Sur cette photo, j'ai même joint une des petites plaques en alu (dessin 94), qui a été percée juste. J'en ai même profité pour pointer le futur trou à 10°.

un petit chapitre que je vais développer.

C'est un peu de géométrie simple. En effet, si nous désirons un déplacement de 10 mm pour 10°, le rayon du disque "père" (je l'appelle comme ça car on pourra en usiner d'autres en partant de lui), ne sera pas le même que pour un espace de 8 mm pour 10°.

En effet, plus la longueur de déplacement est grande, plus grand est le rayon du disque. Personnellement, j'ai choisi l'espace de 8 mm pour 10°,avec une vis de réglage de 5 mm. Tout simplement parce que le disque "père" mesure environ 100 mm de diamètre, alors qu'avec un espace de 10 mm pour 10°, le disque "père" aurait fait plus de 120 mm de diamètre. Et je n'aurais pu l'usiner sur mon tour, celui-ci n'ayant qu'une hauteur de pointe de 120 mm. Par le fait, il aurait frotté sur le bâti.

Bref, ici n'est pas notre propos. J'avais le choix du pas de vis, soit du 5 mm au pas de 0,8, soit du 6 mm au pas de 1,00. Or je viens d'expliquer la cause de mon choix.

Nous n'allons pas entrer dans les détails de la trigonométrie, disons que pour un déplacement en ligne droite sur la périphérie d'un cercle de 8 mm (C sur Le dessin 91), le rayon de ce cercle sera de 8 mm divisé par 0,08716 (ce chiffre étant le sinus d'un angle de 5°) = 91,7852 millimètres de diamètre du disque, soit un rayon de 91,7852 divisé par 2 = 45,89.

Si nous avions pris 10 mm, on aurait obtenu :

10 / par 0,08716 = 114,7315 de diamètre, divisé par 2 = 57,3657 de rayon. Excusez ces chiffres barbares, mais l'euro nous a déjà mis dans le coup...

De toutes façons, nous allons arrondir à 45,9 pour 8 mm et 57,4 pour 10 mm.

Voyons la suite. Comme il est pratiquement impossible de reproduire dans la réalité de tels chiffres, j'ai déjà dit que nous prenions comme rayon de notre disque 45,9 mm mesuré au pied à coulisse au 1/50e. N'oubliez pas d'ajouter le diamètre du foret avec

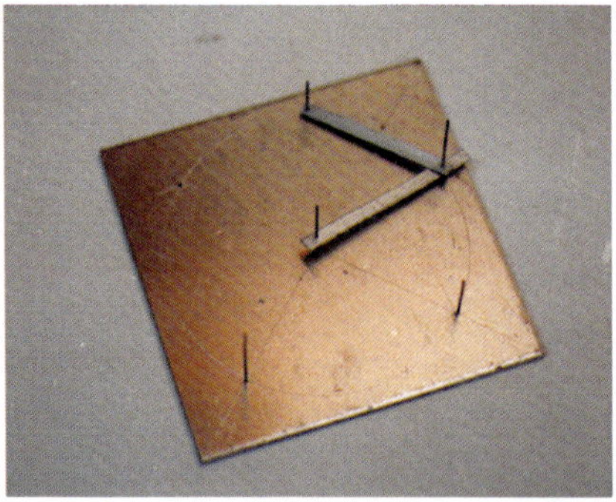

Ici avec les petites plaques de tôle d'alu percées ensemble (dessin 94). Sur cette photo, on distingue mieux les tracés, ainsi que le trou percé à 90° (au-dessus du centre de la petite tôle). La position des deux plaques est expliquée dessin 96.

lequel nous allons percer, soit 1 mm, donc une mesure de 46,9 mm.

J'ai commencé par un foret de 1 mm (nous continuerons les perçages par du 1,5 puis du 2, et enfin du 3 mm).

En perçant progressivement de plus en plus gros, on gomme les erreurs qui, bien que faibles, sont inévitables.

Il faut pour commencer une barre d'alu d'au moins dix millimètres d'épaisseur, quinze à vingt mm de large, et 20 cm de long. Cette barre prise dans l'étau d'une bonne perceuse à colonne, voire une petite fraiseuse genre Proxxon, nous allons percer d'abord le trou central (dessin 92), en son centre.

Et au centre de la plaque alu de 3 mm d'épaisseur qui va former le disque.

Puis, à 46,9 mm exactement, le premier trou périphérique (toujours dessin 92).

L'emploi d'un petit mandrin à pince ne laissant dépasser le foret que de 3 ou 4 mm évite la flexion de celui-ci, ce qui engendrerait une erreur de positionnement.

Faites pivoter le disque d'un demi-tour (dessin 93), emmanchez la queue d'un foret dans le trou que l'on vient de percer, posez une règle à toucher les deux forets, amenez à frotter la règle avec le foret de la perceuse, afin que les trois trous soient parfaitement en ligne. Avant de percer, assurez-vous que la

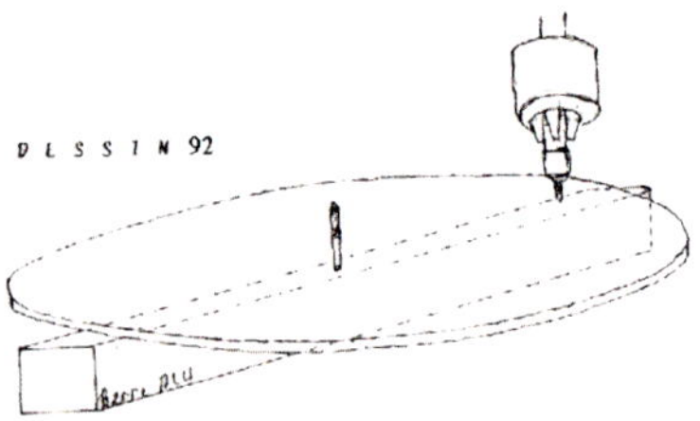

Après le perçage du trou central dans la plaque d'alu de 3 mm d'épaisseur (avec un foret de 1 mm pour débuter), on perce aussi une barre d'alu qui va servir de guide pour la suite des opérations.

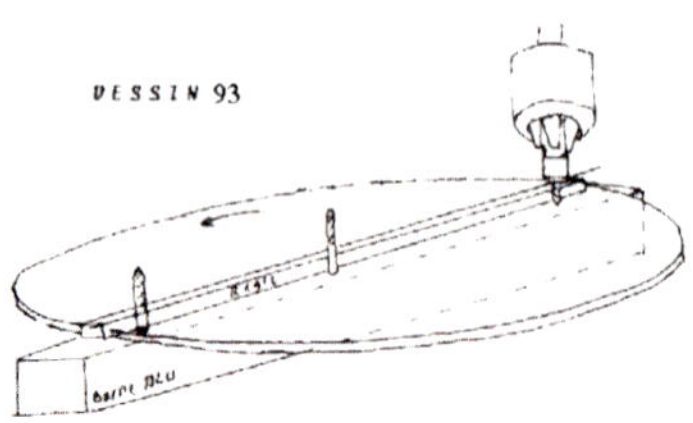

On fait faire un demi-tour au disque (sans bouger les réglages), on enfonce la queue d'un foret dans le trou que l'on vient de percer, on aligne avec une règle jusqu'à faire frotter le foret de la perceuse, et on perce.

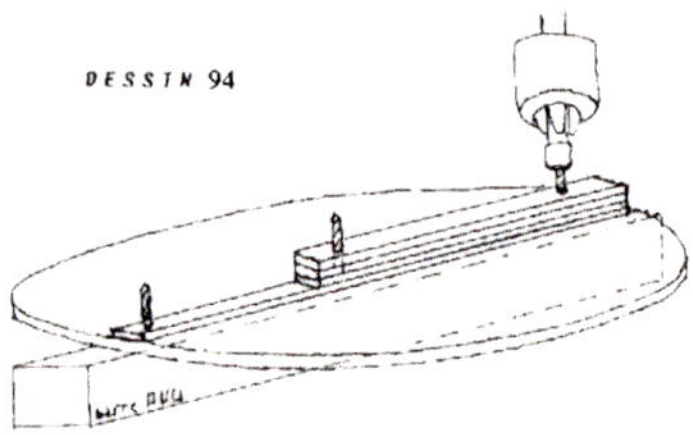

Il nous faut trois petits morceaux de tôle (fer ou alu) un peu plus longs que le rayon, et un morceau plus long que le diamètre. On perce un trou à peu près au centre, puis un second exactement à l'endroit que l'on vient de percer dans le disque. Pour le morceau plus grand que le diamètre, on lui fera faire un demi-tour pour percer son troisième trou. Ainsi tous les trous seront à une distance égale.

La mise en photo du dessin 97. C'est certainement le moment le plus délicat, il faut s'assurer de la cote exacte. 8mm plus le diamètre du foret de 1 mm, = 9 mm. Pour être plus sûr, vérifiez au compas à pointes sèches.

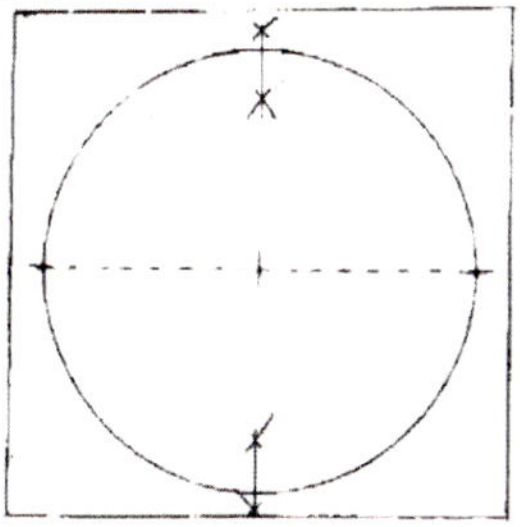

Avec un compas à pointes sèches, on trace et on pointe le plus précisément possible l'amorce des deux autres trous à 90°. On peut percer, mais après avoir bien vérifié que le léger pointage est bien exact.

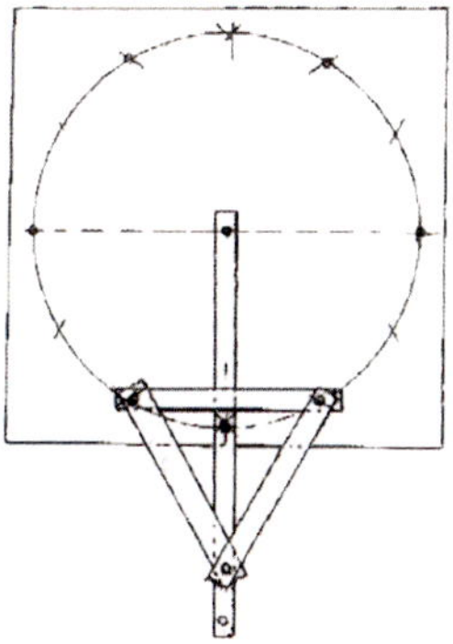

À l'aide des petits morceaux de tôle que nous avons percés en même temps que les trois trous du diamètre (dessin 94), percez d'abord les six trous à 60° (voir photo). Puis avec le montage du dessin, percez les trous à 30° (j'ai dessiné exprès une petite erreur de traçage en haut du dessin, la position du triangle ne correspond pas au pointage de l'équerre du compas. Il faut vérifier et tomber juste. C'est très important).

distance extérieure des deux forets est bien égale au diamètre du disque plus 1 mm de foret, soit 92,7852 mm ou 92, 8 mm.
Vérifiez bien vos mesures, d'elles dépend la réussite de l'ensemble.
Si nous n'avons pas cette dimension exacte, il faut vérifier et rectifier si nécessaire, en transformant le petit foret de 1mm en fraise, tout simplement en ne laissant dépasser le

bout du foret que de 3 mm. Y aller doucement. Remesurez pour vérifier.

Quand tout vous semble parfait, sans rien toucher aux réglages, percez trois petits morceaux de tôle (d'alu ou de fer, ou bien encore de la tige filetée de 6 mm), plus un quatrième plus long, qui lui sera percé des trois trous, les autres n'étant percés que de deux.

Sur le dessin 95, j'ai tracé au compas les deux axes à 90°. Mais il faut faire très attention, car sur le dessin 96, le report des rayons ne correspond pas toujours avec le tracé au compas. Je dois avouer que je l'ai fait exprès afin de mettre en garde, car ce genre d'erreur est facile à faire. Il est donc impératif de trouver l'erreur afin d'avoir une équidistance parfaite.

A l'aide des petits morceaux de tôle que nous avons percés (dessin 94), nous allons établir six nouveaux trous périphériques.

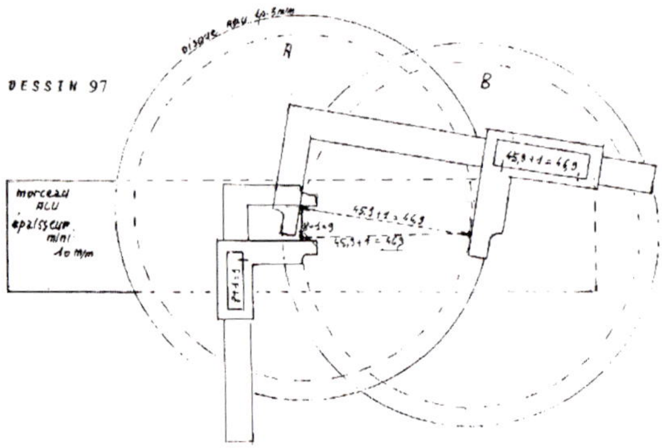

On déplace la plaque où est inscrit le disque, de "A" en "B", et avec le pied à coulisse, on mesure le plus exactement possible les distances : 45,9 + 1 mm de foret = 46,9. Et 8 mm + 1 mm de foret = 9 mm. Et on perce.

Nous allons terminer le découpage du disque en tranches de 30° à l'aide du montage du dessin 96, en repassant tous les trous pour, encore une fois, s'assurer de leurs équidistances. Un truc pour lisser les petites erreurs consiste à retourner la plaque, et repercer à l'envers.

Quelques centièmes d'erreur vont ainsi disparaître.

Il nous reste maintenant une opération délicate, celle de couper en trois ces tranches de 30°.

Tracez et pointez légèrement en partant des trous existants avec un compas à pointes sèches, et à réglage par molette. Remettez la plaque sur la barre d'alu qui a servi à percer les trois premiers trous. Déplacez l'ensemble de 8 mm plus 1mm de foret, soit 9 mm vers le bas ou vers le haut, peu importe. C'est ici qu'on apprécie une table croisée.

Mais il faut réajuster les 46,9 mm du rayon (dessin 97 et photo page précédente), puis percer. Si tout a bien été préparé, la troisième position doit tomber pile dans un trou déjà percé (tous les 30°).

Nous allons reprendre nos petits morceaux de tôle et, en déplaçant d'un trou à chaque fois, nous allons faire le tour. Dans un morceau d'alu carré de 6 mm, coupez-en une longueur de 25 centimètres. A une extrémité, vous percez un

Un outil bien précieux, le foret à centrer, la tige mesure 3mm, et la partie coupante ne mesure qu'un millimètre. Je recommande fort l'utilisation de ce foret pour pointer tous vos trous avant de percer.

Sur cette photo, je repasse tous mes trous avec un foret de 1,5 mm, dont un de 1 mm est emmanché dans le trou précédent. Ainsi, logiquement, lorsque vous aurez fait le tour de votre disque, vous devez tomber pile dans le premier trou percé. La grosseur un peu supérieure du foret gomme les légères erreurs que pouvaient présenter les trous de 1 mm. Je dois ajouter que pour gommer les petits écarts, j'ai augmenté le diamètre de mes perçages d'un demi-millimètre à chaque fois.

Sur cette photo, on voit très bien le détail des précautions à prendre pour être sûr de faire le moins d'erreurs possibles. Au centre, le foret de 3 mm monté à l'envers, sert de pivot. Au dessus, à gauche, un autre foret, qui grossit de la même dimension que celui qui perce. De plus, un troisième foret (ou une petite tige comme sur la photo), est enfilé dans le trou que l'on vient d'agrandir. La pièce étant prise sur trois points, les chances d'erreurs sont plus faibles, car la pièce est mieux tenue.

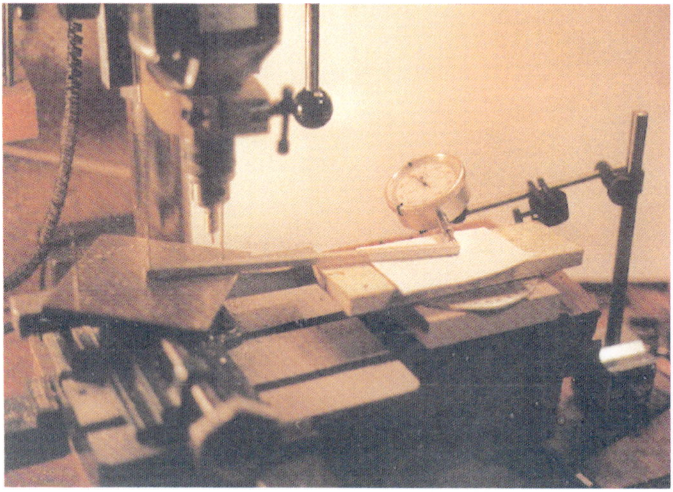

Une petite barre d'alu, percée à une extrémité de deux trous distants de 45,9 mm, et dont la longueur est quatre à cinq fois cette dimension, sert à vérifier les erreurs de perçage. On fait tourner le disque, et l'on enfonce dans chaque trou un foret. Le comparateur mis en bout de la tige, indique en centièmes les erreurs. Je n'ai relevé, pour ce qui me concerne, que 5 à 7 centièmes d'erreurs sur quelques trous.

Le dernier perçage avec le foret de 3 mm. Le disque est maintenu en place au centre par un foret de 4 mm, et un petit morceau de tige de 3 mm suit le foret qui perce. Ce foret ne sort du mandrin que de 4 ou 5 mm à cause du flambage. Pour être plus sûr de l'équidistance des 36 trous, repassez le disque à l'envers. S'il y a une erreur, vous ne tarderez pas à le savoir.

trou de 1,5 mm, ainsi que dans le centre de la plaque, puis un autre trou semblable à 45,9+1,5= 47,4. Cela doit tomber pile sur un trou de 1 mm. Percez.

Maintenant, si vous multipliez les fameux 45,9 mm par 5, cela nous donnera :

45,9 X 5, = 229,5 mm
soit 23 cm.

Mais par la même occasion, nos 8 mm de départ seront aussi multipliés par 5, soit 40 mm. Une feuille de papier collée sur un ensemble de cales, indiquera les erreurs de perçage. On fait ainsi plusieurs fois le tour, avec des forets de plus en plus gros.

Pour un meilleur maintien de la plaque, on perce son centre à 4mm, on perce le bloc support en alu à 3,2 et on taraude, ce qui permet de mettre une vis qui va tenir fermement la plaque en place.

Un petit bout de fer rond emmanché dans le trou qui vient d'être percé, après une rotation de la plaque de 10°, permet de faire ainsi le tour, et en assure ainsi l'équidistance parfaite de l'ensemble des trous. On le distingue très bien (avant le foret sur la photo du bas page 258). Passez maintenant au foret de 3 mm, et recommencez.

En principe, on arrive à n'avoir que de 5 à 7 centièmes d'erreur, ce qui, compte tenu des moyens

Après avoir découpé à la scie un disque à peu près rond, on le passe au tour afin d'obtenir un disque plus présentable. Notez que le trou central n'est pas encore percé à 12 mm (diamètre de la queue du mandrin). Il l'est du moins à 6 mm (on peut aussi le mettre à 8 mm). De toutes façons, il faut faire comme pour les trous de circonférence, percer de millimètre en millimètre, afin d'être sûr que l'axe ne s'éloigne pas du centre.

Taraudage du petit bloc mobile à 6 mm (voir aussi dessin 99 en 3).

Usinage à la fraise de la boutonnière de 10mm sur 50mm, destinée à recevoir le petit bloc mobile (voir aussi dessin 99 en 2).

mis en œuvre, est un bon résultat.
Utilisé pour usiner un pignon de 29 dents au module de 0,5, nous n'aurons que 1 centième de millimètre d'erreur par dent. Reste à percer le trou central à 12,5 mm de diamètre pour la queue du mandrin. Pour l'instant, ce trou est à

Dessin 98

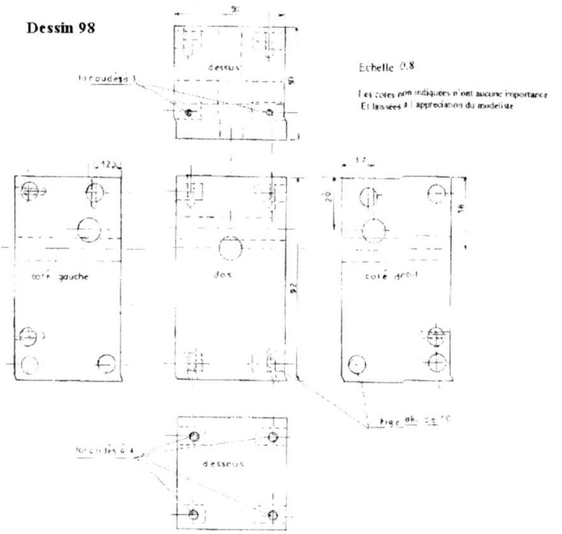

C'est un bloc de bois dur (poirier, chêne, châtaignier, etc.), qui est en fait le support et le lien de l'ensemble. On y perce des trous de 10 mm pour l'axe du mandrin, et à l'équerre, le trou pour le frein du mandrin (dessin 100). On y perce aussi des trous de 10 mm dans lesquels seront enfoncés, de force, des petits morceaux de tige d'alu de 10mm (on trouve ces tiges en grande surface). Une fois en place, ces morceaux d'alu seront à leur tour percés à 3,2 mm et taraudés à 4. Et aussi à 2,5 taraudés à 3 pour le dessus qui supportera l'ensemble de réglage décrit dessin 99. Respectez les cotes indiquées, elles vous permettront d'éviter les erreurs de montage.

4 mm. Pour éviter de dévier du centre, il faut nous résoudre à percer à 6, puis 8, 10 et aussi 12. Si l'on peut éviter de percer à 12,5, cela sera mieux, car en forçant et en tournant, on taraude un peu la plaque, ce qui fait tenir le disque plus droit. Vous voyez que notre "disque père" nous a donné pas mal de soucis, peut-être vous faudra-t-il en faire un autre (car on peut le rater), mais celui-ci terminé, votre diviseur est presque prêt.
Passons maintenant à la seconde pièce importante de votre diviseur : la coulisse réglable.
Comme on le voit, elle est composée de plusieurs pièces, mais seules deux sont à usiner.
La coulisse n'est en fait qu'un morceau d'alu de 16 x 16 x 50 mm, dans lequel on va usiner une boutonnière de 40 mm x 10 mm (2 sur le dessin 99 page 250).
A l'intérieur de cette boutonnière, va se déplacer par l'intermédiaire d'une tige filetée dépassant à chaque extrémité, un petit bloc dit bloc central, qui va commander le recul ou l'avance du "disque père" dans l'intervalle des dix degrés. (3 sur le dessin 99)
Pour que le bloc central puisse agir efficacement, il faut le reculer jusqu'à toucher la vis de 3 mm (B). Puis l'on donne à revisser vers (A), d'environ un demi-tour (simplement rattraper le jeu de la vis). A partir de cet endroit, on marque le point "0", en collant la bande de 10 cm du mètre de couturière, avec de la colle contact genre Pattex. Si vous avez bien mesuré avant, cela doit tomber pile.
A noter que lorsque vous arriverez au point "A", vous aurez accompli un peu plus de dix tours de molette (soit 10 tours plus 1 tour de sécurité). Donc, chaque fois que vous reviendrez au point '0', vous le dépasserez d'abord, puis doucement, vous reviendrez vers lui. A partir de cet endroit, le bloc mobile avancera de un degré par tour, entraînant avec lui le "disque père" qui lui, sera relié par la petite tige de blocage (5).
Aux derniers essais, je me suis rendu compte que cette petite tige prenait un peu de jeu dans les trous du disque.
Je recommande donc de percer les 36 trous du disque, à 3,2 (taraudez à 4), et visser la tige de blocage sur le disque. On supprimera ainsi le peu de jeu qui risque de s'installer après plusieurs utilisations. Je pense que le reste du montage ne demande pas de description supplémentaire.
Un mot tout de même pour le système de blocage, le dessin 100 en fait comprendre le

L'ensemble des pièces composant le diviseur.
De gauche à droite : le fameux "disque père", qui nous a donné tant de soucis. A côté, le mandrin, la queue cylindrique et la clé de serrage. En haut, au centre, le bloc de bois avec ses trous de passage et ses petits morceaux d'alu percés et taraudés pour le maintien des plaques et de la coulisse de réglage. Au centre, l'ensemble "coulisse de réglage" monté. On comprend déjà comment ça marche. Juste en dessous, le système de blocage du mandrin (voir aussi dessin 100). A droite, les deux plaques alu de 3mm d'épaisseur que l'on va visser sur le bloc en bois, et qui vont servir à fixer le diviseur.

principe. Toutefois, ne pas oublier de débloquer la molette avant chaque changement de division, et ne pas oublier de rebloquer la molette après chaque changement de division. Pour terminer, marquez à l'encre de chine ou mieux, vous gravez les 36 divisions du disque en dizaines de degrés, afin de ne pas se perdre, ainsi que les numéros de "0" à "9" de la molette (toujours dessin 99).

Mode d'emploi

Munissez-vous d'une calculette, divisez les 360° par le nombre de divisions désirées.
En ce qui concerne notre exemple (notre pignon de 29 dents), nous avons :

360° / 29 = 12 °,41379.

Ce qui nous fait avancer d'un trou (10°) plus 2 tours de molette, plus 41 mm (bon poids) sur la bande millimétrée, collée sur la molette.
Pour la seconde dent : nous avons 12°,41379 x 2 = 24° ,8275 .
Nous enlevons la tige de blocage, nous ramenons le bloc mobile à "0".
Nous passons le disque à 20°, puis nous avançons la molette de 4 tours, puis 82,75 mm et nous bloquons en place.
La dent usinée, on recommence l'opération, c'est-à-dire :

12 °,41379 x 3 = 37 °2413.

Donc, 30° plus 7 tours de molette, plus 24 mm. Et ainsi de suite.

Le montage de l'axe cylindrique sur le mandrin avec interposition du "disque père", ne tourne pas toujours bien rond. Aussi, j'ai été contraint de repasser un coup de tour, à la fois sur la face (côté filets) de la tige, et aussi sur le dessus du mandrin. Il va s'en dire qu'un bon ébarbage, voire un petit chanfrein, est nécessaire au trou central du disque. Il faut parfois redévisser et tourner le disque, bloquer plus ou moins fort, pour que ça tourne rond. Personnellement, je n'ai pu descendre au-dessous des 5 centièmes de faux rond. Mais on doit pouvoir faire mieux.

Mais à toutes fins utiles, il vaut mieux préparer un petit papier où toutes les données sont inscrites, cela permet un travail plus rapide, et évite les erreurs.
Comme je l'ai écrit plus haut, depuis que j'ai fabriqué mon diviseur, je me suis trouvé devant une demande faite par un ami, de lui tailler un pignon en acier trempé pour son carillon. A l'aide d'une meulette modifiée au module, j'ai réussi à le tailler.
Et le carillon a repris du service.

Conclusion

Nous voici arrivé au terme de cet ouvrage. Ce n'est pas un ouvrage sur le modélisme comme nous avons l'habitude de voir. C'est un recueil de mes expériences diverses et d'autant de problèmes résolus. Sorte de condensé d'astuces.

Malgré mon ferme désir de ne pas couvrir les pages de calculs indigestes, et dont personne ne se soucie, il a bien fallu en glisser quelques-uns, non pas pour un plaisir sadique, mais plus simplement pour donner des bases solides à des interprétations souvent fausses ou erronées.

Aussi, et c'est là surtout le but, informer le modéliste comment et par quel mystère obtient-on les dimensions d'une poulie, comment fonctionne un diviseur, comment tracer un plan et ainsi de suite tout au long des trente cinq chapitres des 100 dessins et des 343 photos qui ont fait ce livre.

Vous avez pu y trouver des innovations inconnues, telle la fabrication des couples en bois vert, ou le nœud spécial pour maintenir les garcettes de voiles sagement en place. Et aussi des voiles en soie.

Comme je pense l'avoir écrit, j'ai reçu un jour un coup de fil de Monsieur Lucien Celle, qui était fou de joie parce qu'il venait de remporter la médaille d'or en classe C pour sa *Vénus*. Elle venait en droite ligne des pages de Pierre Corbières, et les voiles en soie de celles de Michel Métivier.

Ajoutons à cela la description et le mode d'emploi de mes appareils, telle l'effileuse qui permet d'usiner enfin des bordés bien nets.

Et aussi des lames de parquets de pont bien courbes et surtout bien effilées.

Que dire aussi des diverses explications sur l'utilisation et l'entretien des outils, peu de modélistes savent qu'il est nécessaire de les affûter souvent.

Des tas de sujets n'ont pas été traités, mais il faut rester sage et ne pas vouloir tout faire. Car dans ce cas, on le fait mal.

Table des matières

Table des matières

Imprimé en France
Imprimerie Centr'Imprim
69200 Vénissieux

J2P Editions
BP 20 - 38540 Heyrieux
Tel/fax : 04 78 96 31 08
www.bateaumodele.com

Dépôt légal 4e trimestre 2007